우리꽃 민 들 레

우리
리
꽃

민들레

이상열 수필집

오랜 세월 동안 열강들의 틈바구니에서 침략과 지배를 당할 때
도 그 고통은 모두 백성들의 몫이었다. 그럴 때마다 나라를 위
해 일어서는 백성들의 애국심으로 나라를 지키곤 했다. 당파싸움
에 권력 다툼으로 어려움을 당하는 것은 백성들이었다. 나라를 일
본에 뺏기고 36년간을 나라 없는 설움을 백성들이 겪어야 했다.

도서출판
한글 BOOK

우리 꽃 민들레

2022년 2월 27일 1판 1쇄 인쇄
2022년 3월 05일 1판 1쇄 발행

저 자 이상열
발행자 심혁창
마케팅 정기영
교 열 송재덕
디자인 박성덕
인 쇄 김영배
펴낸곳 도서출판 한글

우편 04116
서울특별시 마포구 신촌로 270(아현동)
수창빌딩 903호
☎ 02-363-0301 / FAX 362-8635
E-mail : simsazang@daum.net
창   업 1980. 2. 20.
이전신고 제2018-000182

* 파본은 교환해 드립니다
* 정가 15,000원
*

ISBN 97889-7073-607-5-93230

머리말

수필집 「우리 꽃 민들레」를 출간할 수 있도록 인도하신 하나님께 감사와 영광을 돌립니다.

문학은 삶의 주제와 감정을 작법에 의해 사상을 담아 표현해 내는 방법이며 한 시대의 문화예술은 그 시대의 양심이고 지성이라고 생각합니다.

현대 문학인들은 삶의 증언자이자 창조해 가는 개척자이기도 합니다. 정신적으로 황폐한 사막지대를 풍성한 옥토로 바꾸는 영혼의 구령 사업은 우리 문학인들의 책무입니다.

필자는 글을 쓸 때마다 무엇을 쓸 것인가, 어떻게 써야 할 것인가 하는 고심을 했습니다. 글을 쓰기 위해 주제를 놓고 골똘히 생각에 잠겨 있을 때 의식의 깊은 바닥에서부터 솟아오르는 설렘은 겪어보지 않은 사람은 알 수 없으리라 생각됩니다.

글을 쓰면서 늘 부족함을 느끼면서도 수필만이 가진 작가의 솔직하고 진솔한 표현과 영감을 독자 앞에 피력할 수 있다는 묘한 매력에 빠져 쉬지 않고 집필하여 그동안 신문, 문학잡지에 올렸던 칼럼 등을 모았습니다.

막상 수필집을 상재한다고 생각하니 기쁘기도 하고 한편 두렵기도 합니다. 독자나 평론가 앞에 내놓는 글이라고 생각하면 더욱 어떤 평가가 나올까 하는 두려움에 잠을 설치기도 했습니다.

태양이 바다를 물들이고 떠오르듯 독자들의 마음을 감동시키고 싶은 심정은 언제나 버릴 수 없는 욕심이었습니다.

저는 목사의 직분을 가졌기에 크리스천문학에 관심을 갖게 되어 글을 썼지만 아직도 미숙한 점이 많다는 것을 솔직히 고백합니다.

특히 격려와 용기로 글을 쓸 수 있도록 격려하고 기도해 주신 사모 강명순 시인에게 진심으로 감사와 사랑의 말을 전하고 아울러 책이 나오기까지 곁에서 협조하고 친구가 되어 주신 도서출판 한글 심혁창 동화작가 장로님께 감사를 드립니다.

이 상 열

수필집 상재를 축하드리며

(강명순 시인)

이상열 목사님이 수필집을 상재하도록 인도하신 하나님 앞에 먼저 영광을 올리며 진심으로 축하드립니다.

목사님은 섬세한 성격에 진취적이면서 매우 강직하여 기도하고 세운 뜻은 번복하는 법이 없고 끝까지 해내는 인내력과 추진력이 강한 분이십니다. 그래서 남편이신 목사님께 '당신은 탱크'라는 별명을 붙여 드릴만큼 모든 일을 계획에서부터 실행에 이르기까지 과감하게 추진하는 저력을 발휘하는 기개가 넘치는 분이십니다.

1986년도부터 사)한국기독교문화예술원을 운영하시면서 각종 문화선교 사역을 감당하셨으며 기독교계에서는 최초로 '서울예술신학교'를 설립하고 '예술신학', '예술선교', '예배예술'을 성경을 바탕으로 연구하고 정립하였으며 교과목으로 채택되어 꿈 많은 학생들에게 문화예술선교교육을 해 오셨습니다.

여러 교단 각 교회의 목사님들도 오셔서 문화선교와 예배예술의 중요성을 깨닫고 교육받은 분들이 많습니다.

그렇게 배운 것을 각 교회로 가서 예배와 선교에 적용하며 청소년과 성인 성도들의 신앙을 고취하며 교회를 질적으로 부흥 성장시키는 것을 많이 보았습니다.

문화선교에 대한 도서출판 및 한국문화예술대상 대회를 주로 잠실 롯데호텔과 장충동의 엠버서더호텔에서 수차례 치렀고 기독교 연극제와 예배극과 성극 등 수많은 작품을 올려서 영혼 구령 사업에 앞장서 왔습니다. 목사님은 '문화예술선교! 세계선교!'를 모토로 남들이 하지 않는 개척자의 길을 걸어 많은 업적을 남기셨습니다. 대표작 「예술선교론」 저서는 영어로도 번역되어 필리핀과 미국 예술선교분야에 관심이 많은 학교 등에서 예배와 선교 실천신학 교재로 적용되어 왔습니다.

1977년도에는 필리핀에서 바기오예술신학대학을 교육부에 정규 인가 대학으로 설립했습니다. 대학을 인가받아 설립하기 전까지 자녀들 삼남매 내외의 도움이 없었다면 외국에서의 대학 설립은 불가능했을 것입니다.

가난한 학생들에게 장학금을 대주며 생활비와 병원비까지 지원해 주면서 열심히 교육시키셨습니다. 한때는 대학 예술선교단 학생들을 대한민국으로 초청하여 15박 일정으로 서울과 수도권을 순회하며 문화선교 공연을 해서 가는 곳마다 큰 갈채를 받았고 하나님께 영광을 돌렸습니다.

대한민국의 아름다움과 문화예술의 자랑거리도 그들에게 보여줌으로써 국위를 선양했고 세월이 흐른 지금까지도 그들은 그 감동을 잊지 않고 '닥터 리! 닥터 리, 닥터 리가 최고!'하며 엄지 척을 올린다는 말을 들었습니다.

제자 중엔 이름을 열거하면 모두가 알 수 있는 유명 제자들이 수다하고 그들은 각 분야에서 활발하게 활동하고 있으며 목사님과 선교사가 되어 곳곳에서 사역하시는 분들이 많습니다.

돌이켜 보건대 때론 막막하고 힘들고 맘 상하는 일들이 수 없이 많았지만 이 모든 것은 하나님께서 함께하셨기에 가능했습니다. 목사님은 유일하게 대한민국 기독교계에 문화예술의 선두주자가 되어 세계 선교에 일익을 담당하고 있습니다. 그런 목사님을 내조하는 것이 자랑스럽습니다.

"당신은 한 생애를 참으로 보람되고 훌륭하게 살아오셨다"고 칭찬해 드립니다.

고희에도 목사님은 영혼이 맑고 선한 심성으로 지금도 옛날처럼 첫사랑을 할 때처럼 청년의 푸른 기개가 넘쳐흐르는 기백에 감사를 드립니다.

이 수필집이 많은 분들에게 읽혀지고 사랑받기를 바라며 주 안에서 함께 기쁨을 나누고 싶습니다. 밝고 아름답게 활동하는 자녀들에게 감사와 사랑을 전하며 남편의 남은 생애도 하나님을 영화롭게 하며 건강한 모습으로 봉사하시기를 간구하며 축하의 박수를 보냅니다.

‖ 목 차 ‖

제1부
우리 꽃 민들레

옛 고향 길

옛 고향 길을 걸어 본 지가 언제던가. 아내와 함께 고향을 가는 길을 걸으면서 주위 풍광에 행복해했던 그 시절이 머릿속에 아물아물하다.

고향으로 가는 옛길은 두 길이 있었다. 가평에서 명지산 쪽으로 화학산과 국망봉國望峰을 휘감아 돌아 흐르는 계곡을 따라 이어진 비포장 길이었다. 다른 한 길은 경기도 포천시 이동면과 경계를 이룬 청계산과 국망봉國望峰 사이를 빠르다는 이유로 선인들이 넘나들던 산등을 넘는 길이었다.

나는 아내를 만난 지 얼마 되지 않아 이 산길을 걸었던 생각이 난다. 한때 어린 시절을 잠시 보냈던 곳으로 지금도 살고 계시는 큰집에 들러서 허기진 배를 채우고는 연약한 아내를 데리고 천계산 산길을 따라 궁예弓裔가 후고구려(태봉)를 세운 도읍지 철원을 뺏기고 피신하여 산봉우리에 올라 바라보았다고 하여 국망봉國望峰이란 이름으로 불리게 된 곳이기도 하다. 힘차게 뻗어 내린 능선을 가로지른 고갯길을 넘어 고향에 가던 그때가 머릿속을 감돈다.

옛날에는 가평읍에서 고향집까지 가는 길은 소가 끄는 우마차로 다니거나 걸어서 다니던 길이었다. 비포장이었던 이 길은 유난히 돌이 많았다.

바닥이 고르지 않아 하루에 2번 정도 다니는 버스는 옛날 마차가 다닐 때처럼 덜컹대고 삐걱대는 소리를 내며 달린다.

버스의 낡은 엔진의 괴음 소리와 검은 연기를 내뿜으며 달리던 길이었다. 차 안에 앉고 서 있는 손님들은 삶에 찌든 이야기를 나누면서도 해맑게 웃음으로 왁자지껄하다. 차 한쪽으로는 농산물과 나물을 시장에 팔러가는 짐으로 가득하고, 앉을 자리도 설 자리도 없는 손님들은 짐짝 위에 걸터앉아 간다.

버스를 놓치게 되면 5일장을 보기 위해 사오십 리 길을 부지런히 걸어서 간다. 길바닥이 고르지 않은 길을 걸어가자면 질척한 길바닥에 더러워진 구두를 고인 물에 씻어 신고 걷던 길이었다.

수백 년이 그러하였듯이 길 따라 흐르는 명경 같은 계곡의 맑은 물이 굽이굽이 흘러내린다. 물소리와 날아드는 물새 한 쌍의 재잘대는 모습은 그렇게 아름다울 수가 없다. 돌과 나무 사이를 오르내리며 재주를 부리는 다람쥐의 곡예가 있는 옛길이었다.

사랑하는 아내와 함께 걸으며 다정하게 잡았던 손길처럼 포근한 가을 끝자락의 낙엽이 뒹구는 길을 꼭꼭 밟으며 다시 걷고 싶어진다.

그리운 길, 걸어보고 싶은 길, 그러나 지금은 아내와 함께 그 길을 걸을 수 없다는 게 안타까울 뿐이다. 아마도 지금쯤이면 달콤하면서도 고소한 냄새를 풍기는 낙엽은 길바닥을 훑고 지나가는 가을바람과 함께 어지러이 오가며 뛰어놀고 있을 옛 고향 가는 길이 눈에 선하다.

길은 어디서 출발하든지 간에 시작이 분명하고 끝이 정확하다. 서울에서 출발하여 가평읍과 명지산 화악산 계곡을 따라 이어진 길을 걸었건, 아니면 가평과 포천에 경계를 이룬 청계산 국망봉 줄기를 넘는 길이었건 서로 사정은 달라도 우리가 가고자 하는 목적지는 부모 형제가 살던 고향이 아니겠는가.

그 옛길을 생각하면서 많은 것을 느끼고 깨닫게 된다. 아무리 바쁘고 급해도 길에 따라서 조금은 빠르고 늦고 할 수 있다. 처해진 입장은 달라도 길처럼 진실하고 분명한 것은 어디에도 찾아보기 힘들 것이다.

우리 선조들이 말했듯이 '하늘 이치에 순응하면 명운을 얻는다.'는 말이 생각난다. 유한한 삶을 사는 미미한 존재임을 깨닫고 자연의 섭리에 순응하며 적극적이고 낙관적인 삶을 의미하는 것이다. 다시 말하면 하늘의 이치에 순응하면 후회 없는 인생이 될 수 있다는 말일 것이다.

기독교인들의 삶은 하나님 말씀에 순응하는 일이다. 믿음으로 구원받아 사랑이 있는 여정을 가다가 언젠가는 주님이 함께하시는 본향으로 가는 길이 될 것이다. 그 길은 믿음으로 시작하고, 소망으로 성장하는 삶이 되어 사랑의 열매로 결실함으로 주님께서 기뻐하시는 길을 갈 수 있을 것이다.

고향에 가는 옛길은 찾아볼 수 없지만 지금은 잘 다듬어진 아스팔트 도로가 산을 끼고 도는 계곡을 따라 이어지고 있다. 사단법인 '한국기독교문화예술원'에서 주최하는 2014년 제8회 '한국기독교문화예술대상대회' 문제로 서울 사무실에서 임원회의를 끝내고 돌아오는 길이었다. 가평읍까지 도착하여 때늦은 점심식사를 하기 위해 송원 막국수 집을 찾았다. 내가 알기로는 6.25 전쟁 전부터 대를 이어 영업을 해온 막국수 집이었다.

많은 사람들이 가평을 오게 되면 이 식당에 들러 식사를 하곤 했다. 40년 전부터 찾는 식당이지만 막국수만은 어느 식당에도 이런 맛을 맛볼 수가 없다. 아내와 나는 차를 식당 앞 도로 주차장에 세우고 식당 안으로 들어 주인 사장과 인사를 나눈 뒤 자리를 잡고 앉자마자 보통으로 막국수 2인분을 주문했다.

송원 막국수 집은 건물이 옛날 그대로이다. 새로운 건물이나 현대식 건물을 건축하거나 이전하지 않는다는 고집이 있다고 한다. 빠르면 20분에서 한 시간은 기다려야 식사를 할 수 있다.

서울 사무실에서 있었던 한국기독교문화예술대상대회를 위한 임원회의 뒷이야기를 나누다 보니 주문한 막국수가 나왔다. 시장기가 드는지라 눈 깜빡하는 사이에 식사를 끝내고 커피 한잔을 마시는 기분은 말로 형용할 수 없는 맛이었다.

은퇴 후 노년을 보내기 위해 고향에다 건축한 쉼터 '로빈나 문화마을'이 있는 고향 길을 가기 위해 나섰다. 시내를 나와 명지산과 화악산에서 흐르는 계곡을 끼고 도는 가화로를 달리고 있다. 아내의 노련한 운전 솜씨 덕분에 창밖으로 보이는 풍경을 보며 아름다움에 취해 행복해하는 동안 차는 마장리를 지나 노루목 고개를 넘어가고 있었다. 고개 밑으로 내려다보이는 가평천을 병풍처럼 두르고 있는 산 능선 아래로 색깔을 입기 시작한 단풍은 붉게 타오르고 있다. 맑은 공기가 마시고 싶어 창문을 여니 서늘한 바람이 얼굴을 스치고 옷깃을 파고든다.

차는 북면 소재지인 목동을 지나 명지산과 화악산 쪽을 향해 달리고 있었다. 달려가고 있는 지금의 고향 길은 잘 포장된 도로에다 계곡물을 끼고 도는 도로이다. 양옆으로 별장, 펜션, 호텔, 연수원, 기도원이 보인다. 옹기종이 모여 살던 동내 초가집은 변하여 현대식 건물로 변해 있다.

사계절마다 나름대로의 특성과 고향 산천을 끼고 도는 도로에서 보이는 풍경이 너무 아름다워 눈을 즐겁게 한다. 민족의 큰 비극인 6.25전쟁 때는 인민군과 중공군이 이 길을 이용해 남침을 했던 비운의 길이기도 하다. 16개국 유엔군이 한국을 도와 가평 전투에 참전해 아까운 젊은 생명을 잃은 곳이다.

왜정 말기에는 이단 백백교百百敎 '교주 전용해'의 본거지가 있던 곳으로 전국 갑부들이 그럴듯한 교리에 속아 이곳에 와 죽었다고 한다. 화악산 앞 석용산 밑에 있었던 백백교百百敎 건물터에는 주춧돌, 기왓장, 칠성당을 쌓았던 붉은 벽돌이 아직도 남아 있다.

제7안식교의 교주가 '시조사'를 창립하기 위해 교리를 연구하고 기도로 몇 년간을 준비했다는 이릉터이다. 이곳을 성지로 만들어 제7안식교 교인들이 찾는다. 그 외에도 통일교, 에덴성회 같은 이

단교들이 모여 있는 곳이 가평이다.

이 모든 것이 산세가 좋고 산맥이 힘이 있고 아름답기 때문이 아닌가 생각한다.

이야기를 하는 동안 차는 어느새 고향집 전 동내 관청리를 향해 달리고 있다. 햇빛이 사라진 저녁 길 옆으로 함께 흐르는 계곡 언덕 옆 밤나무 단지에는 다 떨어지고 몇 송이 안 달린 밤송이가 밤알은 빠지고 빈 껍질만 남아 있다.

명지산 능선 줄기가 멎은 양지바른 곳에 자리 잡은 마을이 한 폭의 동양화 속에 있는 고향길을 가는 기분이 든다.

차가 산과 냇가를 낀 도로를 달리는데 갑자기 너구리가 새끼 2마리를 앞세우고 도로를 건너 산 쪽으로 접어드는 모습이 차창 너머 시야에 들어온다. 참으로 신기하고 경이로워 보였다. 미물인 짐승도 자식을 보호하기 위해 자식을 앞세우고 사방을 살피며 길을 건너는 모습을 보고 감명을 받았다.

너구리 식구가 다 지나가도록 차를 멈추었다가 도로를 건너 자기들이 다니는 산길에 접어든 것을 보고서야 다시 차를 움직였다.

차가 명화동 삼거리를 지나 용소동 종점에 도착했다. 8시 막차가 도착하여 손님을 태우고 다시 돌아가기 위해 엔진 소리를 내고 있다. 다리 건너 로빈나 문화마을 간판이 눈에 들어오고 그 너머로 건물이 보인다.

계곡을 바라보고 있는 방 앞 베란다에는 불이 켜지고 남녀 손님들이 마주앉아 이야기꽃을 피우는 풍경이 눈에 들어온다. 정원 소나무와 벗나무, 보리수나무에 설치된 네온이 찬란히 빛난다.

버스 엔진소리가 힘을 내기 시작한다. 저녁 막차는 서서히 움직여 옛 고향 길을 추억으로 묻고 음률이 되어 귓전을 파고든다. 사과 색같이 붉은 태양이 한가로이 흐르는 구름을 붉게 태우고 삶의 여정을 안고 저 멀리 노을 속에 사라져 가는 모습은 아름다운 그림이 되어 안산에 숨는다.

낙엽이 주는 교훈

밤사이 소리 없이 내린 첫눈은 사방으로 둘러싸인 산과 계곡을 하얗게 물들여 동화의 나라로 만들고, 집 정원 앞 계곡을 바라보고 서 있는 적송나무와 벚나무, 단풍나무, 철쭉나무 가지에는 탐스러운 눈꽃송이가 피어 있었다.

아내와 나는 정오의 따사로운 햇살이 드리운 정원 벤치에 앉아 커피 잔을 마주한다. 집 정원 앞쪽으로 흘러내리는 계곡의 물줄기는 태고의 신비를 간직한 천년의 절묘한 바위와 바위 사이를 지나 작은 폭포를 이루고 힘차게 흘러내린다.

갑자기 먹구름이 모여들고 햇빛이 사라지더니 눈송이가 하나둘 보이기 시작한다. 구름 사이로 내미는 햇살을 받으며 더 많아진 눈발이 되어 내린다. 정원 벤치 옆으로 서 있는 단풍나무 잎에 다가와 빨간 입술에 입맞춤하고는 수줍은 웃음을 지으며 태양의 열기가 남아 있는 훈기에 녹아 사라진다. 가을은 떠나갈 생각도 없는데 겨울은 서둘러 우리 옆으로 다가와 겨울의 시작을 알리는 입동은 눈앞에 와 있다.

지난 주말에 내린 가을비로 쌀쌀해진 날씨가 가을의 아름다운 색깔을 바꿔 버렸지만, 예년보다 서둘러 내린 첫눈은 겨울을 환영이라도 하듯 하얀 벚꽃이 되어 바람에 날린다. 마지막 가을 산야를 타오르던 남아있는 단풍은 쫓기듯 붉은빛을 토해내고 있다. 어떤 단풍잎은 색이 바래 오그라지기 시작하고 가을빛은 흩어져 버렸다.

아직도 나무 위에 매달린 잎은 바람에 목줄을 매고 빛바랜 단풍잎은 끝내 떨어져 낙엽으로 바닥을 뒹굴고 있다.

낙엽을 바라보고 있자니 많은 것이 생각난다. 생명을 다한 낙엽이 아니라 지금부터 다시 시작이라는 생각이 들었다. 낙엽은 스스로 눈과 비를 맞으며 겨울을 지나는 동안 썩어 영양분을 만들고, 자연의 아름다운 생명을 위해 스스로 희생할 준비를 하고 있음을 본다.

건강한 나무와 꽃과 열매를 만들고 색깔을 만들어 내기 위하여 자신이 죽어가는 모습을 보면서 내가 살아 온 삶이 부족하고 부끄럽고 초라한 삶이었음을 고백하게 만든다.

성경 말씀을 보면 "내가 진실로 진실로 너희에게 이르노니 한 알의 밀이 땅에 떨어져 죽지 아니하면 한 알 그대로 있고, 죽으면 많은 열매를 맺느니라"(요12:24) 했다. 자신만을 위해 살아가는 삶이 아니라 내가 희생함으로써 내 가족이 살고 내 부모가 행복해지고, 이웃과 더불어 살며 더 나아가 국가에 애국하는 사람이 될 때 비로소 인간답게 살았다고 할 수 있을 것이다. 이것이야말로 희생과 사랑으로 얻어지는 진정한 열매가 있는 인생일 것이다.

뒤돌아보고 또 돌아봐도 그런 인생을 살지 못한 것 같아 마음이 허전하고 씁쓸한 기분이 든다.

한국 설화에 나오는 국조 단군의 건국이념을 보면 고조선의 개국 이래 우리나라의 정치교육의 기본 정신이 되어왔던 홍익인간弘益人間이란 말이 생각난다.

홍익인간이란 인간세계를 널리 이롭게 하며 사랑을 나누어 주는 인간의 기본 정신을 말하고 있는 것이다. 말씀에는 "자녀들아 우리가 말과 혀로만 사랑하지 말고 오직 행함과 진실함으로 하자"라고 했다. 이것은 말로만 이야기할 것이 아니라 행함이 있는 삶을 살라는 것이다. 나는 하나님의 종으로도 좋은 남편으로도 좋은 자식과 부모로도 이웃과 더불어 살아가는데도 말과 혀로만 사랑하지 않았는가 하는 생각이 드는 것은 어쩐 일인가.

마음속에 바람이 들었다 빠진 것같이 허전하고 허무해지는 기분이다. 부모님에게 효도해야지 하면서도 제대로 효도 한번 못한 자식 같아 죄송할 따름이다. 가난한 사람들을 위해 사랑으로 도와야지 말만 해놓고 제대로 행함이 없는 것 같아 후회가 된다.

좋은 남편이 되지 못하고 육십 중반이 되도록 고생만 시켜온 아내를 보노라면 고마울 따름이다. 불평 한마디 없이 나를 믿고 함께 하여온 아내에게 미안한 마음뿐이다. 더욱 사랑하고 좋은 남편이 되어야지 하고 마음속 깊이 다짐해 보건만 시간이 별로 없다는 것이 안타까울 뿐이다.

아내를 처음 만난 것은 어느 영화사 사무실이었다. 극단에서 연극을 하고 있던 나는 지방공연을 끝마치고 서울에 올라와 누님이 관계하는 영화사에 왔다가 영화에 첫 출연하게 된 신인배우 지금의 아내를 만나게 되었다.

촬영 현장에 함께하면서 연기를 도와주기도 하고 촬영이 없는 날은 영화의 거리 충무로에 있는 청백다방에서 만나 연극과 영화에 대한 많은 이야기를 나누었다. 만나는 시간이 많아지고 우리 사이는 자연스럽게 가까워졌다.

그러던 어느 날 나는 청량리 오스카극장 앞에서 교통사고로 성바오로 병원에 입원하게 되었다. 소식을 듣고 달려온 아내는 출연하던 영화 촬영도 중단한 채 모든 것을 제쳐놓고 나를 위해 헌신적으로 간호하여 주었다. 아내는 영화계 인사나 측근들로부터 그 당시 최고의 스타였던 제2의 문희가 될 수 있다는 말들을 듣곤 했다.

아름답고 굴곡이 뚜렷한 얼굴에 고전적 이미지가 풍기는 작은 얼굴의 깜찍한 아내였다. 아내와 나는 병원에서 사랑이 무르익었고 장래를 약속하는 사이가 되었다. 앞으로의 소망과 희망을 이야기했고 미래에 대한 믿음으로 꿈을 키워가며 행복해했다.

지금에 와 생각하니 낙엽보다도 못한 인생인 것 같아 가슴이 아프다. 한 가지 약속도 제대로 지키지 못하고 고생만 시키다 나이만 들게 한 것이 미안한 마음뿐이다.

벤치 옆자리에 앉아 있는 천진한 아내의 웃음 띤 얼굴을 보면서 "여보! 당신 머리에 흰 머리가 많구려. 그동안 고생만 시켜서 미안하오." 손을 내밀어 아내의 어깨를 감싸 안아본다. 아내는 못 이기는 척 남편 어깨에 얼굴을 기대면서 말을 꺼낸다.

"우리가 살아온 길은 행복했지만 어려웠던 시기도 많았어요."

"따지고 보면 좋았던 시절보다는 어렵고 고통스러운 세월이 많았지. 그렇기에 당신한테 더 미안하오."

"여보, 흐르는 세월 앞에는 모두가 무너지고 말았네요. 그래도 당신이 변함없이 나와 함께하여 주었기에 난 행복한 여자인걸요."

"여보, 고맙소."

"당신은 늘 개척자의 길을 걸어왔죠. 그래서 내가 더 어려웠지만……. 그래도 당신이 목사로서 예술문화선교사로서 한국기독교 발전을 위해 노력해왔기에 오늘날 한국 교회는 많은 변화를 가져왔어요. 기독교예술, 예술신학, 예배예술을 연구하고 정립해 오셨으며 국내는 물론 외국에까지 예술신학대학을 설립하고 교육하여 온 덕분에 오늘날 문화예술선교의 중요성을 알게 되지 않았어요? 지금 생각하면 당신이 무척 자랑스러워요. 더 중요한 것은 당신이 변함없이 늘 내 곁을 지켜주었기에 고맙고 행복해요."

"여보! 고맙소. 어쩌면 당신은 내 마음을 감동시키는 말만 하는구려. 남은 삶의 여정을 잘 가꾸고 서로 돕고 사랑하며 살아갑시다."

손에 힘을 주어 아내를 감싸 안으며 "여보! 우리도 이 낙엽같이 새롭게 다가올 봄의 새 싹을 틔우기 위해 희생되듯이 그런 마음으로 서로 의지하며 남은 삶을 행복하게 만들어 봅시다. 하나님께서 우리에게 건강을 주시고, 이 나이에 쉼터 '로빈나문화마을'을 주셔서 제2의 인생을 위해 일할 수 있는 기회를 주셨으니 감사하고 행복할 따름이오."

아내는 울먹이며 "여보, 고마워요. 어쩌면 당신은 내 가슴을 울리며 감동시키는 말만 하시네요. 남은 삶을 잘 가꾸고 서로 사랑하며 행복을 위해 최선을 다하며 살아요."

아내의 손과 어깨를 힘주어 다독여 준다.

가을의 끝자리에 떨어진 낙엽이 우리 부부 품으로 날아든다.

낙엽이 스스로 썩어 자연의 생명과 아름다움을 위해 희생되어 봄이 오면 아름다운 녹색 잎을 띠고 여름이면 건강한 검푸른 잎을 만들고 가을에는 열매로 아름다운 색깔을 가진 단풍으로 많은 사람을 즐겁게 맞아 주듯이 이제부터라도 사랑을 주고 나누며 사람답게 사는 삶을 위해 낙엽이 주는 교훈을 다시 한 번 생각해 보며 마음을 다져본다.

계곡에서 불어오는 겨울을 맞이하는 쌀쌀한 바람이 마지막 남은 낙엽을 떨구며 옷깃을 스친다.

눈송이는 굵어져 축복을 해주듯 나와 아내 머리 위에 사뿐히 내려앉는다.

우리 꽃 민들레

봄이 되면 일찌감치 피어나는 민들레꽃을 보게 된다.

길가나 들판이나 밭 언저리에도 어디든지 양지바른 곳이면 피어나는, 흔히 볼 수 있는 꽃이다. 화사한 민들레꽃이 무리를 지어 피어나고 때로는 무리지어 피어 있는 꽃밭은 그렇게 아름다울 수가 없다.

겨우내 추위에 언 땅을 비집고 일찌감치 대지 위에 얼굴을 내미는 민들레, 매서운 찬바람에 꿋꿋이 견디며 강인한 생명력을 보이고 성장해 가는 기개가 대견하다.

지구상에는 수많은 종류의 꽃들이 있다. 사람들에게 사랑을 독차지하는 명품 꽃도 있지만 이름은 있는데 있으나마나한 꽃들도 있다. 때로는 이름조차 없이 피었다가 사라지는 꽃들도 있다.

민들레꽃은 참으로 아름답고 향기 또한 마음을 사로잡는다.

땅바닥에 납작 붙어 앙증맞게 꽃을 피워 드는 모습은 애절한 사연이 있을 것만 같아 더 애착이 간다.

키가 작아 사람 눈에는 선뜻 띄지 않지만 밑바닥에서부터 넓고 날카로운 잎으로 싸여 꽃대를 세우고 피어나는 민들레는 어느 수

줍은 여인의 아름다운 자태 같다.

그러나 안타깝게도 우리나라에 자생하는 토종민들레가 서양민들레에게 밀려 점점 사라지고 있는 것이 가슴 아픈 일이다.

산업이 발전하고 전국이 도시화되면서 토종민들레보다 서양민들레꽃이 더 눈에 띈다. 토종민들레꽃은 민족의 상징인 하얀색으로 꽃을 피우는 정다운 우리의 꽃이다. 예로부터 우리 민족과 같이 강인한 생명력과 일편단심 곧은 절개를 지키는 꽃으로 알려져 왔다.

그것은 굵고 곧게 내리는 튼튼한 뿌리 때문이다. 추위와 비바람에도 흔들리거나 꺾이지 않고 끝내는 꽃을 피우고 종족을 번식시키는 강인성이 있다.

우리 선조들이야말로 민들레와 같은 삶을 살아온 민족이 아닌가 싶다. 그러나 사람들은 민들레를 보면 '참 예쁘다, 아름답다.' 하고 찬사를 보내지만 소중히 다루고 보호할 줄은 모른다.

지나가다 발에 밟혀도 '아차! 미안해' 하는 생각조차 하지 않고 그냥 지나쳐 버린다. 미안해하는 사람은 더더욱 없다.

짓밟혀도 일어나고 또 밟혀 꽃대가 꺾여도 그대로 꽃을 피우고 홀씨가 되어 화려한 날개를 달고 바람 타고 날아가 후손을 번식한다. 이것은 역경과 인내 속에 살아온 우리 민족사와 닮았다.

민들레는 다년생초로 국화과에 속하는 꽃이건만 다른 국화처럼 대우를 못 받는다. 이유는 무엇일까?

최근에는 민들레가 널리 쓰이고 서민들과 함께하여 온 꽃이라는 사실이 알려지면서 보는 눈이 많이 달라지긴 했지만 아직은 민들레에 대한 인식이 부족하다.

경상북도 경주에는 어렵게 살아온 백성들을 민들레에 비유해 전하는 설화가 있다.

오랜 옛날 한 노인에게 외동아들이 있었는데 아들이 전쟁터에 나가 전사를 하였고, 며느리는 남편을 전쟁터에서 잃은 후 시름시름 앓다가 딸만 남기고 세상을 떠났다. 그 후 노인은 '민들레'란 이름을 가진 손녀와 살았다.

70이 넘은 나이에도 들로 산으로 때로는 품팔이로 일을 하며 손녀와 함께 근근이 생활했다. 손녀딸 '민들레'는 17세의 나이로 풋풋하고 꽃봉오리처럼 예쁘게 자라 과년한 처녀가 되었다.

인근에서는 '민들레'를 며느리로 욕심내는 사람들이 많았다. 그중에서도 한 마을에 사는 떠꺼머리총각 '덕'이는 '민들레'를 열렬히 애모하였다.

'덕'이는 워낙 순진하고 숫기가 없어 표현을 못하고 속만 태우고 있었다. 그러던 어느 날 산으로 나무를 하러 가다가 우연히 '민들레'와 마주치게 되었다. 가슴이 떨리고 말이 나오지 않아 속만 태우며 지게다리만 두드리는 것이 고작이었다. 그런 자신이 밉고 원망스러웠다.

그러던 어느 날 갑자기 장대비가 쏟아지기 시작하더니 엄청난 홍수로 많은 사람들이 피해를 입었다. 전에 없던 장마로 계곡 언덕에 있던 '민들레'가 사는 집이 물에 떠내려가고 말았다.

집을 잃은 노인과 손녀 민들레는 집터를 쓸고 간 계곡물을 바라보며 탄식했다. 그러면서도 목숨을 건진 것만으로도 다행이라고 애써 위로했다.

이때 혼자 사는 총각 '덕'이가 노인을 찾아와 집을 구하실 때까지 자기 집으로 가시자고 했다.

노인과 '민들레'는 갈 곳도 없고 막막하던 차에 미안한 마음을 뒤로한 채 "고맙네" 하고 손녀딸을 데리고 '덕'이 총각 집으로 들어갔다.

한집에서 살다 보니 '덕'이와 '민들레'는 더욱 가까워지고 사랑하게 되었다. 시간이 흐를수록 둘은 헤어지려야 헤어질 수 없는 사이가 되었다. '덕'이와 '민들레'는 집안이 어려워 혼례식을 남 몰래 물 한 그릇 떠놓고 치렀다. '덕'이와 '민들레' 부부는 가난하기는 하지만 노인을 극진히 모시고 나름대로 행복하게 살았다.

어느 날, 나라에서 상국인 중국에 조공으로 바칠 처녀를 뽑기 위하여 전국 방방곡곡을 샅샅이 뒤지기 시작했다. 이유 불문하고 얼굴이 반반하면 무조건 잡아갔다.

'민들레'도 잡혀가게 되었다.

남편 '덕'이와 '민들레'는 결혼한 부부지간이라고 해명하며 사정을 했지만 아무 소용이 없었다. 이대로 끌려가 욕을 보느니 차라리 죽으리라 결심한 민들레는 품고 있던 비수를 꺼내 자결을 하고 말았다.

'덕'이는 힘없는 자신을 원망하며 통곡했다.

앞길이 구만리 같은 '민들레'가 그렇게 저세상으로 간 뒤, 그 이듬해 봄이 되자 그의 무덤에는 이름 모를 꽃 한 송이가 피어났다. 사람들은 그 꽃을 '민들레'란 이름을 붙여 '민들레꽃'이라고 부르게 되었다고 한다. 그 뒤 '덕'이는 매년 봄에 피는 민들레꽃을 기다리며 평생을 외롭게 살았다고 한다.

지나온 역사를 돌이켜보면 힘없는 백성들은 권력 앞에 짓밟히며 고통과 눈물 속에 살아야 했다. 지금도 민들레는 변함없이 우리 곁에서 봄을 알리는 전령사가 되어 한겨울 움츠렸던 사람들의 마음을 행복하게 해준다.

그뿐만이 아니라 약으로 개발되어 많은 생명을 살리고 있다. 의학계에서는 더 좋은 약품을 개발하기 위해 활발한 연구가 진행되고 있다.

한의학 계통에서는 민들레를 포공영蒲公英이란 이름으로 해열, 해독, 이뇨, 기관지염, 위염, 간염 등을 치료하는 약재로 사용한 지 오래 되었다. 식용으로 식탁에 오르는가 하면 커피 대용품으로도 사용한다. 민들레 뿌리에서부터 잎과 줄기, 꽃에 이르기까지 쓰이지 않는 곳이 없다. 이처럼 인류를 위해 희생하고 유익을 주며 기쁨을 주는 민들레를 다른 꽃에 비해 홀대하고 있다고 생각하니 마음이 씁쓸해진다.

수입된 꽃은 사랑하고 아끼면서도 토종민들레를 등한시하는 이유는 무엇일까?

민들레는 우리 민족과 함께하여 온 우리의 꽃이다. 문학작품에도 자주 등장하는 우리와 친숙한 꽃이며 민족의 꽃이다. 이제부터라도 다시 생각해 보는 계기가 되었으면 한다.

민족의 설움과 기쁨을 함께하여 온 민족의 꽃 민들레를 사랑하고 귀히 여겼으면 한다.

오랜 세월 열강들의 틈바구니에서 침략과 지배를 당할 때도 그 고통은 모두 백성들의 몫이었다. 그럴 때마다 나라를 위해 일어서는 백성들의 애국심으로 나라를 지켜 왔다.

당파싸움과 권력 다툼에 어려움을 당하는 것은 백성들이었다. 나라를 일본에 뺏기고 36년간 나라 없는 설움을 백성들이 겪어야 했던 치욕의 역사였다. 성씨 개명을 해야 했고, 말과 글자까지 빼앗기고 마음대로 살 수 없었다.

우리 선조들은 일본인 대신 전쟁터에 나가 타국에서 총알받이가 되어야 했다. 여인들은 위안부로 끌려가 성욕의 노예가 되기도 했다. 집 안에 있는 쇠붙이나 놋그릇까지 모두 거둬가 전쟁 도구를 만들었다.

이처럼 우리 민족은 가난하고 한 많은 세월을 살아왔다.

민들레 역시 오랜 세월을 우리 곁에서 척박한 땅과 어려운 환경과 싸워 이겨내고 꽃을 피우며 꿋꿋하게 살아남았다. 짓밟혀도 일어서고 또 일어나 꽃을 피우는 민들레는 우리의 오랜 친구이자 우리의 꽃, 민족의 꽃이다. 그런 민들레를 이대로 보고만 있을 것인가?

이제부터라도 민들레를 사랑하고, 애착을 가지고 보호하며 소중하게 여기자.

　아름다운 꽃이면서도 잡초같이 짓밟히는 아픈 사연을 안고 우리 민족과 함께 살아온 민들레꽃에는 '감사'라는 꽃말이 있듯이 우리도 매사에 감사할 줄 아는 사람이 되어야겠다.

　민들레꽃말처럼 감사로 화해를 이루고, 사랑의 사도가 될 때 평화와 안정이 있는 좋은 가정, 살기 좋은 사회와 나라가 될 것이다.

꼴찌에게 보내는 갈채

몇 년 전까지 중·고등학교에서 교편을 잡고 있다가 정년퇴직한 고향 친구 부부가 오랜만에 찾아왔다. 친구 부부를 위해 모든 일을 제쳐놓고 기쁜 마음으로 맞이했다. 은퇴를 하고 말년에 우리 부부가 운영하고 있는 '로빈나 문화마을' 앞 계곡 언덕에 자리 잡은 정자에 둘러앉아 대화를 나누었다.

친구는 저 멀리 산비탈을 돌아 집 앞으로 흘러내리는 계곡의 아름다운 풍경에 눈을 떼지 못했다. 계곡 옆 숲속에서 들려오는 새들의 재잘대는 소리가 정겹게 들려온다. 허공을 타고 들리는 맑은 계곡의 물소리는 또 다른 친구가 되어 있었다. 얘기는 추억을 더듬고 재미가 있어 흥을 더해 갔다. 때로는 박장대소拍掌大笑하며 웃었다.

점심때가 되어 미리 준비된 식사와 그릴에 고기를 구어 먹으며 고향 이야기와 옛 친구들의 이야기에 꽃을 피우며 즐거워했다.

오랜만에 만난 우리는 그동안에 쌓였던 이야기를 하는 가운데 점심식사는 끝나고 집사람이 준비한 과일과 산돌배로 만든 효소차를 마시며 고향이야기를 계속했다. 대화를 나누다 보니 고향 친구들의 얘기가 오갔다. 그 중에서도 유독 머릿속에 남아 있는 친구가 있었다. 냇가에서 옷을 홀딱 벗고 같이 멱 감던 고향 친구이다.

'찔찔이'라는 별명으로 불리던 초등학교 동창으로 학교 다닐 때는 말을 더듬고 어리벙벙해 보이는 친구였다. 코에는 항상 콧물이 마르지 않았고 흐르는 콧물을 팔소매로 훔쳐 항상 옷소매가 반질반질했다. 내 기억으로는 좀 모자라는 친구였다.

남자 친구들도 그랬지만 같은 반 여자 친구들도 질색을 하며 피해 다녔다. 학교 성적은 늘 꼴찌였고, 친구들에게 매를 맞기가 일쑤였으며 놀림의 대상이었는데 우리 고향에서는 제일 잘 사는 부잣집 아들이었다. 논과 밭이 많아 가난한 집에 소작을 주어 농사를 지었고 시내에는 극장과 여관까지 운영하는 부잣집이었다.

친구의 아버지는 학교 운영이사장으로 계시면서 학교 발전을 위해 수고하시는 유지였다. 담임 선생님께서는 야단을 맞고 벌을 받아야 할 친구 찔찔이를 감싸 주시곤 했다. 친구들 사이에는 그런 선생님에 대한 불평이 꽤 있었던 기억이 난다.

초등학교를 졸업하고 얼마 있다가 부모님을 따라서 서울로 이사를 간 뒤 친구의 소식은 끊어졌다. 가끔씩 친구가 궁금하고 지난날 철없던 어린 시절의 추억이 떠오르곤 했다.

추억 저편에 살아있는 친구.

친구 찔찔이가 서울에서 중·고등학교를 졸업하고, 우수한 성적으로 대학을 졸업했다고 들었다. 처음 그 말을 들었을 때 도저히 믿어지지가 않았다. 어릴 적 그는 모든 면에서 바보였고 꼴찌에 속한 사람이었다.

친구 찔찔이는 언제부터인가 한 반 친구의 전도를 받아 교회를 나가기 시작했다고 들었다.

기독교 신앙을 갖고부터는 은혜를 받고 모든 면에서 달라지기 시작했다. 더듬던 말도 정상적으로 돌아오게 되었다. 남 앞에 서기를 꺼려하고, 본인이 하고 싶은 얘기를 용기가 없어 하지 못했던 친구였다. 그러나 많은 것이 달라졌다. 대중 앞에 서는 것도 자신 있게 하며, 하고 싶은 이야기를 분명하게 할 수 있는 친구가 되었다.

꼴찌였던 친구 찔찔이가 공부에 취미가 생기고 어느 장소가 되었던 의사표현을 할 줄 아는 대장부가 된 것이다. 말만 들어도 아는 명문대학을 수석으로 졸업하고 행정고시에 합격하여 고급 공무원이 된 것이다. 그 후로도 친구는 한눈을 팔지 않고 앞만 바라보며 최선을 다하는 일벌레였다고 한다.

정직하고 겸손하며 친절한 공무원으로 최고위급 관직을 마지막으로 은퇴를 했다. 정년퇴직을 한 친구는 몇 년 전 외국으로 이민을 가 사업가로 변신하여 새 삶을 살아가고 있다.

그는 가난한 나라에 대학을 설립하여 어려운 학생들을 교육시키고 있는 일에 남은 인생을 걸고 최선을 다하고 있다. 또 한편으로는 전국 중요도시에 현대화와 세계화에 어울리는 한국식 레스토랑을 창업하고 분점을 두어 운영하는 사업가이기도 하다.

교육자요 사회사업가이기도 한 그는 나이에 상관없이 최선을 다해 살아가는 모습이 정말로 아름답다. 우리는 친구 찔찔이의 이야기를 하면서 감동적인 내용에 많은 은혜를 받았다. 그리고 고맙고 감사했다.

바보 같고 모자라 보이는 어린 시절을 보냈던 친구였지만 나이가 들면서 변하여 특등 인생을 살아가는 것을 보고 많은 것을 느끼게 한다.

친구 찔찔이는 중학교 1학년에 입학 하면서부터 달라지기 시작했다고 한다. 믿음 있는 친구의 도움으로 교회를 나가기 시작하면서 변하기 시작해 말씀에 은혜를 받고, 성령 체험까지 하면서 믿음은 더욱 돈독해져 갔다. 학생회, 청년회, 남전도회를 거치는 동안 집사가 되고 안수집사 장로가 되어 있었다.

관직명이나 그 어떤 이름보다도 장로로 불려지기를 바라는 믿음이 돈독한 친구였다. 하나님의 종으로 사명을 감당하며 나보다는 남을 위한 사랑으로 그리스도를 나타내기 원하는 사람이 되었다.

사랑과 겸손으로 그리스도의 사랑을 실천하는 친구야 말로 일등인생을 살아가는 사람이 아닐까.

사람들은 언제나 일등에게는 갈채와 찬사를 보내지만 등외나 꼴찌에게 박수를 보낸다는 것은 흔치 않은 일이다. 모두 일등하기를 원하는 것이 사람이다. 훌륭한 재주와 능력을 가지고 다른 사람보다 뛰어나기를 원한다. 그렇기에 나 자신을 다른 사람들과 비교하게 된다. 갑자기 자기 자신이 왜소하게 느껴지는 경우와 기가 꺾여 실망하게 되며 스스로 포기하여 좌절하는 경우를 많이 본다. 더 나아가서는 나 자신의 처지를 하나님께 원망하는 때도 있게 된다.

하나님께서는 우리들에게 일등뿐만 아니라 모든 등외 인물들에게도 한결같은 박수갈채를 보내주신다. 하나님은 공의로우신 분이시기에 어느 누구에게나 골고루 사랑을 나누어 주시는 것이다.

하나님은 약한 자에게 힘을 주시고 쓰러져 가는 자를 붙들어 주시고 낮은 자를 높여 주시는 분이다. 다시 말하면 상한 갈대를 꺾지 아니하시고 꺼져가는 등불을 끄지 아니 하신다는 것이다.

성경에 기록된 인물들을 보더라도 원래는 변변치 못한 사람이었으나 하나님께서는 들어 쓰시므로 일등인생을 살게 하시는 것을 본다.

나는 친구 부부에게 성경에 기록된 사람 중 몇 분을 소개할 테니 들어 보라고 했다. 꼴찌이면서 특등인생으로 갈채를 받은 구약성경 인물 중 몇 분을 소개하기 시작했다.

오늘날 우리가 보기에는 꼴찌이나 당신의 부름에 순응하고 겸손하며 최선을 다하면 희망이 있는 삶이 되리라 믿으며, 갈채를 받는 특등인생으로 살아갈 수 있을 것이다. 특등인생을 살았던 모세에 대하여 이야기를 시작했다.

모세는 이스라엘 백성을 인도해 낸 영도자였다. 400년간 애굽의 종노릇하는 백성을 구해 보려고 했지만 인간의 뜻과 생각으로는 되지 않았다. 그는 어느 날 애굽 인과 이스라엘 사람의 싸움을 목격하게 되었다.

그 후 어느 날 이스라엘 동족끼리 싸우는 모습을 보게 되었다. 그들을 만류하니 이스라엘 사람들은 "어제는 애굽인을 오늘은 우리를 죽이려 하느냐?" 한 말이 바로의 궁전에 들어가니 자연히 애굽을 도망칠 수밖에 없었다. 이것은 분명 하나님의 섭리였다. 그리하여 광야로 보내졌던 것이다. 모세라는 인물의 인격을 볼 때 위대했던 것은 아니었다.

그는 웅변가도 변론가도 아니었다.

"나는 입이 둔하여 혀가 둔하다고 했다"(출4:10) 하나님은 모세를 당신의 사람으로 만들어 쓰셨던 것이다. 심지어는 지팡이까지 하나님의 지팡이로 만들어 애굽에 보내어서 역사하시었던 것이다.

'기드온'이란 인물도 특등인생을 살았던 사람이다.

기드온은 성경을 볼 때에 변변치 못한 사람이었다. 사사기 6:15절에 보면 므낫세 중에 극히 약하고 가장 작은 자라 에브라임보다 약하다고 하였다. 고대사에서 볼 때에 가장 꼴찌에 속한 사람이었다.

그러나 그는 미디안을 물리쳤던 용장이었다. 믿음의 확신을 받기 위하여 양털에 이슬이 내리는 것과 양털에 이슬이 안 내리는 것의 약속의 확신을 받았다.

하나님과 함께하는 그의 삶은 특등인생을 살 수 있도록 한 것이다.

'엘리사'라는 인물을 보아도 처음에는 농사꾼으로 하나님의 소명을 받았다. 순종하는 마음으로 소명을 감당하고, 최선을 다했을 때 갑절의 영감을 받아 특등 생활을 하였던 것이다.

'다윗' 역시 가장 훌륭한 삶을 살았던 사람이다. 이세의 아들 중 막내아들로 태어나 인간이 볼 때는 가장 볼품없는 사람이었다. 아버지인 이세가 볼 때도 변변치 않은 그런 사람이었다.

아버지의 양을 치는 한낱 목동에 불과했다. 사무엘이 이세의 아들 중에서 왕을 세우려고 큰 아들을 기름 부으려 했다. 하나님께서는 안 된다고 하셨다.

또 없느냐고 물으시니 양을 치는 목동인 막내아들 다윗이 있다고 했다. 하나님께서는 막내아들을 불러오라 하여 그를 보고 왕으로 세우셨던 것이다.

인간은 외모를 보고 취하지만 하나님께서는 그 중심을 보고 판단하시는 것이다. 사람이 볼 때는 꼴찌였지만 하나님은 그를 훈련시켜서 들어 쓰시는 것이다. 보기에는 꼴찌이지만 하나님이 들어 쓰실 때 갈채를 받는 특등인생으로 만드시는 것이다.

시험에 떨어졌다고 해서, 어떤 일에 말할 수 없는 역경이 있다고 해서 좌절해 버리는 나약한 인생이 되지 말아야겠다.

우리가 말한 고향 친구 찔찔이나 성경 속에 나오는 인물들은 그들의 믿음과 중심을 보셨던 것이다. 사람의 뜻이 아니라 하나님의 뜻에 합당했기 때문에 특등인생으로 들어 쓰셨던 것이다.

실례를 들면 '다윗은 내 마음에 합한 자'라고 하였다.

하나님 마음에 맞으면 인간이 볼 때 꼴찌인생일지라도 특등 신앙인으로 쓰시고, 땅위에서도 찬사와 갈채를 받는 것이다.

어린 시절을 꼴찌 인생으로 살았던 친구가 하나님의 합한 자가 되어 특등인생을 살고 있는 것이다. 성경에 특등인생을 산 인물은 많지만 다윗의 이야기로 마무리하며 친구 부부에게 '친구 이제 예수 믿고 특등인생 한번 살아보세 천국도 가야하지 않겠나.' 친구 부부는 말이 없이 웃기만 하다가 "오늘 고마웠네."하며 손을 내밀어 악수를 청했다.

고향의 여러 가지 이야기와 성경인물에 대하여 얘기를 하다 보니 해는 서산에 지고 있었다. 꼴찌인생이었다가 특등인생을 살고 있는 고향 친구 찔찔이의 삶을 교훈삼아 우리도 최선을 다하는 삶을 살아보자고 다짐해 본다.

친구 부부는 늦었다며 자리에서 일어난다. 저녁식사를 하고 가라고 붙들었지만 친구는 서울에서 저녁에 중요한 약속이 있어 가야 한다며 차에 올랐다.

우리 부부는 손을 들어 아쉬운 작별을 구하는 순간 차 창문을 열고 친구가 한 마디를 남겼다.

"상열이, 서울에 가면 집 주위에 있는 교회를 나가 보겠네. 다음에 또 보세."

창문이 닫히고 친구 부부를 태운 차는 저 멀리 사라져 갔다.

추억 속의 외갓집

긴 겨울밤을 보내고 잠에서 깨어나 하루를 위한 기도로 시작해 본다. 창문을 열고 앞산과 집 앞쪽으로 흘러드는 냇물을 바라보니 시야에 들어오는 것은 황홀 그 자체이다.

찬바람이 얼굴을 스치고 머리가 맑아지고 상쾌해진다. 밤새 내린 하얀 눈이 계곡 언덕 정자에도 철쭉나무와 사철나무에도 소나무 단풍나무에도 정원 잔디 위에도 소복이 쌓인 눈은 여러 가지 형태로 동화 속의 설국이 되어 있었다.

집 앞 계곡 건너 안산에는 나뭇가지마다 탐스러운 하얀 설꽃으로 단장한 각종 성탄 트리가 전시되어 주인을 기다리고 있는 것 같았다.

매서운 찬바람이 정원 나뭇가지의 눈꽃을 떨구고 창문을 파고 들어 몸을 움츠리게 한다.

밤사이 만들어진 풍광에 황홀한 마음이 되어 바라보고 있자니 먼 옛날 추억 속으로 달려간다.

동산 끝자락 양지 바른 곳에 자리 잡은 외갓집 마을의 겨울 풍경이 떠오른다.

마을 뒤로는 명지산이 보이고 이어진 산맥이 여러 갈래로 뻗어 내려오다 높고 낮은 봉우리와 능선을 만들어 내린다. 동네 앞을 흐르는 계곡물은 풍부하고 울창한 나무 숲을 이루고 있다.

철따라 아름다움을 간직한 가평군 승안리 마을, 기와집 한 채와 초가집 십여 채가 옹기종기 모여 사는 평화스럽고 인심 좋기로 소문난 마을이었다.

내가 어릴 적 자주 찾던 외갓집의 겨울밤은 문풍지가 바람에 파르르 떠는 소리에 잠을 설치곤 했다. 겨울밤의 찬바람은 소리 없이 뚫어진 문창살 사이로 찾아들어 몸을 움츠려 새우 등을 만든다. 이불 속에서 겨울바람 소리를 듣다가 잠을 설치던 나는 어느새 곤한 잠이 들곤 했다. 여명이 밝아오면 계곡 옆 숲속에서 참새들이 날아와 먹이를 찾아 마당 여기저기를 쪼아대는 모습이 너무나도 아름답다.

암청색 어둠속에서 방안 호롱불에 불이 켜지고 문에는 실루엣이 선명해지던 추억 저편에 살아 있는 외갓집이 그리워진다. 외갓집에 있었던 지난 추억은 나의 어린 시절을 행복하게 만들었다. 서로 돕고 사랑하며 협동심을 배운 곳이기도 하다. 외할머니와 외삼촌께서는 큰 부잣집은 아니지만 시골에서는 꽤 잘사는 편이었다. 가난하게 살아가는 이웃을 위해 쌀을 꾸어 주시고 되돌려 받지를 않으셨다.

그런 점을 잘 아는 이웃 분들이나 소문을 들은 피란민들도 찾아오곤 했다.

6·25 전쟁으로 너나 할 것 없이 다 어려운 시기를 보내고 있었다. 고향을 버리고 타관을 전전하는 피란민들, 부모 형제와 헤어져 가난에 허덕이는 사람들이 부지기수였다. 먹을 것이 없어 미군이 버리고 간 깡통을 들고 구걸하던 사람이 많을 때였다. 어려웠던 그 시절 얼마나 살기 힘들었으면 보릿고개라는 말이 나왔겠는가. 금곡에서 약국을 운영하셨던 외삼촌께서는 유독 사랑이 많으셨다. 호탕한 성격에 많은 사람과 유대가 많으셨던 분이다.

어느 날, 외삼촌께서는 큰아들 완선이와 나를 앉혀놓고 말씀하시길 "애들아 너희들은 어려운 때 일수록 서로 돕고 이해하며 사랑하는 형제가 되거라. 그런 사람이 훌륭한 사람이란다. 사랑의 힘은 가정을 살리고 사회와 국가 발전을 가져오는 평화와 행복을 가져다주는 원동력이 되는 것이다. 전쟁으로 인해 어려운 때에는 사랑 안에 하나로 뭉쳐야 이겨 낼 수 있고 잘사는 나라가 될 수 있단다." 하시면서 어깨를 다독여 주시던 인자한 모습이셨다.

어느 날, 눈이 많이 내리는 밤 온 식구가 안방 한자리에 모여 고구마를 밤참으로 먹으며 대화를 나누고 있었다. 외삼촌은 고구마 껍질을 벗겨 나에게 주시는 외할머니를 보시면서 "너희들에게 이야기 하나 해줄까?" 우리는 이야기를 해 주신다는 말에 옛날이야기를 해 주시는 줄 알고 "네, 빨리 얘기 해 주세요." 하며 좋아했다. 식구들은 재미있는 옛날이야기를 기다리며 귀를 기울였다. 외삼촌은 옛날이야기가 아니라 6·25 전쟁에 대한 이야기를 하기 시작하셨다. 일사후퇴 때 인민군과 중공군은 유엔군에게 패하여 밀려나기 시작했다. 허겁지겁 도망을 치다가 산속 마을 외갓집을 찾아들어 먹을 것을 요구했다. 외할머니께서는 부엌에 나가 찬밥과 감자, 고구마를 준비해 가져다주었다. 굶주림에 지친 그들은 정신없이 먹어 치우고는 담배를 한 대씩 피우며 잠시나마 평온한 마음으로 쉬고 있었다. 그 중에 장교인 듯한 한 사람이 호주머니에서 뭔가를 꺼내 외할머니에게 내밀었다. 이승만 대통령 얼굴이 있는 한국 화폐 몇 장과 모택동 사진이 있는 중국 돈 몇 장을 내밀면서 머리를 조아려 감사함을 표했다. 외할머니는 손을 저으며 "괜찮아요."하고 거절을 했다. 말은 통하지 않지만 얼굴 표정과 손짓은 알아들을 수가 있었다. 돈을 보신 외할머니는 중공군 장교 앞으로 다가서면서 한국 화폐 속에 있는 이승만대 통령을 가리켜 엄지손가락을 들어 보이며 최고임을 표시하고, 중국 화폐에 있는 모택동을 가리키며 새끼손가락을 들어 보이고 전쟁을 일으킨 나쁜 사람이라고 말했다. 얘기를 듣던 순간 식구들은 통쾌하다는 듯 「와~」하고 웃고 또 웃었다. 이야기는 계속 되었다. 중공군 장교와 네다섯 명의 대원들의 얼굴빛이 변했다. 대원 중 한 사람이 총을 허공에 쏘아대며 죽일 듯이 추궁을 했다. 한참 동안 죽일 듯이 난리더니 중공군 장교는 대원들을 자제시키면서 외할머니에게 뭔가를 손짓 발짓으로 설명하기 시작했다. 중공군이 북한을 도와 남침을 할 때에 모택동으로부터 절대로 인민을 죽여서는 안 된다는 명령을 받았다고 한다. 몸짓으로 설명을 끝낸 중공군 장교는 엄지손가락을 들어 보이며 중국 모택동은 훌륭한 분이라는 것을 설명했다. 설명을 듣고 난 외할머니는 비록 적이지만 저 중공군 장교야말로 나라를 사랑하는 애국자로구나 생각했다. 함부로 말한 것에 대해 두 손을 모으고 허리를 굽혀 죄송하게 되었다고 하면서 중공군 장교의 등을 다독여 주었다.

그때서야 중공군 장교도, 대원들도 얼굴색이 풀리며 웃음기가 돌았다. 그들은 인사를 하고는 황급히 동네 뒷산 쪽으로 사라졌다. 그들이 사라진 후에야 외할머니는 뒷마루에 주저앉아 식은땀을 씻으며 안도의 숨을 몰아쉬셨다. 외삼촌은 외할머니의 손을 잡으며 "어머니! 어머니의 아들인 것이 자랑스럽습니다." 하고는 이야기의 끝을 맺으며 사랑과 담대한 마음, 애국심이 투철한 어머니가 계심을 자랑스럽고 행복해하셨다. 어린 나이에 비춰진 외할머니와 외삼촌은 멋지고 훌륭한 사람이었다. 외할머니와 외삼촌 같은 사람이 되어야지 하며 마음을 다지곤 했다.

한때나마 불우한 사람들을 위한 수용 목적으로 희망원, 수도원을 건립한 일이나 거지왕 김춘삼을 모시고 무위도식無爲徒食하는 걸인들의 터전을 마련하기 위해 영광 앞바다를 막는 간척사업이나 한국 최초로 불우한 사람들을 위한 합동결혼식 사업에 참여했던 일이 모두가 외할머니와 외삼촌의 영향을 받았던 것으로 생각한다.

외갓집 굴뚝에서는 연기가 모락모락 피어오르고, 대문을 열고 들어서면 안마당 옆으로 잘 가꾸어진 화단이 보인다. 완선이와 나는 제기차기, 자치기, 사방놀이를 하며 즐거워했다. 여름밤이면 외삼촌을 따라서 계곡물에 낚시를 담그고 산메기를 잡아 올리며 마냥 즐거워했던 철없는 어린 시절을 보냈다.

눈이 녹아 질퍽거리던 마당에는 밤새 내린 눈이 소복이 쌓였다. 아침저녁으로 날아드는 참새 떼가 허공만 맴돌다 날아가 버린다.

외삼촌은 싸리비로 마당에 쌓인 눈을 치우고 외할머니는 좁쌀과 수수를 마당 여기저기에 놔두신다. 참새들은 몰려와 마당에 놔둔 먹이를 정신없이 쪼아댄다. 외할머니께서는 마루에 앉아 정신없이 먹이를 쪼아대는 참새들을 보면서 "사람이든 짐승이든 먹어야 산단다. 어려운 때는 서로 돕고 하나가 되어야 착한 사람이란다." "네! 할머니."하고 대답했다. 할머니는 마당을 가리키며 "보거라! 눈이 많이 와 먹을 것을 찾지 못해 헤매는 저 새들이 불쌍하지 않으냐?" "네! 할머니 불쌍해요." "그래서 눈을 치우고 먹을 것을 놓아두는 거란다. 너희들도 나보다 못한 사람이나 불쌍한 사람을 보면 도와주도록 하렴." 완선이와 나는 "네! 꼭 그런 사람이 될게요."하고 크게 대답했다.

나이가 들어가면서부터 그때에 할머니가 말씀하셨던 것들을 생각하면서 깊은 뜻을 가슴에 안고 살았다.

날이 어두워지고 다시 눈이 내리기 시작했다. 눈송이가 굵어지고 바람까지 매섭게 불어 앞을 보기 힘들었다. 지붕은 금방 백색으로 채색되었다. 나무에 매달려 있는 눈꽃송이들은 바람에 날려 마당에서 춤을 춘다. 사랑방에는 동네 어른들이 모여 눈이 많이 오는 것을 보고 풍년이 올 징조라며 기뻐하시는 소리가 문틈으로 새어 나온다. 대화를 나누는 사이 자연스럽게 화투로 밤참 국수 내기로 열을 올리고 계셨다.

아침 햇살이 문틈을 새어 들고 늦잠을 잔 나는 눈을 비비며 일어나 마음껏 기지개를 켜본다.

문을 열고 밖으로 나오니 온 세상은 순백의 천지가 되어 있었다. 참새 떼들은 먹이를 찾아 허공을 맴돌다 처마 밑으로 날아든다. 안마당에 든 햇볕에 따사로운 쪽마루에 앉아 처마 끝에 매달린 수정 고드름에 눈이 멎는다. 햇살에 눈이 부실 정도로 빛나는 보석이 되어 반짝거린다. 마당 옆으로 서 있는 향나무 가지마다 하얀 눈꽃송이가 되어 반기고 있다. 정오가 지나자 동내 아이들이 모여 눈사람을 만들기 위해 눈을 뭉쳐 굴리기 시작했다. 언 손가락을 호호 불며 입김이 서리어 안개처럼 피어오르다가 마술처럼 사라진다.

한겨울 매서운 칼바람이 불어도 눈싸움을 한번 하고 나면 얼굴은 붉게 타올라 땀방울이 맺히고 엷은 김으로 피어난다. 아이들이 서로 눈덩이를 굴리어 크게 만들고, 다시 쌓아올려 눈사람 만들기에 정신이 없다. 자주 빛 토종 감자처럼 꽁꽁 언 손을 입으로 호호 불고 비벼대다가도 누구나 할 것 없이 손발이 잘 맞고 협동이 잘되었다.

아이들보다 큰 눈사람, 항아리처럼 배가 불룩하고, 숯을 이용해 입술과 코, 눈썹을 만들었다. 외삼촌께서 아끼시던 중절모자를 몰래 가져다 씌운다. 근엄하게 담배를 피우는 신사의 모습으로 눈사람은 완성되었다.

아이들은 누가 먼저랄 것도 없이 다 같이 박수를 치며 "와"하고 함성을 지르며 기뻐했다. 친구들은 눈사람 둘레를 돌면서 소원을 이야기 하며 손뼉을 치고 즐거워했다. 지금도 내 마음속에 살아 움직이는 외갓집 외할머니와 외삼촌은 내 인생의 스승이고 길잡이가 되어왔다.

성경에도 믿음, 소망, 사랑 그 중에 제일은 사랑이라 했다. 사랑은 가장 큰 무기요, 용기요, 겸손이요 힘이 되어 평화와 기쁨을 주는 열매인 것이다.

추억 저편에 살아 있는 외갓집, 이렇게 눈이 많이 내리는 밤이면 꿈속에서 50여 년 전 외갓집에서의 겨울밤을 헤맨다.

석촌호수 스케치

　오랜만에 걸어보는 석촌호수(동호, 서호)의 풍광은 예나 지금이나 아름답기 그지없다.

　맑은 하늘에 봉오리를 부풀리고 있는 호수 둘레길 양옆으로 들어선 벚나무, 그 사이로 햇살이 파고들어 활짝 핀 벚꽃 웃음을 재촉하고 있는 듯했다.

　생긋한 봄바람은 호수에 잔잔한 물결을 일으키고, 어느새 언덕 벤치에 앉아 있는 나의 옷깃을 파고든다. 호수 주위 숲속에는 물이 올라 통통한 벚나무가 윤기를 띠고 가지마다 연한 녹색 잎을 내밀고 있다.

　대지 위에는 겨울을 지나는 동안 폭설과 한파로 눈꽃에 시린 칼바람 에이는 아픔에도 참아낸 생명들, 살면서 얼굴을 내밀어 숨 쉬는 소리가 바람을 타고 귓전을 맴돈다.

　따스한 봄 햇살을 받으며 호수 둘레 길을 도는 사람들, 걷기 운동을 하면서 유난히 사랑티를 내는 젊은 커플, 뒤로 걷는 사람, 불편한 몸을 이끌고 열심히 운동하는 중년들, 머리가 하얀 노부부의 은근한 로맨스 사랑이 있어 아름답기보다는 존경스럽다.

열심히 걷기 운동을 하는 사람들 틈에 끼어 걷다 보니 동호와 서호를 잇는 터널을 지났다. 롯데타워 126층 건물이 웅장하게 마주보이는 벤치에 가 앉았다.

옆자리에는 어느 관광객이 보다가 두고 간 석촌호수(동호, 서호)와 매직 아일랜드에 얽힌 내용이 담긴 홍보 전단지가 제멋대로 놓여 불어오는 바람에 나풀거린다.

무심코 집어서 펼쳐보니 제일 먼저 눈에 들어오는 것은 한 면에 실려 있는 거대한 두 개의 계란이 가로 나란히 누워 서로 바라보는 형제 같은 석촌호수(동호, 서호) 모형이었다. 계란형 석촌호수가 맞닿은 곳에는 양쪽 호수를 잇는 터널이 있어 같은 유전을 이어받고 생명을 이어주는 물결이 한 몸인 것을 증명하고 있는 듯했다.

세월 속에 오늘의 석촌호수(동호, 서호)는 많은 변화와 역사를 담고 있다고 생각하니 더욱 위대해 보였다. 호수를 바라보고 있자니 잔잔한 물결은 연한 녹색으로 물들고 봄바람에 잔잔하게 일렁이며, 그 속에 롯데타워와 주위 나무들이 함께 어울려 다가온다. 호수의 모습을 시아에 담고 그 속에 겹치는 70여 년 전 한강변 송파나루와 그 옛날 뽕나무로 가득 채워졌던 잠실 뜰과 지금의 석촌호수, 그 위에 함께 한 역사 이야기 속으로 달려간다.

남한산성 산맥이 사방으로 흐르다 멎은 자리에 자리 잡은 도시들이 있다. 동쪽으로는 하남시가 자리를 잡고 그 옆으로는 경기도 광주군이 자리하고 남쪽으로는 성남시가 터를 잡고 있으며, 동서

남북을 아울러 자리를 잡은 대한민국의 수도 서울특별시가 있다.

이 네 도시는 남한산성을 가운데 두고 사방으로 자리를 잡은 형제 같은 도시라는 생각이 든다. 그 중에서도 서울 송파구와 성남시는 여러 형제 중 첫째와 둘째 같다.

세월이 유수와 같이 흘러 남한산성 끝자락에 자리 잡은 송파구에 둥지를 튼 지도 벌써 26년이란 세월이 되었다. 10년이면 강산도 변한다는 옛말이 있듯이 10년이 두 번이나 지나 30년을 바라보고 있다. 26년이란 세월 속에 서울 송파는 많은 변화와 발전이 있었다.

지금의 송파구는 잠실동, 신천동, 석촌동, 송파동, 문정동, 거여동이 있는 관광특구로 외국인들이 많이 찾는 명품도시가 되었다. 그 중에도 석촌호수를 인근에 두고 있는 잠실동과 석촌동, 송파동 일대는 뽕나무 밭이었다고 한다. 역사적으로 거슬러 올라가면 석촌호수는 도시 정비사업을 통해 한강으로 흘러드는 샛강을 막기 전 송파나루가 있었던 한강의 본류였다.

송파나루가 고려시대와 조선왕조에 이르는 동안에 한성과 충청도 전라도 경상도로 연결하는 중요한 뱃길의 요지였다. 잠실쪽 한강에는 토사가 모여 형성된 '부리도浮里島'라는 작은 섬이 있었다.

부리도를 사이에 두고 남과 북쪽 물길 사이를 잇는 신천강이라는 샛강을 육지화하는 대공사가 1971년 4월부터 시작되었다. 이때 대공사로 막힌 남쪽으로 흐르던 물길이 오늘날 석촌호수로 남게 되었다.

1981년도까지는 정리되지 않고 마구 버린 쓰레기로 냄새가 풀풀 나는 볼품없는 호수였다. 주위에는 무허가 포장마차 촌을 이루고 범죄가 난무하는 우범지대였다. 이때 국가개발계획에 의해 호수를 대대적으로 정비하기 시작했다.

주변에 녹지를 조성하고 산책로와 쉼터, 운동기구 등 편리한 시설물을 두어 2001년도부터 송파나루 공원으로 시민들의 휴식 공간이 되었다. 그 후 얼마 안 되어 석촌호수(동호, 서호)라는 이름으로 개명하여 불리게 되었다. 대대적인 제2차 정비사업을 통해 수질개선, 호수 주위 모든 콘크리트 철거, 수생식물을 심어 생태공원으로 바꿔 놓았다. 면적은 21만 7,850㎡이며 담수량은 737톤으로 수심은 4~5미터가 된다.

지금은 서울에서 가장 유명한 시민들의 휴식처로 많은 사람들이 찾는 명소가 되었다. 석촌호수를 에워싸고 있는 송파구 일대는 많은 전설과 아름다운 역사를 가지고 있는 고장이다.

한강(아리수)을 바라보는 곳에 위치한 88올림픽 공원 일대는 경기도 하남에 속해 있다가 지금은 서울시 송파구로 되었다. 이곳은 백제의 시조인 온조왕이 처음으로 나라를 세운 곳이다. 475년(문수왕)까지의 백제 도읍지였다고 전한다. 온조왕은 당시 하남에 위례성에 터를 잡고 최초의 궁궐 건축을 계획하고 실행에 옮기기 시작했다.

모든 건축자재는 소나무였고 지붕은 볏짚으로 이은 초가였다고 한다. 호화롭지 않고 사치스럽지도 않지만 누추하지도 않은 검소

하고 무게가 있는 왕궁이었다. 고구려에서 남쪽으로 옮겨오다 자리 잡은 위례성은 2천여 년이 흐른 지금의 서울 송파구에 위치한 88올림픽공원 일대를 말한다.

이곳에 백제 도읍지 위례성을 삼은 것은 지리적으로 외침을 막아내는데 적합한 환경을 갖추고 있으며, 토지가 비옥함으로 백제가 발전해 가는데 최상의 입지조건이었다.

몽촌토성, 삼성토성과 연결되어 있는 위례성의 주성으로 궁궐이 있던 곳이다. 길이는 2.7km로 백제가 처음 국가를 형성하던 시기가 3~4 세기경에 만들어진 것으로 본다. 독특한 것은 진흙만으로 쌓아 축소했으며 북쪽으로는 목채(방어 나무울타리)를 세우고 성 외각으로는 물이 흐르는 하천을 인용하고 인공해자(못)를 만들어 적의 공격을 방어했다.

또한 그 당시 백제 왕궁을 호위하기 위해 군사시설을 갖춘 요충지였다. 백제 도읍지 위례성을 방위하고 있는 몽촌토성은 오늘날 한국 최초로 올림픽을 치른 곳으로 현대식 운동시설과 각종 편의시설을 갖추고 있으며, 백제왕궁 초기의 유물이 있는 과거와 현재가 공존하는 테마 공원이다.

오늘날 송파 한강(아리수)변에 위치한 88올림픽공원을 싸고 있는 야산들을 연결하여 수많은 사람들의 걷기운동과 휴식을 취할 수 있는 공간으로 사랑을 받고 있다. 이것뿐만 아니라 조선 세종 대왕부터 성종까지 백성들에게 양잠을 장려하기 위해 매년 뽕나무를 심고 누에고치를 치며 관리해 오던 곳으로 알려져 있다.

서대문 연희동에 있던 서 잠실과 함께 설치한 동 잠실로 실을 생산하여 승정원에 바쳤던 곳이다. 여기에서 생산된 조선 최고의 잠사로 질기고 정교함이 뛰어난 질이 좋은 품질이었다고 전한다.

조선왕궁에서는 수량과 품질에 따라 상을 주거나 벌을 주기도 했다. 이곳을 관리하는 사람들은 궁궐에서 파견한 환관(내시)들이었는데 그들이 누에고치 잠사 생산 실적을 점검하게 하였다. 조선시대에는 잠실동이 양주군 고양주면에 속해 있었다.

일제 강점기인 1914년 총독부령 제111호에 의하여 경기도 고양군 독도면에 편입되었다. 1945년 해방 후 1949년 대통령 제159호에 의거 서울특별시가 확장됨에 따라 고양군 독도면 전체가 서울시 성동구 잠실동이 되었다. 1971년 한강개발 사업에 의해 잠실동은 신천동과 함께 한강 이남지역에 편입되었고, 강남 전 지역이 개발되면서 인구의 증가로 1975년 대통령제7815호 의하여 성동구로부터 강남구로 분리 신설됨으로써 이에 속하게 되었다.

나중에는 강남구가 확장됨에 따라 신설된 강동구에 속해 있다가 다시 송파구로 분리 신설됨으로 이에 편입되어 오늘에 이르면서 많은 변화를 가져왔다. 오늘날과 같이 눈부신 발전을 해오며 사람들의 사랑을 받는 것은 역사가 살아 숨 쉬고 있는 88올림픽공원이나 내가 지금 앉아 있는 이 아름다운 석촌호수(동호, 서호)를 빼놓을 수가 없다.

내가 이 고장에 살고 있다는 것이 자랑스럽고 행복함을 느낀다. 깊은 생각에서 벗어나 다시 호수길 사람들 속으로 파고들었다. 얼마쯤 걷다 보니 50m 앞 공원을 나가는 샛길에 많은 사람들이 모여 있는 것이 보였다.

가위를 두드리는 소리와 꽹과리 소리에 맞추어 들리는 노래 소리에 끌려 무리 속으로 끼어들었다. 리어카 위에 엿판을 올려놓고 구멍이 뚫린 헌 중절모자를 쓰고 다 떨어진 의상을 걸친 40대의 젊은 각설이 부부가 가위와 꽹과리를 치며 각설이 타령, 즉석 공연이 한창이다.

"어얼씨구씨구 들어간다, 절~씨구씨구 들어간다.

작년에 왔던 각설이 죽지도 않고 또 왔네"

사람들은 익살스런 몸짓과 사회를 풍자한 해학적인 말과 각설이 타령에 웃기에 바쁘다. 어떤 사람은 신나게 두드리는 가위 소리와 꽹과리 소리에 신이 나 몸을 흔들어대고 어떤 사람은 박자에 맞춰 움직이는 발의 모습이 볼만했다.

나도 익살스럽고 해학적인 대화에 흥이나 손뼉을 쳐보며 즐거워했다.

즉석공연 '각설이 타령'이 진행되는 동안 한쪽에서는 부인 각설이를 통하여 엿은 계속 팔리고 있었다. 나는 엿 한 판을 사 가지고 한 조각을 떼어 입에 물고 아쉬움을 뒤로한 채 인파속에 끼어 호수 둘레 길을 걷기 시작했다.

호수를 걸으며 주위 숲속을 바라보니 소나무, 단풍나무, 잣나무, 오리나무들이 하늘을 가리어 여러 가지 모양을 연출하고 있었다. 그 사이를 누비며 새들의 지저귀는 음악 향연은 정말로 아름다웠다. 호수 둘레를 싸고 있는 철쭉은 물이 올라 통통하고 봉오리는 머지않아 피어날 준비에 바쁘다.

잠시 걸음을 멈추고 시야에 담았던 공원 숲속을 멀리하고 다시 인파에 끼어들었다.

어느새 석촌호수 동호 끝쪽 수면 무대 앞에 이르렀다. 건너 호수주변 새초 단지에는 오리 떼들이 늦은 햇살을 받으며 쉬고 있었다. 그중 한 쌍이 자리를 이탈해 물살을 헤치며 다가온다. 시야에 보이는 모든 것이 아름답고 평화로운 풍경을 어느 화가가 화판에 옮겨놓은 잘 그린 서양화 같았다.

아름다운 풍경에 취해 잠시 쉬었던 발걸음을 돌려 다시 호수길 인파에 끼어들었다. 커피 한잔이 생각나던 차에 호수 둘레길 옆에 자리 잡고 있는 커피숍을 보자마자 망설이지 않고 안으로 들어갔다.

사방으로 둘러보아도 빈자리가 보이지 않아 건물 밖으로 놓인 자리에 손님이 일어나 가는 것을 보고 재빨리 가서 앉았다. 커피 한잔을 주문하고 앞으로 보이는 호수의 풍광에 눈길을 돌려보았다. 커피의 진한 맛과 향은 코끝을 자극하고 깊은 사색에 빠져들게 한다.

백제의 초기에서부터 조선과 일제 강점기를 거치며 오늘에 이르기까지 많은 이야기와 사연을 담고 있는 곳, 오늘의 올림픽공원과 석촌호수가 되기까지의 지난 역사를 떠올려 본다. 역사는 빛이 되고 미래를 위한 소망이 되었음을 다시 한 번 느끼게 한다.

한강(아리수)은 전국을 잇는 송파나루가 되고 다시 변하여 송파나루 공원이 되었다가 오늘의 석촌호수가 되어 그 동안의 역사의 산 증인이 되어 왔다. 남은 커피를 다 마시고 자리에서 일어나 열심히 걷기 운동하는 사람들과 함께했다. 롯데타워로 나가는 샛길에는 석촌호수로 들어오는 사람들과 나가는 사람들로 붐볐다.

나는 조금 빠른 걸음으로 석촌호수(동호, 서호)가 끝나는 터널 위쪽에 이르러 발길을 멈추었다. 주위는 오가는 차들로 붐비고 엔진 소리와 바퀴 구르는 소리로 시끄러웠다. 계란형으로 되어 있는 호수길을 걷는 동안 이마에서는 송글송글 땀이 돋았다.

터널 앞을 지나 서호에 들어서는 순간 호수 안에 작은 섬, 매직 아일랜드가 동화 속에서나 볼 수 있는 어린이 왕국이었다. 백설공주성, 유령성을 비롯해 묘하고 아름답고 신비한 건물과 놀이기구들이 아이들의 마음을 사로잡고 부모의 손을 끌고 있었다. 운동을 하던 사람들도 함께 즐거워한다. 걸음을 멈추고 바라보자니 자지러지게 소리치는 사람들의 아우성이 들린다.

나는 좀더 빠른 걸음으로 더 가까이 다가가 호수 옆 난간에 손을 잡고 바라보았다. 자이로드롭 놀이기구에 원형으로 자리를 잡고 앉아 있는 20여 명의 사람들은 70m 상공으로 오르면서 무서워 자신도 모르게 지르는 소리였다. 정상에 오른 뒤 잠시 있다가 다시 낙하할 때 아~하고 부르짖는 소리는 살려달라는 절규 같았다. 타 본 사람들의 얘기를 들어보면 오를 때는 무서웠지만 떨어질 때는 심장이 터질 것 같으면서도 그 짜릿한 기분은 최고였다고 한다.

숲속에서 참새들이 철쭉나무 사이를 오르내리며 조잘대고 벚나무 가지위에는 언제 날아들었는지 멋진 까치 두 마리가 정답게 속삭이는 것이 너무 아름다웠다. 주위 풍경에 취해 걷다 보니 야외 놀이마당으로 오르는 계단이 나왔다.

장구와 북소리, 피리소리가 섞여 흘러나온다. 풍악소리에 끌려 계단을 올랐다. 극장 안에 들어서니 '송파산대놀이'가 한창 공연 중이었다. 무대 뒤로는 고가 기와집이 자리 잡고 있고, 그 앞으로는 원형으로 된 전용 마당극을 위한 장소였다.

계단으로 된 좌석에는 많은 사람들이 입추의 여지없이 만원이었다. 음악 반주에 맞추어 몸짓 사회를 풍자한 익살스런 대사가 있는 탈춤이 관객을 울리고 웃기곤 했다. 옛날에는 오늘의 송파가 아닌 한강변 언덕 위에 자리를 잡고 있던 송파나루(구송파진)였다. 92년 전 1925년도까지는 객주집이 250호나 되는 국내에서 손꼽히는 장터였다고 한다.

이 고장에서 200년 전 '송파산대놀이'가 창설되어 운영되다 중간에 잠시 쇠퇴하였으나 1900년에 이르러 다시 부활되어 오늘에 이르고 있다. 주로 정월 대보름, 추석명절, 단오에 연중행사로 일주간씩 판을 벌였던 놀이마당이었다.

내용을 보면 7째 마당으로 되어 있는 고전노래탈춤 일종인 산대도감극山臺都監劇이다.

성화춤, 음중먹중, 연잎과 눈꿈적이, 북놀이, 곤장놀이, 침놀이, 노장:파계승놀이, 신장수놀이, 샌님놀이, 신할비와 신할미 순

서로 시대를 풍자하는 해학적 줄거리로 되어 있다.

공연이 끝나고 관객들의 환호와 박수소리를 뒤로하고 다시 석촌호수(동호, 사호) 둘레 길로 나와 사람들 틈에 끼어들었다. 어느새 석촌호수(동호, 서호) 둘레 길을 다 돌아 출발했던 서호 수면무대 앞에 이르렀다.

나는 벤치를 찾아가 앉아서 매직 아일랜드와 롯데타워를 올려다보았다. 타워 중간 위로는 희뿌연 운무雲霧가 감돌아 신비의 세계를 보여주었다.

3월말의 봄바람이 벚나무 가지를 흔들고 얼굴을 스쳤다. 바람이 시원하다 못해 몸을 움츠리게 품속으로 파고들었다. 관광객을 태운 마지막 유람선이 서호 물살을 헤치며 사라지고, 멀리서 오리가 떼를 지어 호수를 가로지른다. 수면무대 아래 물속에는 크고 작은 잉어떼들이 무리지어 아이들이 주는 과자부스러기를 받아먹기 위해 모여드는 광경은 평화스럽고 아름다웠다.

계란형의 석촌호수(동호, 서호)를 다 도는 동안 사색에 잠겨도 보고, 마음속으로 드라마 주인공도 되어 보고, 생각 속에 역사와 현대를 그려본 스케치는 참으로 행복한 시간이었다.

롯데월드와 롯데타워 126층의 웅장한 건물과 석촌호수(동호, 서호) 주위 빌딩에 불이 들고 물 위에 어리니 아름답다는 말보다는 그 풍광이 장관이다. 과거에도 그러했듯이 앞으로의 여정도 우리 모두의 어머니 품이 되어 행복도 슬픔도 모든 사연을 아름다움에 담아 삶의 희망으로 역사를 열어가는 미래가 되리라.

택시의 반란

　낮과 밤의 길이가 같다는 춘분을 앞두고 정원 벤치에 앉아 초봄의 따사로운 햇살을 받으니 마음이 평온해진다. 냇가를 향해 자태를 자랑이라도 하듯 한쪽에 고고히 서 있는 소나무를 바라보노라니 문득 필리핀 바기오 시가 생각난다. 열대 지방에서는 자랄 수도 볼 수도 없는 소나무가 많이 있는 곳, 아마도 지대가 높은 산 위 도시라 기후가 한국과 비슷하여 소나무가 자랄 수 있는 것이 아닌가 생각했다. 바기오 시는 70만 인구가 살고 있는 필리핀 북단 최고의 도시이다. 또한 세계 7대 경이로운 도시이기도 하다. 높은 산 위에 이런 큰 도시가 있다는 것도 신기했지만 보면 볼수록 정이 드는 도시였다.

　한국에서 서울예술신학교 이사장으로 재직하고 있던 나는 문화 예술 선교를 위해서 영어를 사용하는 국가에 예술신학대학 설립을 결심하고 이를 위해 기도를 하고 있는 중이었다. 이때 필리핀에서 신학대학 교수로 있다가 우리 학교에 교환 교수로 와 있는 미국 선교사 벤타 교수의 권유로 필리핀을 방문하게 되었다.

　필리핀 수도 마닐라를 비롯하여 중요 도시와 대학을 돌아보고,

마지막으로 마닐라에서 북단으로 7시간을 걸려 바기오 시를 보게 되었다. 관광의 도시, 세계 사람들이 많이 모여 사는 도시였다.

중심가이며 사람이 많아 복잡하다는 섹숀 거리를 가 보았다. 높은 빌딩은 없지만 삼사층의 건물이 마치 우리나라 명동 거리를 걷는 기분이었다. 나는 생각했다. 거기다 예술신학대학교를 설립해야겠다는 마음이 들었다. 본토 언어인 따갈로그가 있기는 해도 실생활에 통용되는 것은 영어였다. 또한 세계 사람들이 필리핀 관광을 오면 꼭 들러 간다는 바기오 시. 그런 면에서 문화예술을 통한 선교에 기초가 되는 예술신학대학 설립에 적당한 곳이라고 생각했다.

마음을 굳히고 서울에 돌아온 나는 실행에 옮기기 시작했다. 마침 미국 동부에 있는 위스킨 주립대학교에 유학 중이던 아들이 겨울방학을 기해 돌아왔다. 영어에 능한 아들을 데리고 필리핀에 대학 인가의 기반이 되는 대학 법인을 1995년 6월에 인가를 받았다. 본 대학의 인가는 쉽지가 않았다. 준비해야 할 일들이 너무 많았다. 학교부지, 건물, 도서관, 교수, 직원, 기자재 등을 준비하고 서류로 만들어 내야 했다. 어려움은 말할 수 없이 많았지만 우린 하나하나 준비하면서 노력했다. 1995년도에 시작한 대학 인가를 1997년도 3월에 필리핀 교육부 고등교육위원회로부터 '바기오 예술신학대학교'라는 이름으로 인가를 취득하고 학교 문을 열게 되었다. 그 기쁨은 이루 형언할 수가 없었다.

그 후로 이민국으로부터 외국 학생을 받을 수 있는 대학으로 허가를 받으므로 국제대학으로 발전시키는데 부족함이 없게 되었다. 그러던 어느 날 집사람과 서울학교 직원들과 공무차 바기오 시에 있는 바기오 예술신학대학을 방문하게 되었다. 바기오(Baguio)의 새벽은 밝았고 거리는 활기를 띠었다. 이 좋은 날씨에 바기오 관광을 하고 싶었지만 실정은 그렇지 못했다. 학교 석·박사 학생들을 맞을 대학원 준비에 어려운 하루를 보냈다. 이튿날 새벽 선잠에서 깨어나 눈을 비비며 서둘러 마닐라를 가기 위해 예약한 택시를 탔다. 왜냐하면 타야바스(Tayabas) 총장을 만나기 위해 마닐라 시립대학교로 가기 위해서였다. 바기오 예술신학대학을 신설 대학이기 때문에 첫 졸업생이 배출될 때까지는 대학원(석·박사) 과정을 개설할 수가 없었다.

'문화예술을 통한 교회경영'에 대한 국제 포럼에 초청을 받아 미국에 갔다가 필리핀에서 참석한 마닐라 시립대학교 총장 타야바스와 인연을 맺게 되었다. 이런 인연으로 해서 그 당시 세계 100위 안에 든다는 대학, 필리핀이 자랑하는 국립대학 마닐라 시립대학과 체결을 할 수 있도록 총장의 도움을 받게 되었다. 대학을 외국에 설립한다는 것, 그것은 아무나 할 수 있는 일도 아니려니와 거기에 따른 업무 이행과 그 과정은 일일이 말로 형언할 수 없는 고충이 산재해 있었다.

어느덧 우리 일행이 탄 택시는 구름이 감돌고 있는 산 중턱을 굽이굽이 돌고 있었다.

바기오(Baguio), 나는 바기오 시를 처음 다녀 온 후로 바기오 시가 너무나 아름다운 도시이며, 우리나라의 어느 중소도시의 시골 처럼 너무나 소박하고 정이 가는 도시라고 식구들에게 자랑하며 좋아했다. 그 후로 그곳에 대학을 설립하고 처음으로 집사람을 데리고 바기오 시에 설립한 대학을 방문하게 되었다. 집사람은 떨듯이 기뻐하며 좋아했다. 쭉쭉 뻗은 소나무를 보면서 고향에 온 것 같다고 하던 집사람을 바라보자니 차는 아직도 산허리 동네를 지나고 있었다.

창밖으로 보이는 풍광은 아름다웠다. 저 멀리 계곡이 보이는 아찔한 협곡의 에스(S)자 형으로 돌고 도는 고갯길이었다. 세계 7대 경이로운 도시라는 말이 실감이 났다. 차는 우리가 잠든 사이 간간이 동네가 보이는 평지를 달리고 있었다. 지방 도시와 뜨문뜨문 있는 동네, 끝없이 넓은 벌판을 지나면서 차는 계속 달려가고 있었다. 택시 안은 모두들 피곤에 지쳐 잠에 취한 채 머리를 아무렇게나 흔들며 곤히 자고 있었다. 나는 그 순간 가슴이 뭉클해지며 눈물이 핑 돌았다. 국내에서 하기 힘든 일을 언어도, 습관도 다른 이국땅에서 대학을 설립하고, 또한 마닐라 시립대학교와 석·박사 과정을 체결한다고 생각하니 꿈만 같고 나 스스로가 정말 대견스러웠다. 그것은 분명 이루기까지는 고생이고 엄청난 일이 아닐 수 없었다.

어제는 한국에서 오자마자 손발이 모자랄 정도로 다 같이 걷어붙이고 바기오 예술신학 대학에 청소와 대학원(석·박사) 강의실 마련에 팻말과 책상을 정리하며 미화작업을 하느라 백화점을 몇 차례 발이 닳도록 왔다 갔다 했다. 학교 언덕배기 계단을 오르내릴 때 숨이 차오르고 무거워서 얼마나 힘들었던가. 밤이 늦도록 일을 하며 의논하다가 간신히 3시쯤 눈을 붙이니 피곤함은 당연하지 않은가.

그런 집사람은 쉴 시간도 없이 타야바스 총장을 만나기 위해 7시간이나 걸려서 도착할 마닐라를 향하여 택시에 몸을 싣고 있는 것이다. 곤한 잠에 취해 있는 집사람을 바라보노라니 미안한 마음과 안쓰러운 마음이 들었다. 남들은 외국 나오면 모든 것을 잊은 채 관광하고 좋은 음식 먹고 호강한다고 생각하겠지만 이런 고생은 없었다.

시간 맞춰서 뛰어야 하고 그러다 보면 제때 점심식사를 거르기 일쑤이고 음료수 한 모금 못 마실 경우도 허다했다. 하루 종일 굶다가 저녁에 맥도날드에서 햄버거나 스파게티로 간신히 요기를 하며 눈을 마주칠 때면 알지 못할 엷은 미소를 지어 보이곤 했다. 어느 곳인지 알 수는 없지만 잠에서 깨어 눈을 뜨니 차 문 밖으로는 필리핀의 어느 농촌 도시의 초등학교 아이들이 학교에 가느라고 모두들 분주히 오고가는 모습이 보였다. 필리핀의 농촌 풍경은 끝없이 넓은 평야를 빼 놓고는 우리나라 농촌과 비슷했다.

조용하고 아름다웠다. 벼 포기는 밤새 이슬을 머금고 촉촉이 포기마다 젖어 있고 이름 모를 새들도 그 위를 날아다녔다. 마닐라에 당도하려면 5시간은 더 가야 한다고 운전기사는 본토 언어로 손을 움직이며 말해 주었다. 얼마를 더 가다가 휴게실에서 간단히 요기를 하고는 타야바스 총장과 오후 7시 약속 시간을 지키기 위해 부지런히 달렸다. 한참을 달리던 차가 분위기가 이상해서 졸던 눈을 떠보니 바기오 택시 기사가 차를 갓길에 멈추고 보닛을 열고는 이것저것 점검을 하며 난감한 표정을 지었다. 그러더니 우리 직원과 무슨 얘기를 주고받더니 직원 역시 아주 난감해하는 표정을 짓는 게 아닌가. 사태가 심상치 않음을 느끼고 큰일 났다는 생각부터 먼저 들었다.

약속 시간은 오후 7시인데 시계를 보니 1시가 지나 2시 가까이 되었다. 마닐라까진 아직도 멀었는데 어찌 이런 일이 있단 말인가, 고속도로 갓길에 차가 서 있기 때문에 위험하기도 했고, 그렇다고 어떻게 손쓸 틈도 없었다. 한국 같으면 전화 한 통화만 걸면 해결이 되지만 교통이 발달되어 있지 않은 필리핀에서는 쉬운 일이 아니었다. 크고 작은 차들은 쏜살같이 바람을 가르며 씽씽 달릴 뿐이다. 근처에는 집도 사람도 없고 태양은 어찌 그리 뜨거운지 고개를 들 수가 없었다.

아! 이 난감한 일을 어찌한다? 서로 근심스런 얼굴만 쳐다볼 뿐이다. 바기오 택시 기사는 고속도로 위를 세차게 달리는 차들을 세우려고 목에 둘렀던 수건을 풀어 치켜들고 흔들지만 아무 차도 서지 않는다. 나는 학교 직원에게 핸드폰이 있다는 것을 순간 생각하고 그들로부터 연락을 취하게 했다. 핸드폰이 없었다면 어떻게 되었을까? 아주 어려웠을 때 핸드폰은 우리를 돕는 절대적인 통신망이 되었다. 너무나도 고마웠다. 이러다가 내가 핸드폰 사장에게 광고비를 받게 되지나 않을지? 라고 우스운 생각을 해보며 약간은 여유로운 웃음을 지어보았다.

아무튼 그들은 여기저기로 전화를 하더니 견인차가 오기로 했다며 이렇게 말을 건넨다. 고속도로에서는 견인차 부르기란 하늘의 별 따기라면서 한국 속담 같은 말을 기분 좋게 웃으며 말한다. 택시기사는 우리를 위해서 또다시 달리는 차를 잡기 시작한다. 우리 일행도 다 도로에 나와서 차를 잡지만 차는 잡히지 않고 속력만 가할 뿐이다. 정말 난감했다. 따갈로그 밖에 모르는 택시기사와 언어가 통하지 않아 몸짓을 동원해야했다. 어느 지점인지도 모른 채 인적도 없는 곳에서 이런 일을 당했다고 생각할 때 오싹 소름이 끼친다. 다급한 나머지 헬로를 연발하면서 한편으로는 손목시계를 가리키면서 중요한 약속이 있다는 것을 인상을 찡그리며 소리쳤다.

그들도 어쩔 도리가 없었다. 다급한 나머지 발만 동동 굴렀다. 타야바스 총장과 교육프로그램 체결의 중요한 약속이 있는 것을 직원들도 알고 있기에 더욱 안타까워했다. 왜냐하면 양교간의 신뢰의 약속이고 또한 최종 사인을 하는 날이기 때문이다. 이번 체결이야말로 우리 대학이 발전할 수 있는 기회이기 때문이다. 총장의 사인도 있어야 하지만, 마닐라 시에서 인정하는 사인이 있는 중요한 약속인 것이다. 이 사실을 알기에 우리 일행의 마음은 타들어갔다.

햇볕은 뜨겁게 내리 쬐는데 목이 말라도 물 한 모금 마실 수 없었다. 어찌 이런 일이!

생각지도 못한 일이 불시에 우리에게 일어난 것이다. 택시 기사는 견인차를 부를 준비는 다 되었다며 우릴 남기고 차만 끌고 가려고 한다. 견인차에 끌려가는 차에는 탈 수 없다는 것이다. 기가 막혔다. 정말 난감했다. 하루 종일 외딴 고속도로에 서 있었지만 우리 일행을 데려다줄 차는 나타나지 않았다. 어떻게든 견인차를 타고 가야 한다고 생각하고는 택시를 잡을 수 있는 곳까지만 태워 달라고 사정했다. 그러면 약속 시간까지 갈 수 있을 것 같았다. 우리는 강력하게 말했다.

당연히 너희가 책임을 져야지 우릴 낯선 이곳에 남기고 간다는 게 무슨 소리냐! 우리와 약속한 금액은 마닐라까지 3,500페소인데 그 금액 안에서 다른 차를 연결시키든지 아니면 당신들이 차를 구해 주든지 어떻게든 마닐라까지 데려다 줘야지 무슨 소리냐! 데려다 주지 않으면 당신에게 돈을 한 푼도 줄 수 없고, 당신도 한 발짝도 움직일 수 없다고 단호하게 따지며 애기하자 택시 기사는 잠시 침묵을 지키다 얼굴을 마주하면서 결심을 한 듯 OK! Let's go!하고 손을 차 쪽으로 가리키며 타라고 했다.

우리는 다시 차에 올라 자리에 앉았다. 비록 견인차에 매달려 가는 차에 실려 가고 있는 신세지만 마음은 날아갈 듯 편안했다. 우리 학교 직원은 참으로 영리하였다. 어쩌면 그렇게 똑 부러지게 애길 잘 할 수 있을까?

그렇지 않았다면 어떻게 했을까? 아주 대견스럽고 고마웠다.

견인차를 앞세우고 매달려가는 차에 실려 가는 신세지만 서로의 눈길이 마주치자 의미 있는 웃음을 지으며 안도의 한숨을 쉬었다.

목도 타고 배도 몹시 고프고 눈들은 퀭하니 움푹 들어갔다. 에어컨 작동이 되지 않아서 차 안은 내리 쬐는 햇볕으로 한증막이었다. 우리 일행은 얼굴이 온통 땀으로 범벅이었고, 손수건으로 가려봐도 소용없었다.

남국의 나라! 낭만의 나라 필리핀! 나는 영원히 그 일을 잊지 못할 것이다. 마닐라에 당도하니 어둠이 깔리고 도시에는 네온 등이 찬란했다. 여기저기 사람들이 오가는 거리에 후두둑거리던 빗줄기는 소나기가 되어 사정없이 유리창을 때렸다. 일행은 외국의 고속도로에서 황당한 일을 당하여 엄청 마음을 졸였다. 택시의 반란은 끝나고 마닐라 시립대학과의 체결도 무사히 끝났다. 마닐라의 밤은 조용히 깊어가고 있었다.

아버지와 한가위

오곡이 풍성한 추석 명절 한가위를 앞에 두고 돌아가신 부모님 생각에 눈을 감아본다. 부모님께서 살아 계셨을 때에는 늘 사랑방이 손님들로 북적 거렸다. 갓 시집온 집사람은 손님상 차리느라 종종걸음을 걸어야 했고 고운 손에는 물마를 날이 없었다. 매년 추석 명절 한가위가 되면 맏며느리인 집사람은 며칠 전부터 명절음식 만들기에 바쁘고 거기다 청소, 손님접대까지 해야 했다.

사방에 흩어져 살고 있는 형제들이 열심히 살아가다가 오랜만에 명절을 맞아 모이고, 서로 재잘대며 이야기꽃을 피울 생각에 흥분이 되기도 했다. 가족들은 밤늦도록 모여앉아 송편을 빚고 음식을 나눠 먹으며 그동안 못 나누었던 이야기들로 마음껏 웃으며 즐거워했다.

형제들이 짝을 지어 둘러앉아 이야기에 밤새는 줄도 모르고 웃고, 행복해했던 모습에 미소를 지으며 흐뭇해하시던 어머니께서 은근히 다가앉으며 참여하신다. "얘들아, 너의 시아버지는…" 하시면서 흉보기에 열을 내시었다.

어머니 익살스런 얘기에 식구들은 배꼽을 쥐고 웃던 모습이 선하다.

　명절 아침이면 정성껏 준비한 음식을 차려놓고 조상들을 위해 제사를 드리는데 우리 부부는 형제들과 함께할 수가 없었다. 그 시간에 기독교인인 우리는 옆방에서 추도 예배를 드리기 때문이었다. 즐겁고 행복해야 할 명절이 그 순간만큼은 그렇지가 못했다. 한 집안의 장남으로 태어나 예수쟁이가 되어 조상을 몰라보는 배은망덕한 불효자라는 것이다.

　더구나 며느리는 남편을 꼬드겨서 예수쟁이를 만든 것도 부족해 목사까지 만들어 집안을 망친 여자라고 미워하셨다. 조상을 몰라보는 놈은 자식이 아니라며 서울에 살고 있는 우리 집에는 3년 동안 발걸음을 하지 않으셨다. 야속한 부모님이셨지만 우리 부부는 주님께 기도로 매달렸다.

　"하나님 아버지, 우리 육신의 부모님을 용서하시고 하루속히 당신 앞에 회개하고 돌아오게 하옵소서. 저희들 부부가 자식의 도리를 다할 수 있도록 역사하여 주옵소서."

　부모님께서는 시간이 갈수록 우리를 더 미워하시고 혹독한 냉대를 하셨다. 그러면 그럴수록 나와 집사람은 자식의 도리와 효도를 하기위해 노력했다. 아무리 어려워도 주말마다 한번 씩은 찾아뵈어 생활비를 드리고 문안 전화로 매일 건강 체크하였고, 몸이 불편하실 때는 병원으로 모셨다.

　부모님께서는 그러면 그럴수록 미움은 더 심해지시고 어머니는 동네 아낙네들이 모인 자리에서 자식과 며느리 흉보기에 바빴다.

작은며느리가 셋씩이나 있어도 유독 집사람에게만은 혹독하셨다. 많은 식구들의 밥상을 혼자 차리게 하시고 추운 겨울에는 식구들의 빨래를 냇가에 나가 손가락을 호호 불며 해야 했고, 궂은일만을 하게 하셨던 어머니셨다. 그래도 말대꾸 한마디 없이 감당했던 집사람이었다.

저녁이면 부엌에 주저앉아 남몰래 울먹이며 한 손으로는 흐르는 눈물을 소매로 훔치던 아내의 모습을 볼 때 가슴이 미어지는 심정이었다. 왜 그때 아내의 심정을 헤아리지 못하고 아내의 편이 되어 주질 못했나. 지금 생각해 보니 부모님께 효도한다는 명분 아래 남편으로서의 도리를 다하지 못한 내가 한스럽고 부끄럽기 그지없다. 지금부터라도 아내를 위해 잘해야겠다고 마음속 깊이 다짐해 본다. 바람이 있다면 언젠가는 집사람과 나를 불러 놓고 "그동안 너희들에게 너무나 큰 아픔을 주었구나. 이 늙은이를 용서하거라. 내가 워낙 옛날 사람이라 세상눈이 어둡고 세상 돌아가는 것도 모르고 내 고집만 세웠구나. 며늘아가, 그동안 얼마나 맘고생이 많았는지 잘 안다. 이 늙은이가 죽을죄를 지었구나. 용서하거라. 가난한 집안에 들어와 많은 고통과 어려움을 다 이기고 남편을 목사까지 만든 장한 며느리를 학대만 했구나. 늦기는 했어도 이제부터라도 예수님의 자녀가 될 테니 나를 인도해다오." 하시면서 눈가에 흐르는 눈물을 주름진 손으로 훔치시며 회개할 때가 오게 된다면 그동안 쌓인 한이 눈 녹듯 다 녹아 버릴 것이고, 얼마나 기쁘고 좋을까? 생각해 봤다.

돌아오는 추석 명절 한가위에 형제들이 함께 모여 앉아 송편을 나눠 먹으며 그동안 못 나누었던 이야기꽃을 피우고 있었다. 자식들의 얘기를 듣고 계시던 아버님께서 "너희들 「한가위 명절과 송편」에 얽힌 얘기를 아느냐" 하시면서 이야기보따리를 풀어 놓으셨다.

　한가위 명절에서 보름기간은 일년 중 가장 둥글고 멋진 보름달이 뜰 때 조상들은 가족끼리 마루에 앉아 송편을 먹으며 낭만적인 달맞이에 각자의 소망을 얘기하며 소원을 빌곤 했었다. 우리가 만들고 먹는 송편을 반달 모양으로 빚는 것은 조상들의 깊은 뜻이 담겨 있는 것이다. 한가위 명절에 송편을 빚고 보름달이 뜰 때 왜 오곡밥을 먹었을까? 여기에 조상들의 사랑과 지혜가 담겨있는 것을 볼 수 있다.

　송편 반쪽은 나를 위해 빚고 반쪽은 어려운 사람들에게 나눠줘야 한다는 생각을 반영한 것이다. 송편 둘이 합쳐지면 온전한 보름달 모양의 떡이 되듯이 그 반쪽으로 어려운 이웃을 도와 연합하여 하나가 되어 서로 잘살아 보자는 넉넉한 인심과 사랑을 엿볼 수 있는 것이다.

　조상들 중 생활이 넉넉한 사람들은 한가위 명절이면 저녁녘에 동네 뒷산에 올라 굴뚝에 연기가 나지 않는 집을 골라서 소리 소문 없이 그 집 문 앞에 쌀가마와 송편과 오곡밥을 두고 가서 명절을 잘 지낼 수 있게 되었다고 한다.

　한가위 명절을 궁핍하게 맞는 이웃을 위해 배려한 조상들의 "사랑과 지혜의 철학'이 담겨 있는 것이라고 말씀하시면서 "너희들은 나같이 살지마라. 난 죄인이구나. 죄인이고말고……. 아무쪼록 가족을 사랑하고 용서하며 이해하고 이웃을 생각하는 사람이 되길 바란다." 나오는 하품을 한손으로 가리며 "이만 자야겠다."

안방으로 들어가시는 아버님의 뒷모습이 왠지 그렇게 쓸쓸해 보일 수가 없었다.

형제들은 한 동안 숙연한 마음으로 아버님의 이야기의 의미를 되새겨 본다. 명절이 되어도 옛날과 같이 동네 사람들이 집을 돌며 인사를 드리고, 음식을 만들고, 송편을 나눠 먹던 일은 찾아보기 힘들다.

보름날 오곡밥을 지어 먹으며 보름을 깨고, 횃불을 태워 하늘을 향해 소원을 빌던 풍속도 이제는 그 어디에도 없고 옛일이 되고 말았다.

세월이 흘러 모든 것이 발전한 과학시대에 살고 있는 우리네 인심은 변해 살림살이는 풍요로워 지고 편리해졌지만 조상들의 사랑과 나눔은 퇴색해 가고 있음을 볼 때 마음이 몹시 아프다.

아버님은 한가위 명절을 보낸 후 얼마 안 계시다 돌아가셨다. 끝내 아버님으로부터 듣고 싶어 했던 말 한마디를 못 들은 채 운명하신 것이 너무나 아쉬웠다. 지난 한가위 명절 때 「한가위 명절과 송편」에 얽힌 이야기와 끝으로 남기신 말씀이 유언같이 남아 다시 생각나는 순간 섬광처럼 떠오른 성경말씀을 음미해 보며 앞으로 살아갈 삶의 여정을 위해 기도의 시간을 가져본다.

빛이 되는 생명수

만물은 태어나고 성장하고 삶을 영위하다가 어느 때부터는 점점 노쇠하여 죽음을 맞게 된다. 모든 생명체는 영원할 수 없는 것이다.

우주 만물은 순환하는 리듬에 의해 존재한다. 그 기본이 되는 것은 물이며 그로부터 시작이 된다.

사람은 하루도 물을 마시지 않고는 살 수가 없다. 호흡을 하는 모든 생명체는 물 없이는 살아갈 수 없으며 그 자체가 삶인 것이다. 지구상에 물은 여러 형태의 물이 있다. 냇물이 강물이 되어 바닷물을 만들고, 지하에서 온천수를 뿜어대고 지하수가 흘러 지상에 있는 모든 생명체에게 영양을 공급하고 있다. 빗물이 대지를 적시고 수증기, 안개 등의 형태로 지구의 4분의 3을 물이 차지하고 있다고 한다. 이것은 창조의 원리요 자연의 이치인 것이다. 예수님 말씀 비유 중에 보면 "나는 생수"라고 했다. 그만치 물은 중요하고 생명 그 자체이다. 생명을 가진 존재는 물이 생명수이며 물을 떠나서는 살 수가 없다. 동양의 성인이라 불리는 중국의 노자도 '이 세상에서 최상의 덕은 물이며 가장 훌륭한 사람의 덕은 물처럼 사는 것'이라고 했다.

이 세상 자연도 사람도 물 없이는 존재할 수가 없다. 우리 눈에 보이지는 않지만 자연은 혈관같이 물줄기가 땅 속을 오르내리며 영양분을 공급한다. 나무는 녹색 잎을 띠고 꽃을 피우며 열매를 맺는 것이 자연의 순리인 것이다. 계곡에 흐르는 물줄기는 크고 작은 소沼와 폭포를 만들어 흘러내리다가 바다가 되어 세계를 품는 장관을 연출해 낸다. 오래간만에 따사로운 정오의 햇살을 받으며 강원도 화천으로 연결된 가화로를 걸었다.

길옆으로 이어진 계곡을 흐르는 명경 같은 맑은 물소리는 함박꽃 웃음을 터트리고 조잘조잘 흘러내린다. 계곡의 양 옆으로 절묘한 바위 사이사이를 수놓은 철쭉이 꽃을 피우기 위해 봉오리를 부풀린다. 여기저기서 벚꽃이 바람에 날려 꽃비가 되어 내린다. 모든 생명체는 물 없이는 존재할 수도 살아갈 수도 없다고 생각하니 창조주 하나님의 은혜와 사랑에 감사할 뿐이다. 자연의 아름다움에 취해 걷다 보니 어느새 미릉터를 지나 '전설의 고향'의 소재가 되었던 적목용소赤木龍沼까지 이르렀다.

깎아지른 절벽으로 둘러싸인 적목용소는 원형으로 작은 폭포를 사이에 두고 위아래로 형제소沼를 이루고 있다. 어릴 적 동네 어른들께서 적목용소에 얽힌 이야기를 해 주셨다. 적목용소에서 천년을 살던 구렁이가 때가 이르매 용이 되기 위해 하늘로 승천하다가 어느 뽕잎을 따는 여인 눈에 띄어 용이 되지 못하고 이무기가 되어 살았다고 한다. 그 뒤부터 여기를 지나는 여인들이 일 년에 한 명씩 용소에 제물이 되었다는 전설이 있다.

내가 초등학교 5학년 때에 돌아가신 할머니로부터 들은 용소에 얽힌 이야기를 하나 더 하고자 한다. 이 이야기는 전설이 아닌 할머니께서 체험한 실화이다. 우연인지는 몰라도 이 적목용소와 관계된 이야기다. 시집오신 지 1년 정도 되었을 때였다. 뽕잎을 따기 위해 동네에서 2km쯤에 있는 적목용소 언덕에 묵은 밭까지 가게 되셨다고 하면서 이렇게 말씀하셨다.

"내가 밭 옆에 있는 산뽕나무를 발견하고 다가가 뽕나무 밑에 쓰러져 있는 소나무 고목 위로 올라서서 나보다 키가 큰 뽕나무 잎을 따서 종대리키에 담았다.

열심히 뽕잎을 따다가 얼굴에 흐르는 땀을 손으로 훔치면서 밟고 서 있는 고목 끝 쪽을 무심코 바라보다 그만 깜짝 놀라 입이 딱 벌어지고 말이 막혔단다. 그때 갑자기 먹구름이 모여들고 어두워지면서 밟고 서 있는 고목에 비늘이 돋은 뱀의 꼬리가 되어 둘둘 말려들어왔다.

그것도 아름드리 같은 큰 구렁이였다. 지금까지 밟고 서서 뽕잎을 따던 소나무 고목 끝에서 꼬리가 비늘을 세우며 말려들어오는 것이었다. 그것을 본 나는 소스라치게 놀라 혼비백산 뽕잎을 담던 종대리키도 내팽개치고 허겁지겁 달리기 시작했다. 얼마나 뛰었을까? 뒤를 돌아보니 큰 구렁이가 풀과 새초를 깔아 눕히며 '쏴~'하는 소리를 내면서 몸통을 좌우로 흔들더니 이내 용소로 들어가고 말았다."

그후 할머니는 그때 놀란 것이 병이 되어 시름시름 앓으시다가 젊은 나이에 돌아가셨다.

지금은 관광지가 되어 주차장 화장실 벤치 같은 편의 시설이 마련되어 있고 많은 사람들이 이곳을 찾는다. 적목용소 뒤로는 6·25 전쟁 당시 참혹했던 그때 상황을 담은 흑백사진이 전시되어 있다. 이곳은 구 3·8선이 있는 곳이며 눈 뜨고 볼 수 없던 국군과 인민군의 혈전의 전쟁터였다. 유엔군 16개국의 우방들이 한국을 도와 이곳에서 죽어간 젊은이들의 유골 찾기가 뒤늦게나마 이루어지고 있는 사진들이 눈길을 끈다.

입구에 세워진 광고판에는 적목용소와 무주채舞酒釆 폭포에 대해 상세한 안내가 되어 있다. 적목용소 앞 계곡을 가로지르는 높다란 구름다리가 있어 주위의 아름다운 풍경을 볼 수 있어 좋았다. 절벽 사이사이로 잘 자란 단풍나무가 곡예를 하듯 팔을 벌려 녹색 잎으로 수줍어하고 있다. 위쪽으로는 오래 된 노송 한 그루가 위풍당당한 모습으로 큰 어른인 양 굽어보고 있다. 저 '노송은 적목용소의 지난 역사를 다 알고 있겠지'라는 생각이 들었다.

물이 없었다면 그 노송이 오랜 세월 동안 한 자리를 지키며 당당하게 서 있을 수가 있었을까? 가평군 8경에 들어 있는 절경으로 적목용소와 폭포는 많은 전설을 담고 있는 아름다운 곳이다.

다음은 국망봉國望峰 전설을 빼놓을 수 없다.

강원도 경계를 이루는 도마치 고개 사이를 흘러내리는 물은 서울 아리수(한강)의 발원지이기도 하다. 계곡의 물은 적목용소를 만들고 넘쳐흐르는 물과 합쳐 더 큰 계곡을 만들어 힘차게 흘러내린다.

적목용소에서 서쪽으로 자리 잡은 국망봉에서 흐르는 계곡을 따라 1.5km 정도 산을 오르면 50m에서 떨어지는 무주채舞酒菜 폭포를 만나게 된다.

어느 장수가 전쟁에서 승리를 한 후 이 폭포에 올랐다. 넓은 바위에 앉아 주위에서 채취한 나물을 안주로 술을 마시고 춤을 추며 그동안의 노고를 풀었다고 하여 무주채 폭포라는 이름이 붙여졌다고 전해온다.

참나무(도토리나무)와 단풍나무, 소나무가 폭포 주위에 단지를 이루고 있다. 그 사이에 돌배나무와 벚꽃은 한 폭의 동양화 같은 풍광을 만들어낸다. 높은 곳에서 떨어지는 폭포의 물보라가 주위 자연을 적시고, 얼굴을 때리고 옷깃을 파고든다.

물은 역시 모든 만물의 사랑이고 삶의 근원이다.

창세기에 보면 하나님께서 창조하신 에덴동산을 푸르고 아름답게 만들기 위해서 강을 계획하신 것을 볼 수 있다.

강이 에덴동산을 적시고 아담과 하와 부부가 마시게 하셨다. 에덴을 흐르는 강물은 흘러내리다 갈라져 사방으로 흘러들어 모든 자연을 푸르게 만들고 아름답고 좋은 열매를 맺게 하셨다. 네 강을 근원으로 생명의 젖줄이 되게 하셨던 것이다. 하나님의 독생자 예수님께서는 "누구든지 목마르거든 다 내게로 오라" 하셨다. 예수님께서 오신 것은 죄 많은 인간의 목마름을 해결해 주시기 위해 성육신하여 이 땅에 오신 것이다. 33년간의 짧은 생애를 살면서 인간의 죄를 대신해 물같이 사신 분이 예수님이시다. 성경여러 군데에서 물을 비유로 말씀하신 것은 물이 생명 그 자체이며 사랑이기 때문이다.

사람은 78%의 물로 되어 있다고 한다. 인간이 살아가는 삶은 물처럼 순리대로 사는 사람이 될 때 존경받는 사람이고 물같이 사는 사람일 것이다. 모든 생명체는 물이 없다면 존재하지도 살아갈 수도 없다. 분명한 것은 모든 만물은 물로 이루어지고 물로 인하여 생명을 이어 가기 때문이다. 나는 생각에서 멈추고 아쉬운 발걸음을 돌렸다. 무주채 폭포를 뒤로하고 적목용소의 아름다움을 가슴과 눈에 담고 집으로 돌아왔다.

집에 돌아온 나는 계곡 언덕에 자리 잡은 정자에 앉아 잔잔히 흐르는 물결을 바라보았다. 서산을 넘는 햇살이 물 위에 어리고 맑은 물속에는 고기가 떼를 지어 오가는 모양이 평화로웠다.

입이 큰 꺽지 한 마리가 꼬리를 흔들며 바위 앞을 오고가다 옆돌 속으로 들어가 버린다. 배에 붉은색을 띠었다 하여 붉은 개리라 부르는 고기가 물결을 가른다. 옛날 여고생의 교복이었던 세라복 같은 멋진 옷을 입은 쉬리 몇 마리가 노는 모습이 그리 아름다울 수가 없다. 만일 물이 없었다면 저 아름답고 평화롭게 노니는 물고기들은 어떻게 되었을까? 사람들은 세상살이가 힘들고 고통스러워도 이겨낼 수 있지만 물이 없이는 살 수가 없다. 물은 하늘에서 비가 되어 내리고 땅 속을 흐르는 물은 계곡으로, 계곡에서

강으로, 강에서 바다로 흘러든다. 태양으로 흡수하여 1만 3000㎡에 달하는 바다와 육지에 있는 물은 대기 속에 확산되고 수증기가 된다. 이 수증기가 뭉쳐 구름과 안개로 떠돌다가 비나 눈, 우박이 되어 내린다. 이것은 하나님의 오묘한 창조의 원리이고 모든 만물의 기초가 됨을 말하고 있는 것이다.

사람도 사람답게 살아가는 길은 창조성을 깨닫고 물의 원리를 알아 순응하는 데 있다. 자연과 더불어 사는 삶이란 물과 같이 절대로 필요한 사람, 만나고 싶은 사람, 사랑하고 싶은 사람, 겸손과 덕이 있는 사람이다. 물은 미래이고 우리 모두가 지켜가야 할 과제이고 책임이 있는 것이다. 후손들에게 좋은 물을 물려주기 위해 노력을 해야 하고 물과 같은 인생을 사는 사람이 많을 때 살기 좋은 세상, 맛깔 나는 세상이 될 것이다. 이런 인생을 살아가는 길은 물과 같이 사셨던 예수님을 본받아 세상의 빛이 되는 생명수가 되길 소원해 본다.

별을 노래하는 마음으로

인생을 살아오다 보면 누구나 한두 번쯤은 견디기 어려운 고비를 겪게 마련이다. 나에게도 그러한 때가 있었다. 이때 나는 도대체 산다는 것이 무언가? 무엇 때문에 살아야 하는가? 이런 절망적인 기분에 싸여 심각한 회의에 빠졌던 적이 있었다.

그 무렵, 나는 철학에 조예가 깊다는 친구를 찾아가 "자네가 철학 공부를 했으니 묻네만 산다는 게 무언가? 무엇 때문에 살아야 하는가?" 이런 투의 질문을 그저 내뱉는 푸념으로서가 아니라 정말 절박한 심정으로 던졌던 기억이 있다.

마치 "To be or not to be: that is the question"이라는 햄릿적인 심정이었다고나 할까? 내가 무슨 철학가라고 그런 걸 다 묻는가? 그 동안 책은 몇 권 읽었네만 거기에선 아직 그런 대답은 찾지 못했네.

그러나 한 가지 말해 줄 것이 있다면 산다는 것의 의미를 따지기보다는 세상을 어떻게 살 것인가를 생각해 보라는 것이네. 인생은 논리가 아니라 현실이니까.

지금 생각하면 어느만큼 인생의 묘체妙諦를 터득한 답변임에 틀림없다. 누가 감히 '인생은 이것이다'라고 말할 수 있겠는가 일찍이 공자도 "죽음에 대해서 알고 싶습니다"라는 제자의 물음에 "삶도 알지 못하거늘 어찌 죽음을 알리요"라고 하지 않았던가. 공자 같은 성현도 '삶을 알지 못한다'고 했거늘 하물며 우리 같은 소인들이랴. 물론 공자 같은 이가 인생에 대해서 할 말이 없겠는가. 다만 추상적인 언설_{言說}로 인생을 논하고 싶지 않았을 뿐이었으리라. 사실 공자에게 있어 '삶'의 문제는 형이상학의 대상이 아니라 어떻게 살 것인가라는 '인_仁'이란 무엇인가. 번지란 제자가 인에 대해서 묻자 공자는 한 마디로 '애인_{愛人}' 곧 '사람을 사랑하는 것이다'라고 대답했다. '인'에 대한 여러 제자들의 물음에 대해서 공자는 그때마다 각자의 처지에 따라 달리 대답했지만, 그 본뜻은 '애인' – '네 이웃을 사랑하라'는 말로 요약될 수 있을 것이다. 그러나 내 의문은 풀리지 않았다. '이웃'이란 무엇인가? 또 그 '이웃'을 어떻게 사랑할 것인가?

재이란 제자가 스승에게 물었다. "만일 인자_{仁者}는 누가 우물 속에 빠졌다고 알리면, 그 우물에 들어가서 빠진 사람을 구하겠습니까?" 그러자 공자는 "어찌 그러리요. 군자는 사리에 밝은지라, 비록 그를 구해 낼 꾀를 생각할지언정 제 몸을 빠뜨리지 않을 것이니 군자를 이치에 맞는 말로 속일 수는 있으나 기만하지는 못하리라."고 대답했다. 이게 무슨 말인가. 군자는 착한 사람이다. 사람이 물에 빠져 죽어 간다는 말을 듣고 가만히 있지는 않을 것이다. 그래서 사랑하는 마음에서 우물까지 가기는 하겠지만 분별력을 잃고 함부로 물속에 뛰어 들어가는 일을 삼갈 것이다. 즉 군자 되는 몸으로 물속에 뛰어들면 위태하니까 사려 깊은 이성異性은 그런 무분별한 모험을 하지 않을 것이란 뜻이다. 이 부분에 대한 해석은 구구하지만, 한 마디로 '인자는 사랑이나, 자비를 맹목적으로 베푸는 사람이 아니라, '사려 깊은 이성'으로 헤아려서 베푼다'는 뜻에는 이론이 없을 것이다.

공자의 현실주의 혹은 합리주의가 여기에서도 극명하게 드러난다. 그렇다면 '사려 깊은 이성'으로 행동하는 사랑이 진정한 사랑일까? 여전히 의문은 꼬리를 물고 이어진다.

'물에 빠져 죽어가는 사람'은 마땅히 도움(구원)을 받아야 할 대상이다. 그것이 '이웃'이다. 또 '물에 빠져 죽어가는 사람'을 돕는 자가 참 '이웃'이다. (누가복음10:29-37)

독일어에 Mitleiden이란 말이 있다. 흔히 '연민'이란 말로 번역하지만, 원래는 '고통을 함께 나눈다'는 뜻이다. 고통을 함께 나누는 그것이 참된 이웃이요, 이웃 사랑이다. 사려 깊은 이성이나 합리적인 계산으로 저울질해서 베풀 그런 사랑의 대상은 아니다. 거기에 무슨 조건이나 전제가 있을 수 없다.

나는 내가 잘 아는 후배 목사의 사랑 이야기를 알고 있다. 그 목사님이 사모는 지체 장애자이다. 어려서 소아마비 후유증으로 두 다리를 쓰지 못하는 불구자이다. 그 목사님은 그런 그녀와 결혼을 했다. 그 동안 흔히 상상할 수 있는 망설임도 있었을 테고, 마음의 갈등도 있었을 것이다. 하지만 그들 내외분은 지금까지 남이 부러워할 만큼의 사랑의 동반자가 되어 사역에 임하고 있다. 나는 몇 년 전 그분의 간증을 국민일보에 연재한 적이 있었다. 그 글을 쓰면서 새삼 발견하게 된 것은 사랑으로 고통을 함께 나누는 사람만이 맛볼 수 있는 삶의 보람이 거기에 있다는 사실이다. 하나의 감격스런 사건이 아닐 수 없다.

〈사랑의 기술〉의 저자 에리히 프롬은 이런 점에서 우리들의 삶의 모습을 되돌아보게 한다. "대부분의 사람들은 사랑의 문제를 '사랑하는' 즉 사랑할 줄 아는 능력의 문제가 아니라 '사랑받는' 문제로 생각한다. 그들에게는 사랑의 문제가 어떻게 하면 사랑받을 수 있는가 하는 것에만 관심이 쏠리고 있다. 따라서 사람들은 '사랑받을 수 있는' 조건을 갖추기에만 온 신경을 쓴다. 그 '조건'이란 외형적인 '매력'—상품으로 따지면, 잘 팔리고 품질 좋고 멋진 포장을 의미한다. 이것은 분명히 상대방의 구매욕을 자극할 것이고, 상대방은 또 그것으로 충족감을 느낄 것이다. 그러나 그것이 사랑한다는 것의 참된 모습일까? 사람들의 기호는 얼마 안 가서 바뀌게 마련이고, 그 멋져 보이던 포장도 어느덧 퇴색해 버릴 것이다. 그리하여 마침내 사랑받기의 흥정은 끝장이 나고 말 것이다. 그것은 사랑의 대상이 인칭대명사로서의 '당신(너)'이 아니라, 사물대명사로서의 '그것'에 불과했기 때문이다.

마틴 부버가 〈나와 너〉에서 말하는 '나—너(Ich-Du)가 아닌 '나—그것(Ich-Er)의 관계에 머무는 사랑이다. 이 같은 사랑의 흥정은 그 대차貸借 관계만 끝나면 그 노름판은 곧 사막이 되어 버린다. 서로가 건전한 이웃이 아니었기 때문이다. 어떻게 살 것인가? 건전한 '이웃'을 찾아 사랑을 베풀며 살아가는 것, 이것이 산다는 것의 참된 의미가 아니겠는가. 그것을 시인 윤동주는 '모든 죽어가는 것을 사랑해야지'라고 노래하고 있다. 여기에서 말하는 '모든 죽어가는 것'은 아마도 일제하에서 고통당하는 우리 겨레를 염두에 두고 한 말이겠지만, 그것은 궁극적으로는 너나 할 것 없이 불행하게 살아가는 가까운 '이웃들'과 같은 의미로 다가오는 말이며, 우리가 진정으로 사랑해야 할 대상을 지시하는 말이기도 하다. 그리고 나한테 주어진 길을 걸어가겠다. 이것이야말로 '하늘을 우러러 한 점 부끄럼이 없이 별을 노래하는 마음으로' 살아가는 값진 삶이리라.

좋은 친구

믿고 의지할 수 있는 친구 한두 명만 있으면 그 사람은 성공한 사람이라고 한다. 이 말은 진정한 친구를 만나기가 어렵다는 것이다.

권력이 있고 가진 것이 많으면 친구들이 모여든다. 반대로 권력이 떨어지고 모든 것이 없어지면 친구는 하나둘씩 멀어진다.

때로는 친구라는 친분을 통하여 이용하거나 사기를 치는 경우도 있다. 세상에는 좋은 친구도 있고, 나쁜 친구도 있다. 좋은 친구란 충고를 할 줄 알아야 하고 관용하는 마음이 필요하다. 어려울 때 가까이 있고 도와주며 희생하는 친구가 마음을 나눌 수 있는 친구다.

친구가 잘못 됐을 때 위로하고 희망을 줄 수 있는 사이가 진정한 친구다. 사람들 중에는 좋은 이웃을 만나기 위해 좋은 동네, 성공한 사람이 많이 사는 곳을 찾아 이사하는 것을 본다. 이것은 좋은 친구를 만나 이득을 보기 위함이고 자기를 높이기 위함인 것이다.

얼마 전 어느 이름 없는 월간지에 실려 있는 중국 남북조 남사

南史에 기록된 친구에 대한 감명 깊은 글을 읽은 적이 있다. 한나라에 고위 관리로 평생을 살아오던 송계아朱季雅라는 사람이 정년 퇴직하고, 마지막 노후를 보낼 집을 장만하기 위해 여러 곳을 찾아다녔다. 좋은 이웃, 좋은 친구를 만나기 위해 장소를 찾다가 여승진이란 사람의 옆집을 매입하기로 마음을 먹었다.

집이 마음에 들어서가 아니라 옆집 여승진이란 사람 때문이었다. 이 사람은 사랑이 많고 덕이 있는 사람이었다. 불의한 일을 보면 참지 못하고 언제나 가난한 이웃을 위해 사랑을 베푼 성인 군자 같은 사람으로 인근에 칭찬이 자자했다.

송계아는 어떤 일이 있어도 여승진 옆집을 매입해야겠다는 결심으로 흥정에 들어갔다. 집주인은 한 마디로 팔 생각이 없다고 거절했다. 송계아는 집값에 웃돈을 더 주겠다고 바짝 매달렸다. 집값을 시세보다 더 주겠다는 말에 마음이 동한 주인은

"그래 얼마를 더 주시겠습니까?"하고 웃으며 물었다.

"말씀해 보세요."

주인은 약간 얄궂은 웃음을 띠며

"지금의 집값에 열 배를 주시겠습니까?"

"네 그럼 집값이 백만금이니 열 배의 천만금을 드리지요."

주인은 농담 삼아 한 말에 주저 없이 대답하는 송계아의 말에 입이 벌어졌다. 그 돈이면 더 좋은 집도 사고 잘살 수 있다고 생각했다.

한편으로는 이 사람이 농담으로 답한 것이거나 아니면 바보가

아닌가 생각도 해봤다. 하지만 그런 생각은 기우에 지나지 않았고 송계아의 말은 진심이었다. 서로의 의견이 통한 두 사람은 바로 계약에 들어갔다. 나중에 이것을 안 여승진은 집값이 백만금인데 천만금이나 주고 산 것이 이해가 되지 않아 그 이유를 물었다.

송계아의 대답은 이랬다.

"백만매택(百萬買宅)이요

천만매택(千萬買宅)이라"

백만금은 집값이고, 천만금은 훌륭한 당신을 좋은 이웃이자 친구가 되기 위하여 아낌없이 덤으로 지불한 것이다.

"재산을 다 준다 해도 당신 같은 좋은 친구 옆집으로 이사를 할 수 있다면 무엇이 아깝겠습니까." 하였다.

여승진은 집값의 열 배 이상의 큰돈을 지불하면서까지 좋은 친구를 만나기 위해 노력하는 송계아를 보고 감동을 하였다.

송계아는 친구가 되기 위해 최선의 노력을 아끼지 않는 훌륭한 인격과 품성을 가진 사람이었다. 사랑과 신의와 우정을 중요하게 여기는 그는 참으로 대단한 친구임이 틀림없다.

이 두 사람은 서로의 좋은 친구를 얻었다는 생각에 행복했다. 이런 사람이라면 남은 삶을 함께 지내며 때로는 기뻐하고 때로는 슬퍼할 수 있는 친구가 될 수 있다고 생각했다.

사람들은 좋은 친구를 이야기할 때 이런 말이 있다.

화향백리花香百里

꽃의 향기는 백 리를 가고

주향천리酒香千里

술의 향기는 천 리를 가고

인향만리人香萬里

사람의 향기는 만 리를 간다.

좋은 친구, 좋은 사람의 인연은 오래 간다는 말이다. 지금까지 살아온 삶의 여정을 뒤돌아보니 허무한 생각이 드는 것은 어쩐 일인가?

그동안의 많은 친구가 찾아왔다가 멀어져 간 것을 생각하니 더욱 인생이 덧없이 보인다. 좋은 친구란 어떤 사람을 말하는 것일까? 기쁜 일이 있으면 축하해주고 슬플 때는 위로해 주는 사람이 진정한 친구다. 희생을 감수하는 사람, 힘이 들 때 함께하며 도움을 주는 사람이 진정한 친구일 것이다. 때로는 관용하고 용서할 줄 아는 사람이 진정한 친구다.

서로 믿고 반성하고 용서하는 가운데 용기와 희망을 주는 것이 친구가 해야 할 일이다. 그동안 만나고 헤어졌던 친구들을 떠올리며 꽃과 같은 친구와 산 같은 친구라는 생각을 해봤다.

봄이 오는 길목에는 연한 초록 잎이 어머니 품이 되어 가슴에 품은 꽃봉오리가 맺히는 것을 본다. 시간이 흐르면 만개한 꽃송이로 아름답고 화려한 자태를 뽐낸다. 지나가는 사람도 오는 사람도 활짝 핀 예쁜 꽃으로 미소 지을 때 향기에 취하고 반해서 모여들고 친구가 되려 한다.

여러 면에서 꽃은 사람들에게 유익을 준다. 이처럼 사람들과 밀접한 관계가 있다.

그러나 꽃이 시들면 보기 싫다면서 눈살을 찌푸리고 외면한다. 활짝 핀 꽃으로 향기를 푸고 미소를 띠며 부귀하고 영화로울 때 함께했던 친구가 아니던가? 이런 친구가 꽃이 시들고 볼품없어지면 만나보기 힘든 사람이 된다.

이런 사람을 좋은 친구라 할 수 있겠는가? 시들은 꽃나무를 가꾸고 거름을 주어 다음을 약속하고 위로하는 사람이야말로 진정한 친구라 할 것이다.

꽃이 화려하고 영화로울 때 다가오고 시들면 멀어지는 친구를 많이 본다. 이런 친구는 유익이 있으면 달라붙고 어려워지면 외면하는 친구다. 이런 사람은 이중적 마음을 가진 친구이다. 무거워 힘들면 낮아질 사람이고, 가벼우면 높아지는 두 마음으로 자기 이익만 챙기는 친구이다.

주는 것이 있을 때는 공경하고 높이고, 이익이 없다고 생각되면 돌아서는 친구, 이런 친구를 가리켜 꽃을 따라 모이는 사람, 꽃과 같은 친구라 말할 수 있다.

한편 좋은 친구를 말할 때 산에 많이 비유한다. 언제나 과묵하고 믿음직스러운 자태로 변함없이 우리를 맞이하는 산이다. 철 따라 옷을 갈아입으며 아름다운 자태로 친구를 맞이한다.

친구 사이에는 산과 같은 변함없는 신뢰와 영적인 교감이 있어야 한다. 다시 말하면 영혼의 메아리로 주고받을 수 있어야 한다.

산은 우리에게 그런 친구다. 언제나 과묵하게 제자리를 지키고 우리를 기다리며 철 따라 준비를 한다. 봄, 여름, 가을, 겨울을 각기 다른 색깔과 모양으로 장관을 연출하여 친구를 반기고 행복을 안겨준다.

기쁠 때도 슬플 때도 잘못이 있어도 오랜만에 만나도 반겨주는 친구가 산이다. 땅속에는 인간에게 각종 보물을 내주고 아름다운 자연과 맑은 공기를 준다. 많은 약초와 먹거리를 주어 건강을 책임져 주는 친구가 되기도 한다.

산에 오르다 보면 많은 사람을 만나게 된다. 그중에 몇몇 사람은 먹다 남은 음식 찌꺼기나 휴지를 아무 데나 버려 눈살을 찌푸리게 한다. 이런 친구는 산에 갈 자격이 없는 친구다.

친구란 부름에 대한 응답이 따르는 것이다. 그리움, 진실, 사랑, 관용, 희생, 용서 등이 그것이다. 이것이 따르지 않는 친구의 만남은 곧 시들어 버린다. 이것은 마음속 깊이 우러나는 영혼이 없기 때문이다. 자기 유익만을 생각하는 사람에게는 영혼의 소리를 듣지 못하기 때문이다. 진정한 친구 사이라면 서로 위로해 주고 공감해 주는 영혼의 메아리가 있어야 한다.

산은 언제나 소리 높여 불러보면 메아리로 답해오는 친구이다.

친한 친구일수록 마음에서 우러나오는 영혼의 교감이 필요한 것이다. 진실로 마음을 주고 위로하며 희생할 때 영원한 친구가 될 수 있다. 자신을 돌아보고 부끄러움을 알고 잘못된 행동에 반성할 수 있는 사람이 되어야 할 것이다. 다시 말하면 사람이 왜 사람인 줄 깨달을 때 진정한 친구일 것이다.

언제나 우리와 함께하는 산과 같은 좋은 친구라 할 것이다. 꽃과 같이 화려하고 아름답고 영화로울 때는 모여들고, 시들면 멀어지는 친구가 돼서는 안 된다. 마음을 털어놓고 이야기할 수 있는 산과 같은 친구가 필요할 때다.

진실한 친구가 되고 좋은 친구를 만나는 것은 쉬운 일이 아니다. 필요한 친구가 되기 위한 노력과 자신을 돌아보고 잘못된 것이 있으면 부끄러운 마음을 가져야 할 것이다. 그런 친구를 얻기 위해 자신이 먼저 상대의 입장이 되어야 한다.

서로의 마음이 소통하는 소중한 관계가 필요하다. 진실함이 필요하고 선입견을 버려야 하며 사랑으로 희생하는 마음이 있어야 한다. 관용하는 마음과 때로는 충고도 할 줄 하는 사람이 진정한 친구다.

자신의 속마음을 털어놓고 서로 교통하는 친구가 과연 몇 명이나 있는지 돌아보기 바란다. 만일 한두 사람이라도 그런 사람이 있다면 그 사람은 성공된 삶일 것이다.

좋은 친구를 만나기 전 먼저 친구의 입장이 되어야 한다. 사랑으로 위로하고 공감해 주고 어려웠을 때 도와주고 충고해 주며 소망을 주는 사람이 좋은 친구가 아닐까 생각한다.

미美와 추醜

봄기운에 아지랑이 하늘거리는 경관보다 더한 아름다움이 어디 있는가. 물소리, 새소리, 새싹이 움트는 소리, 동면에서 깨어나는 짐승들의 소리, 나는 그 소리들을 좋아한다.

산천 경관에 취하고 감상하며 느끼는 아름다운 추억 속으로 마음이 달려간다. 철 따라 특색 있는 아름다운 옷으로 갈아입는 경기도에서 제일 높은 명산인 화악산과 명지산 국망봉이 서로 마주 보는 곳에 자리 잡은 평화스럽고 아름다운 마을 용소동龍沼洞, 계곡 언덕 위에 자리 잡은 '로빈나 문화마을' 정원 앞을 휘감아 흐르는 맑고 깨끗한 용수천이 그립다.

건강이 좋지 않아 고향에 와 쉼터(펜션)을 운영한 지 4년이란 세월이 흘렀다.

그동안 건강은 찾았지만 누적된 일에 힘이 들어 쉬고 싶은 마음에 임대를 주고 서울로 나왔다. 오래간 만에 서울에 나왔지만 모든 것이 자리가 잡히지 않아 앞으로의 삶을 위한 생각에 젖어본다. 샤워를 끝내고 나온 집사람은 물기 있는 머리를 손으로 빗어 넘기며 모델 같은 포즈를 취해 보인다.

"여보, 나 어때요? 멋지고 아름답지 않아요?"

육십 중반을 넘긴 집사람의 애교 어린 포즈와 말투는 예쁘기도 하고 아름다웠다.

"정말 아름다워요. 당신은 젊을 때나 나이가 들었을 때나 변함 없이 고전적이고 작으면서도 윤곽이 뚜렷한 얼굴은 예쁘고 아름다워요."

하고는 박수를 쳐 보였다.

"여보 사실은 외모가 예쁘고 아름답다는 얘기보다는 당신과 함께한 삶이 아름답다는 대답이 듣고 싶었거든요."

수줍은 말투로 말을 끝내고 밝게 웃는 모습이 그렇게 아름다울 수가 없었다. 집사람은 오늘 어느 목사 사모와 만나기로 약속한 시간이 되어 집을 나섰다. 나는 집사람이 남기고 나간 말에 숙제를 받은 것 같은 생각에 많은 사색을 하게 되었다. 아름다움이란 정확히 무엇을 말하는 것인가? 하고 생각해 본다. 사람들은 추한 것보다는 아름다운 것을 추구한다. 다시 말해 보면 아름답다는 것은 추한 것이 아니라는 뜻도 된다.

미인이 아름답다고 하는 것은 그 용모가 빼어나 보이고 보석이 아름답다는 것은 그 광채가 더욱 빛나 보이기 때문이다. 그 누가 아름다움을 보고 그냥 지나칠 수 있겠는가? 자연의 경관을 보고 어찌 그냥 발걸음을 돌릴 수 있을까? 아름다움이 있기에 이를 소중히 간직하고자 하고 이를 의미해 보고자 하는 마음이 살아서 태동하는 것이다.

삶의 원천은 애환이 담긴 인고의 세월에 사랑하는 마음이 있을 때 말할 수 있다. 조금 전 집사람이 나가면서 말한 "지금까지 당신과 함께 했던 삶이 참으로 행복하고 아름다웠다"는 대답이 듣고 싶었다는 소리가 많은 생각을 하게 한다.

삶이 아름답지 않고서야 어찌 삶에 애착을 가질 수 있으며, 삼라만상이 아름답게 보이겠는가. 언젠가 학교에서 강의를 할 때 한 학생이 "사람이 산다는 것이 다 허망한 것 아닌가요?"라고 질문을 던진 적이 있었다.

나는 그에게 답하기를 "세상을 보다 아름답게 보는 눈을 갖게 된다면 사정은 달라질 수 있을 것이네."라고 대답한 적이 있었다. 아무도 보아주지 않는 그믐달을 사랑하는 사람이 있듯이 홀로 세상을 살아가는 사람도 있다.

그러기에 다른 사람을 사랑할 수 있는 것이라면 그것이 아름답다는 것이고 보석보다 소중하다는 것이다. 아름다움이 삶의 원천이 된다는 것은 성경 창세기에서 찾아볼 수 있다.

하나님께서 이 세상을 7일 동안 창조하시면서 그 때마다 보시기에 좋았다고 하신 것만 보더라도 이 세상이 아름답다는 것은 당연한 일이다. 사람들이 때로는 이 세상을 비관하는 것은 세상이 아름답게 보이지 않기 때문이다. 여인을 보고 아름다움을 느끼지 못한다면 사랑하는 마음이 일어날 수 없다. 한 가정이 산산조각이 났다면 삶의 터전을 상실한 것이다.

아름다움이 삶의 원천을 이루고 있다는 것은 삶에 의미를 더해

주는 것이다.

또한 삶의 터전에 한 폭의 꽃이라도 더 피우겠다는 것과 같다. 고향 친구로 초등학교를 함께 다니며 동심의 아름다운 추억을 가진 절친한 친구가 있다. 내가 보아왔던 이 친구는 가정이 어려웠으나 학교 성적은 졸업 때까지 늘 1등이었다. 친구들이 놀고 즐거워할 때 공부에 열심을 내고 책과 씨름을 하던 노력파였다.

중·고등학교를 졸업하고 명문대학인 고려대학교를 졸업하기까지 정치인 가정에 가정교사를 비롯해 학비가 되는 일은 무슨 일이든 했다고 들었다. 다른 친구들이 편하게 학교를 다닐 때 이 친구는 무슨 일이든 열심을 다해 공부를 해야 했다. 이렇게 학창시절을 고생하면서 노력하여 얻은 삶이야말로 아름다움이라 말할 수 있을 것이다.

내일 지구의 종말이 오더라도 오늘 한 그루의 사과나무라도 더 심겠다는 마음은 실로 이 세상을 그대로 포기할 수 없다는 말이다.

세상을 보다 아름답게 가꾸겠다는 것이 우리네 마음이고 보면 삶의 의미가 아름다움에 있다고 그 누가 아니라 하겠는가? 그렇지만 아름답다고 하는 것, 그것이 비록 추한 것이 아니라고는 하지만 그것과는 다른 의미를 지니고 있다고 생각한다. 모든 사람들이 알고 있는 추하다는 말은 "더럽다, 지저분하다"라고 생각한다. 그러나 엄밀하게 말하면 조화를 이루지 못할 때라고 생각한다.

세상에는 아름다운 것만이 미남·미녀로만 살아가는 것이 아니다. 잘난 사람이 있는가 하면 못난 사람도 있다. 이들이 서로 어울려 살아가는 것이 사회다. 아름답고 예쁜 것만 존재한다면 아름답다는 의미를 알지 못할 것이다.

그렇다고 추한 것만 존재한다면 추한 의미 또한 알지 못할 것이다. 건축자들의 버린 돌이 모퉁이의 머릿돌이 되었다는 것은 하찮은 것이라도 그 나름대로의 가치를 지니고 있는 것이다. 산이 아름답다고는 하지만 시냇가에 물도 흐르지 않고, 꽃도 피지 않고, 푸른 나무도 없고, 새소리라도 들리지 않는다면 어찌 산이 아름답다고 할 수 있겠는가?

서로 조화를 이루고 있기 때문에 산이 아름답다고 할 수 있는 것이다. 우리네 삶도 마찬가지라고 생각한다. 슬프고 한스러운 사건이 있어도 나중에는 분명히 아름다움이 될 수 있다.

나는 36년간 일제 치하에서 해방되던 해 1945년도에 태어났다. 5년이 되던 해에는 민족의 비극인 6·25전쟁을 겪어야 했다. 청년 단장이란 직함을 가지고 계시던 아버님은 친구의 배신으로 인민군에게 잡혀가 이유 없는 고문과 추궁을 당해야 했다. 나중에는 보급대로 끌려가 전쟁 길 안내자로 다니며 식량과 탄환을 지고 다녔다.

유엔 연합군의 인천상륙작전이 성공한 후 서부전선은 압록강까지 동부 전선은 함경남도까지 진격했다. 중공군 개입으로 밀고 밀리는 전쟁이 계속되는 가운데 강대국들의 이권다툼으로 우리가 원하지 않는 38도선을 기점으로 남과 북은 갈라지게 되었다. 휴전이 되어 인민군들이 물러갈 때에 정치인, 사업가 예술가 등 많은 사람들이 북으로 끌려갔다.

그 중에 아버지도 고통 중에 끌려가시다 38교 다리 위에 이르렀을 때 감시하는 인민군을 밀치고 용소龍沼 깊은 물로 뛰어 들었다.

놀란 인민군은 앞뒤에서 따발총을 아버지가 뛰어든 용소를 향해 쏘아대기 시작했다. 물 표면에는 물줄기가 튀어 오르고 죽은 물고기도 하얗게 물위로 떠올랐다. 아버지는 잠수를 하여 시냇가 건너 바위 뒤로 숨어들었다. 바위를 향해 난사하는 따발총 알이 불꽃을 튀기고 바위는 깨져 나갔다. 맞은편에 숨어 바라보고 있는 어머니와 나는 가슴이 타들어가는 것 같았다. 쫓던 인민군들은 한참 동안 총을 쏘아 대다가 더 이상 지체할 수 없었던지 포기하고 발길을 돌렸다.

어머니와 나는 아버지에게 달려갔다. 아버지는 우리를 얼싸안고 감격적인 눈물을 흘렸다. 이 눈물이야 말로 억울함, 고통, 죽음 직전에 얻은 감격적인 기쁨의 아름다운 눈물이 아니겠는가.

내가 서울예술신학교를 운영하고 있을 때였다. 선교를 위한 교육 사업으로 외국 필리핀에 바기오 예술신학대학교 인가를 받아 개교를 하게 되었다. 필리핀 정부로부터 서울예술 신학원이란 법인을 1996년에 받고, 이어서 바기오 예술신학대학교를 교육부 고등교육 위원회로부터 인가를 받았다.

그동안 타국에서 어려움과 노력 기쁨을 맛본 진정한 아름다움이었다. 인생은 삶에 애환이 담겨 있는 인고의 세월 속에 핀 영광이기에 아름다운 것이다.

때로는 행복하기도 하고 가난도 하고, 처절한 고통이 있어도 보다 나은 내일을 위한 길이였기에 값진 것이다. 그 힘이 어디에서 나오는 것일까? 우리가 세상을 아름답게 가꾸겠다는 것은 삶의 의미가 아름답다는 것에 있다. 그 아름다움을 찾아 나서는데 있다면 어찌 미물이라도 아름답게 보이지 않겠는가. 그렇기 때문에 아름다운 것만이 아름답다고 하는 것은 그보다 더한 아름다움을 발견할 수 없다는 것이다.

하찮고 보잘 것 없이 보이는 것은 눈에 차지도 아니 한다. 아무도 보아주지 아니하는 그믐달 같은 것을 보아주는 사람도 있다. 그를 두고 아름다움을 모른다고만 할 수 있겠는가. 양 떼를 몰고 가는 목동이 아름답게 보이는 것은 그곳에 고요가 있고 정서가 있기 때문이다. 험난한 가시밭도 있고, 돌밭도 있고, 평화스러운 풀밭도 있다.

그런 것들이 서로 조화를 이루면서 한 폭의 그림을 형성하고 있는 것처럼 보이기 때문에 아름답게 느껴지는 것이다. 그러므로 어찌 아름다움을 미인이나 보석 같은 것에서만 찾을 수 있을까. 집사람으로부터 전화가 와서 생각에서 깨어났다.

약속이 끝나고 석촌호수에 나와 있으니 호수에 있는 고고 커피숍 앞에서 만나기로 했다. 집을 나서기 전 벽에 걸린 벽시계는 6시 30분을 가리키고 있었다. 석촌호수 길옆으로 벚꽃이 활짝 피어 봄바람에 꽃비가 되어 내리고 있다. 아름답기도 하고 우아하기도 한 벚꽃은 황홀 그 자체였다. 많은 사람들이 벚꽃축제에 인산인해를 이루었다. 황홀함에 취하고, 아름다움에 취하고, 신비스러움까지 느낀다. 호수에는 어둠이 깔리고 롯데월드와 디즈니랜드 호수 주위 빌딩에 불빛이 들고 물 위에 어리니 신비로운 동화의 나라를 만든다. 아름답고 황홀한 밤의 풍광을 연출해 낸다. 벚꽃이 만발한 벚나무 아래 있는 벤치 뒤로 디즈니랜드, 롯데월드와 새로 건축된 롯데타워 126층 건물을 배경으로 앉아있는 집사람이 손을 들어 반겼다. 나는 길옆 자판기에서 커피 두 잔을 뽑아 집사람이 앉아있는 벤치 쪽으로 가 옆에 앉았다.

"여보! 여기 커피."

집사람은 활짝 웃으며 받았다.

"고마워요."

커피를 받아들고 나란히 앉아 호수의 풍경에 눈을 돌렸다.

"너무 행복하고 아름다운 밤이네요."

우리 부부는 뽀얗게 눈꽃이 되어 날리는 벚꽃 길을 걷고 있는 많은 사람들을 보니 한 폭의 잘 그린 아름다운 수채화 같았다.

사람들 중에는 젊은 부부, 노부부의 다정스럽게 걸으며 나누는 로맨스 사랑도 볼 수 있어 좋다. 연인들의 행복한 모습도 보이고 어떤 젊은 부부가 말다툼하는 모습도 보인다. 많은 사람들이 즐기는 가운데 열심히 일을 하고 있는 청소부의 야간작업하는 모습이 그렇게 아름다울 수가 없다.

이 모두가 연합하여 아름다움을 만드는 것이다. 나는 집사람의 손을 꼭 잡아 보면서

"여보, 아까 집을 나갈 때 물었던 말에 다시 한 번 말해 본다면, 당신은 정말로 아름다워요. 젊어서나 나이가 들어서도 변함없는 아름다움을 지나고 있는 것은 사실이요. 그렇지만 더 아름답고 예쁜 것은 인고의 세월을 참고 견디며 오늘의 행복을 가져다 준 당신의 자랑스러운 마음이 아름다워요."

집사람은 머리를 기대며,

"여보 행복해요. 남은 삶도 서로 노력하고 사랑하는 부부로 자식들에게 표본이 되는 열매가 됩시다."

"고맙소, 명순씨. 이제부터는 화려한 것보다는 꽃을 피우기까지 희생이 되어온 뿌리가 되어 내면의 아름다움을 깨닫고 배워가는 삶을 살아갑시다."

우리는 서로 손목을 꼭 쥐며 미소를 지어본다. 벤치에서 일어나 인파속에 끼어 걸어본다. 황홀하고 아름답게 피어 있는 벚꽃은 꽃비가 되어 축하라도 하듯이 머리 위에 내려앉는다.

석촌호수의 주위 풍광이 네온 불빛으로 물에 어리고 불어오는 봄바람에 하얗게 일렁이는 물결이 환상적이었다. 불빛 아래 오리 한 쌍이 물살을 헤치며 다가온다.

아! 아름다운 호수가의 추억을 밟는 그림이었다.

뜻과 소망이 있는 삶

사람은 세상을 살아가는데 혼자만이 살아갈 수 없다. 국가와 사회가 있고, 가족과 개인이 어울려 살아간다.

연합하여 공동체를 이루며 더불어 살아가는 것이 인생인 것이다. 모든 사람에게는 뜻을 세우고 소망을 갖게 마련이다. 옛날 어른들이 말씀하시길 뜻이 있으면 길이 있고, 길이 있으면 소망이 생긴다는 말이 있다.

입이 마르도록 목적을 세우고 다짐을 하는 소리지만 뜻대로 살아가지 못하는 것이 인생이며, 소망이 있어도 소망대로 되지 않는 것이 우리네 삶인 것이다. 말이 쉬워하는 소리라고 입에서 나오는 대로 생각없이 말하는 사람이 많은 이유는 무엇일까? 사람은 세상을 살아가는데 뜻이 있고 소망을 가져도 생각만으로 끝나는 경우가 많다. 그렇다고 그런 생각을 갖지 말라는 것이 아니라 뜻을 갖고 소망을 갖는 것은 절대적으로 필요한 것이다. 목적과 뜻을 세우면 당연히 성공을 위한 실행과 노력이 뒤따라야 한다.

신약성경에 보면 뜻이 하늘에서 이룬 것같이 땅에서도 이루고자 하는 소망이 있다고 했다. 또한 잠언서 10장 28절에는 의인의 소망 또한 즐거움을 이룬다고 했다. 뜻을 가지고 있고 소망이 있다는 것은 우리네 삶의 지표가 여기에 있다는 것을 말한다. 뜻은 있는데 소망이 없고, 소망은 있는데 뜻이 올바르지 못한 경우를 보면 그 의미에 중요성을 알 수 있을 것 같다. 분명한 것은 우리가 살아가는 사회를 보면 뜻은 뜻대로, 소망은 소망대로 각각 놀고 있기 때문이다.

내가 부이사장으로 있는 사)한국통일문인협회 이사장 전덕기 선생은 사업가로서, 문학예술가로, 가정적으로도 목적을 이루신 분이다. 84세의 노구에도 '통일은 문학으로 문학은 통일로'라는 슬로건을 내걸고 통일의 소망을 안고 그 날을 위해 최선을 다하시는 모습을 보면서 존경심과 많은 것을 배우게 된다. 그런 모습을 보면서 내 자신을 뒤돌아보게 되고 부끄러움을 느끼며 앞으로는 후회 없는 삶을 살아갈 것을 다짐해 본다.

전덕기 이사장님은 북한에 고향을 둔 실향민도 아니고, 내가 듣기로는 전라북도 진안군이 태어나신 곳이라고 들었다. 남다른 남북통일에 관심을 갖는 것은 한 피가 흐르는 형제이고, 한 민족이기 때문이다. 그런 사랑과 나눔과 애국심이 탈북민들에게 늘 도움을 주고자 여러 방면에서 힘을 쓰시고 계심을 본다.

내가 아는 다른 지인은 통일 말만 나오면 화를 내는 친구가 있다. 통일이란 말을 앞세워 이북에 퍼주다 보면 우리가 망하게 된다는 것이고, 우리가 잘살고 내가 살고 봐야 한다는 것이다.

그런 사람들의 뜻과 소망은 오로지 자기 개인의 욕망만을 위해 살아간다. 그렇다고 잘되는 것도 아니다. 그런 사람일수록 뜻을 세우고 소망을 가져도 말로 끝나고 실행을 하지 않으며 남만 탓하는 것을 본다.

국제 사회에서 우리가 고립되지 않기 위해서는 먼저 경제를 살려야 한다는 마음을 가져야 한다. 그것은 바로 국가와 국민의 뜻이고 소망인 것이다. 그런데 한편에서는 나만 잘 먹고 잘살면 그만이라고 생각하는 사람이 많다는 데 문제가 있다.

뜻에 비해 소망이 전혀 보이지 않는다. 해가 바뀌면 누구나 뜻을 세운다. 그 뜻에 따라 새로운 각오와 소망을 가지고 출발하게 되지만, 그런 결심이 오래 가지 못하는 것도 해마다 겪는 일이다. 그것도 따지고 보면 뜻이나 소망이 자기에게 맞는 목적과 환경은 생각하지 않고 너무 허황된 마음에서 시작한다. 아니면 실행에 옮기기 힘든 것이기 때문이라고 해야 할 것이다. 과한 욕심을 버리고 자기에게 맞는 목적을 세우고 그 소망을 위해 실천해 가는 노력이 있다면 분명 좋은 결과를 가져올 것이다.

뜻과 소망을 가지고 있어도 그것이 하루아침에 이루어지지 않는다는 것은 로마가 하루아침에 이루어지지 않았던 거와 같다. 그렇기 때문에 뜻과 소망을 한 해에 빨리 마무리 짓겠다는 것도 근본적으로 잘못된 생각이다.

그리스도 예수께서 그의 뜻과 소망을 이루시기 위해서 오래 참으시고, 그 모두가 하나님 아버지의 뜻에 따라 이루어지기를 간절히 기도하셨다. 스스로 실천해 가는 인내 속에서 열매를 맺는 것이다. 마음만 다짐하고 결심을 한다고 되는 것이 아니다. 실천을 하지 않으면 무슨 소용이 있겠는가. 성공이란 생각지도 못할 것이다.

내가 아는 대학원 동기 중에 매년 새해가 되면 절에 가서 부처에게 기도하고 와서는 우리에게는 새로운 다짐과 소망을 가지고 왔다고 자랑삼아 얘기하는 친구가 있다. 그 말을 한 지 몇 달이 안 되어 좌절하는 것을 보았다. 그것이 비단 그 사람뿐만이 아닐 것이다. 이런 사람들은 자신이 다짐하고 세운 뜻과 소망이 실행이 없는 말로만 끝나거나 인내심이 없는 사람일 것이다. 그러다 보니 매사가 되는 일도 없고 안 되는 일도 없다. 돈도 없으면서 허세를 부리고 빈둥거리는 건달이 되기 일쑤다.

이런 사람은 직장을 잡아도 사업을 해도 실패만 하게 된다. 뜻과 소망도 마음속으로만 다짐했을 뿐 노력과 실행이 따르지 않기 때문이다. 과한 욕심과 허황된 생각만 해놓고 누워서 돈이 떨어질 때를 바라는 사람과 같다. 이런 사람일수록 자기 입장을 생각지 않고 남 탓만 하거나 비판을 일삼는 것을 볼 수 있다.

정직하고 인내하는 마음으로 새롭게 출발하는 각오와 결심이 필요한 것이다. 사람은 어떤 일을 시작하거나 출발하는 마음속에는 언제나 새로운 마음가짐이 있듯이 이제부터는 달라져야 하겠다.

자기 자신을 돌아보며 점검하고 자신을 비판할 수 있는 사람이어야 할 것이다. 새로운 마음으로 뜻을 세우고 소망을 가져 실천해 가는 삶이 되어야 한다. 그 같은 마음가짐을 가지고 지금부터라도 다시 시작하는 인생이라면 틀림없이 성공할 수 있을 것이다. 한마디로 말하면 새롭게 태어나자는 것이다. 정직하고 올바른 뜻과 소망을 위해서 노력과 실행해 가는 모두가 되자는 것이다.

그러나 지금 우리가 처해 있는 국가와 사회의 입지조건은 그리 좋은 편이 아니다. 경제적으로 어려운 상황에서의 우리이고 보면 이 시대에 어떤 자세와 마음으로 일관해야 할 것인가 생각하며 살아가야 할 것이다.

베드로후서 3장 15절에 보면 "또 우리 주의 오래 참으심이 구원이 될 줄로 여기라 우리가 사랑하는 형제 바울도 그 받은 지혜대로 너희에게 이같이 썼고"라고 했다.

우리 속에 있는 소망에 관한 이유를 묻는 자에게 그 대답을 얻을 수 있다고 본다. 개인이나 기업인이나 나라의 일은 먼저 뜻이 있어야 한다. 그래야 소망이 생기는 것이다. 그 소망에 따라 우리가 노력하고 행함과 인내가 필요한 것이다. 행하는 자체가 확실한 믿음이 되어 뜻과 소망이 삶에 바탕을 이루는 성장의 활력을 얻을 수 있다.

우리는 여러 차례의 시련을 겪으면서 오늘의 성장을 이룰 수 있었던 것도 이 때문인 것이다. 그렇다면 지금은 경제안정으로 가는 문턱에서의 시련 또한 극복할 수 있으리라고 본다. 이것은 소통과 믿음, 그리고 그 속에 뜻과 소망을 갖는 것이다. 서로 믿고 신뢰를 가지고 인내한다면 반드시 극복되리라고 본다.

이 시대에 그러한 믿음을 먼저 교회가 솔선하는 행함이 필요한 것이다. 그것은 교회의 성장이 곧 나라의 성장과 맞물려 있기 때문이다.

교회를 이루고 있는 하나의 공동체가 적어도 사회의 핵을 이루고 있는 이상 국가 성장에도 중추적 역할을 해야 한다. 기독교인들의 말대로 그리스도의 천국을 건설하는 것이 우리의 뜻이고 소망이다. 그러한 천국이 우리 사회와 전혀 무관하지 않다는 것은 하나님의 나라가 곧 우리 사회이기도 한 때문이다.

나라를 바로 세우지 못하고 하나님의 나라만을 세우겠다는 것은 있을 수 없는 일이다. 뜻이 있어 소망을 가지게 된 사람들을 보면 먼저가 나라이고, 다음이 자신의 행복을 추구하는 것을 보면 뜻과 소망이 어디에 있는가를 알 수 있을 것이다.

교회가 참으로의 교회이기 위해서는 나라를 위하고 나라를 바르게 건설하는 데 동참하는 일이라고 본다. 그러기 위해서는 우리 그리스도인들은 기도해야 한다.

이 시점에 그러한 뜻과 소망이 우리 한국 교회에 뿌리 깊게 내리기를 소원해 본다. 뿌리 깊은 나무가 비바람에도 견딜 수 있듯이 참다운 진리의 뜻과 소망이 있는 자만이 세상을 이길 수 있고 삶을 영위할 수 있다는 것을 가르치듯 굳건한 교회가 이 시대에 많아지기를 바라는 마음이다.

젊은이는 꿈을 먹고 늙으면 추억을 먹고 산다는 말이 있다.

이것은 사람이 태어나고 성장하며 살아가는 삶의 과정을 보여주는 함축된 말일 것이다. 살아가는 것은 쉬운 일이 아니다. 매우 어려운 일이다.

또한 혼자만의 삶이 아니라 더불어 살아가는 것이다. 쉽게 세상을 사는 사람은 없다. 땀을 흘려 일을 해야만 양식을 구할 수 있고 가족과 사회를 행복하게 만들 수 있다.

수고하지 아니하고 이를 구할 수 있다는 것은 감나무 밑에 누워 감이 절로 입안으로 떨어지기만을 기다리는 사람과 같다.

이런 사람은 자칫 잘못된 인생으로 꼬일 수 있다. 언제까지나 그런 식으로 세상을 살 수는 없다. 모든 사람은 반드시 땀을 흘려야 식물을 먹을 수 있다는 성경말씀을 한 번쯤 상기해 봤으면 한다.

그만큼 산다는 것은 가장 중요한 일이며 사람답게 살아야 할 것이다. 인간은 누구나 기본 양심을 갖고 있다고 한다. 평등한 자유와 인권과 권리가 있다.

그러므로 열심히 살아가며 나름의 꿈을 갖게 되고, 그것이 지나고 나면 그때를 그리워하고 후회도 한다. 다시 말하면 미래에 대한 꿈을 꾸고 추억으로 위로받으며 살아가는 것이 인생이다. 꿈과 추억은 서로 닮았다고 본다.

꿈이 있기에 추억을 말할 수 있는 필연적인 관계다. 우리가 꿈을 꾸며 살아가는 한 그 삶은 벅차고 아름답게 다가올 것이며 가슴에 요동칠 것이다. 그러나 실망도 있게 마련이다.

세상을 살아가는데 꿈이 없다면 황무지와 같을 것이며 무의미한 인생일 것이다. 사람들의 한평생 삶을 몇 단계로 나누어 말한다.

부모님 사이에서 잉태하고 어머니 뱃속에서 10개월의 기간을 거쳐 출생한다.

유아기와 청년기를 지내고 장년기, 노년기를 지나 땅속에 묻히는 순간까지를 인생의 전 과정이라 말한다.

유년기에는 보는 눈에 따라 나도 저렇게 되어야지 하고 말하지만, 이것은 수시로 변하는 유행성과 같은 것이다.

청년이 되면 나름의 진로를 생각하며 고심을 하게 되고, 절실한 꿈을 갖게 된다. 그 길을 가기 위해 교육도 받고 훈련도 받는다.

인생에 대하여 진지한 생각과 자신이 처한 환경을 돌아보며 미래를 향해 꿈을 정해놓고 실천해 나간다.

어떤 꿈을 지니고 노력하느냐에 따라 달라질 수 있다. 진실하고 분명한 생각과 계획을 세운 꿈은 그 열매가 달고 아름다운 추억이 될 것이다.

그러나 허황된 욕심이나 탐욕으로 꿈을 꾸고 노력한다면 그 노력은 허사가 되어 열매는 쓰고 아프고 후회스러운 추억이 될 것이다.

꿈은 삶의 목적을 이루는 데 필요하다. 꿈이 있어야 아름다운 추억과 아픈 추억이 만들어진다. 추억은 삶의 여정에 다시 도전하거나 포기하기도 한다.

인생은 추억을 낳고 추억은 꿈을 꾸게 만든다. 아름다운 추억을 간직하면 생명이 다하는 날까지 가치를 남기는 사람이 될 것이고, 나쁜 추억을 간직하면 생명을 다하는 날까지 후회하는 사람이 된다. 그만큼 꿈과 추억은 소중하고 신중해야 한다.

가치 있는 삶을 살기 위해서는 부단한 노력이 필요하다. 언젠가 생명이 다하는 날 사람들에게 꿈을 줄 수 있는 추억이 있는 사람이야말로 아름답고 후회 없는 인생을 살았다 할 것이다.

그렇지 못한 사람은 허무하고 실패한 인생을 살아온 것이다. 그러기에 인간은 미래를 향한 꿈을 지니고 최선을 다하며 땀을 흘린다.

꿈을 이루기 위해서는 반드시 잊지 말아야 할 것이 있다. 그것은 더불어 살아가는 것이다. 가정이라는 공동체에서 사회라는 공동체로 더 나아가 국가와 세계라는 공동체가 있다. 사회 속에 함께 하기 위해서는 공동체 일원이 되어야 한다.

꿈도 추억도 그 속에 값진 열매가 있을 때 가치 있는 좋은 사람으로 기억될 것이다.

이해를 돕기 위해 우리가 모두 좋아하는 축구를 예로 들어본다.

축구는 익히 알고 있듯이 11명이 한 팀을 이루고 이렇게 구성된 다른 팀을 상대로 시합하는 경기다. 자기 팀을 승리로 이끌기 위해서는 선수들의 기량이 상대 팀에 비해 월등해야 한다. 양 팀이 서로 실력이 비슷하다면 먼저 팀워크가 잘 이뤄져야 승리를 하는 데 유리하다.

어느 한 선수만 잘한다고 승리할 수 있는 경기가 아니다.

그렇다면 11명의 선수를 크게 사회적 공동체의 구성원으로 본다면 사회적 공동체 역시 축구에서의 팀원과 같은 것이 조성되어야 한다.

사회적 공동체란 모두가 같이 잘 사는 데 있다. 사람들이 공동체를 이루며 살아가는 궁극적인 목적이 어디에 있는가를 묻는다면 선뜻 대답하기가 힘들겠지만, 그 답 또한 궁금해진다.

궁금하다는 것은 어렵게만 생각하기 때문이며 어렵게 생각하면 삶이 꼬이게 마련이다.

생각은 쉽게 하되 신중함이 필요하다.

더불어 살아가는 것은 함께 다 같이 잘살기 위해서다. 그러기 위해서는 꿈을 가져야 하고 사람들이 기억하며 옆에 두고 싶어하는 추억을 가져야 한다.

그 꿈과 추억을 아름답고 값진 인생으로 만들기 위하여 스스로 최선을 다하는 것이다. 결혼하고 나면 가족이라는 공동체가 형성된다.

더 나아가 가정과 가정이 모여 사회라는 공동체를 이루어 더불어 살며 나름대로 꿈을 꾼다.

아름다운 꿈이 모여 살기 좋은 사회를 만들며 그 위에 국가라는 공동체가 있다. 사람이 혼자만 사는 것이라면 공동체의 삶이 왜 필요하겠는가?

다 같이 살기 위해서다. 하나님께서는 세상을 창조하시고 나서 사람에게 땅을 정복하고 모든 생물을 다스리라고 하셨는데 이를 혼자서 하기란 불가능한 일인 것이고, 또 하늘에서 이룬 것 같이 땅에서도 이루게 하는 것도 그렇다고 본다.

이는 혼자가 아닌 더불어 살아가는 공동체의 삶을 말하는 것이다. 꿈을 크게 갖되 시작은 작은 하나에서부터다. 환경이나 처한 입장은 생각지 않고 허황된 생각에 욕심만 갖는 것은 실패하기 쉽다.

그에 따른 추억 또한 낙심과 후회만 남을 것이다.

더불어 사는 삶의 공동체 문화에 꽃을 피우고 질 높은 인생을 살아야 할 것이다.

지금까지는 삶의 여정에 대한 꿈과 추억을 논했지만 믿음으로 바라보는 영적 세계가 있음을 본다. 성경에서는 '내 안에 거하라 나도 너희 안에 거하리라 가지가 포도나무에 붙어 있지 아니하면 스스로 열매를 맺을 수 없음같이 너희도 내 안에 있지 아니하면 그러하리라.' 했다.

이같이 주를 떠나서는 어떤 삶의 풍요도 누릴 수 없다. 풍요는 물질에만 있는 것이 아니라 정신적 영적 양식에도 있다.

이 양식을 얻기 위해 믿음으로 말씀을 바라보는 꿈이 필요하고 육신을 넘어 내세를 담는 새 생명의 꿈이 되어야 한다.

믿음이 있는 꿈은 희망이 보이고 열매는 추억이 되어 기억될 것이다. 또한 새 생명의 소망이 있기에 가치가 있는 것이며 행복한 것이다.

  아름답고 질 높은 한 사람의 꿈이 만인의 꿈이 되었을 때 개인은 물론 가정과 사회와 국가에도 보람이 있는 추억이 되어 미래를 여는 길잡이가 될 것이다.

꿈과 추억의 여정

젊은이는 꿈을 먹고 늙으면 추억을 먹고 산다는 말이 있다.

이것은 사람이 태어나고 성장하며 살아가는 삶의 과정을 보여주는 함축된 말일 것이다. 살아가는 것은 쉬운 일이 아니다. 매우 어려운 일이다. 또한 혼자만의 삶이 아니라 더불어 살아가는 것이다.

쉽게 세상을 사는 사람은 없다. 땀을 흘려 일을 해야만 양식을 구할 수 있고 가족과 사회를 행복하게 만들 수 있다. 수고하지 아니하고 이를 구할 수 있다는 것은 감나무 밑에 누워 감이 절로 입으로 떨어지기만을 기다리는 사람과 같다.

이런 사람은 자칫 잘못된 인생으로 꼬일 수 있다. 언제까지나 그런 식으로 세상을 살 수는 없다. 모든 사람은 반드시 땀을 흘려야 식물을 먹을 수 있다는 성경말씀을 한 번쯤 상기해 봤으면 한다.

그만큼 산다는 것은 가장 중요한 일이며 사람답게 살아야 할 것이다. 인간은 누구나 기본 양심을 갖고 있다고 한다. 평등한 자유와 인권과 권리가 있다.

그러므로 열심히 살아가며 나름의 꿈을 갖게 되고, 그것이 지나고 나면 그때를 그리워하고 후회도 한다.

다시 말하면 미래에 대한 꿈을 꾸고 추억으로 위로받으며 살아가는 것이 인생이다. 꿈과 추억은 서로 닮았다고 본다.

꿈이 있기에 추억을 말할 수 있는 필연적인 관계다. 우리가 꿈을 꾸며 살아가는 한 그 삶은 벅차고 아름답게 다가올 것이며 가슴에 요동칠 것이다. 그러나 실망도 있게 마련이다.

세상을 살아가는데 꿈이 없다면 황무지와 같을 것이며 무의미한 인생일 것이다.

사람들의 한평생 삶을 몇 단계로 나누어 말한다.

부모님 사이에서 잉태하고 어머니 뱃속에서 10개월의 기간을 거쳐 출생한다. 유아기와 청년기를 지내고 장년기, 노년기를 지나 땅속에 묻히는 순간까지를 인생의 전 과정이라 말한다.

유년기에는 보는 눈에 따라 나도 저렇게 되어야지 하고 말하지만, 이것은 수시로 변하는 유행성과 같은 것이다.

청년이 되면 나름의 진로를 생각하며 고심을 하게 되고, 절실한 꿈을 갖게 된다.

그 길을 가기 위해 교육도 받고 훈련도 받는다. 인생에 대하여 진지한 생각과 자신이 처한 환경을 돌아보며 미래를 향해 꿈을 정해놓고 실천해 나간다.

어떤 꿈을 지니고 노력하느냐에 따라 달라질 수 있다. 진실하고 분명한 생각과 계획을 세운 꿈은 그 열매가 달고 아름다운 추억이 될 것이다.

그러나 허황된 욕심이나 탐욕으로 꿈을 꾸고 노력한다면 그 노력은 허사가 되어 열매는 쓰고 아프고 후회스러운 추억이 될 것이다.

꿈은 삶의 목적을 이루는 데 필요하다. 꿈이 있어야 아름다운 추억과 아픈 추억이 만들어진다. 추억은 삶의 여정에 다시 도전하거나 포기하기도 한다.

인생은 추억을 낳고 추억은 꿈을 꾸게 만든다. 아름다운 추억을 간직하면 생명이 다하는 날까지 가치를 남기는 사람이 될 것이고, 나쁜 추억을 간직하면 생명을 다하는 날까지 후회하는 사람이 된다. 그만큼 꿈과 추억은 소중하고 신중해야 한다.

가치 있는 삶을 살기 위해서는 부단한 노력이 필요하다. 언젠가 생명이 다하는 날 사람들에게 꿈을 줄 수 있는 추억이 있는 사람이야말로 아름답고 후회 없는 인생을 살았다 할 것이다.

그렇지 못한 사람은 허무하고 실패한 인생을 살아온 것이다. 그러기에 인간은 미래를 향한 꿈을 지니고 최선을 다하며 땀을 흘린다.

꿈을 이루기 위해서는 반드시 잊지 말아야 할 것이 있다. 그것은 더불어 살아가는 것이다. 가정이라는 공동체에서 사회라는 공동체로, 더 나아가 국가와 세계라는 공동체가 있다. 사회 속에 함께하기 위해서는 공동체 일원이 되어야 한다.

꿈도 추억도 그 속에 값진 열매가 있을 때 가치 있는 좋은 사람으로 기억될 것이다.

이해를 돕기 위해 우리가 모두 좋아하는 축구를 예로 들어본다.

축구는 익히 알고 있듯이 11명이 한 팀을 이루고 이렇게 구성된 다른 팀을 상대로 시합하는 경기다.

자기 팀을 승리로 이끌기 위해서는 선수들의 기량이 상대 팀에 비해 월등해야 한다. 양 팀이 서로 실력이 비슷하다면 먼저 팀워크가 잘 이뤄져야 승리를 하는 데 유리하다.

어느 한 선수만 잘한다고 승리할 수 있는 경기가 아니다.

그렇다면 11명의 선수를 크게 사회적 공동체의 구성원으로 본다면 사회적 공동체 역시 축구에서의 팀원과 같은 것이 조성되어야 한다.

사회적 공동체란 모두가 같이 잘사는 데 있다. 사람들이 공동체를 이루며 살아가는 궁극적인 목적이 어디에 있는가를 묻는다면 선뜻 대답하기가 힘들겠지만, 그 답 또한 궁금해진다.

궁금하다는 것은 어렵게만 생각하기 때문이며 어렵게 생각하면 삶이 꼬이게 마련이다.

생각은 쉽게 하되 신중함이 필요하다.

더불어 살아가는 것은 함께 다 같이 잘살기 위해서다. 그러기 위해서는 꿈을 가져야 하고 사람들이 기억하며 옆에 두고 싶어하는 추억을 가져야 한다.

그 꿈과 추억을 아름답고 값진 인생으로 만들기 위하여 스스로 최선을 다하는 것이다.

결혼하고 나면 가족이라는 공동체가 형성된다.

더 나아가 가정과 가정이 모여 사회라는 공동체를 이루어 더불어 살며 나름대로 꿈을 꾼다.

아름다운 꿈이 모여 살기 좋은 사회를 만들며 그 위에 국가라는 공동체가 있다. 사람이 혼자만 사는 것이라면 공동체의 삶이 왜 필요하겠는가?

다 같이 살기 위해서다.

하나님께서는 세상을 창조하시고 나서 사람에게 땅을 정복하고 모든 생물을 다스리라고 하셨는데 이를 혼자서 하기란 불가능한 일인 것이고, 또 하늘에서 이룬 것같이 땅에서도 이루게 하는 것도 그렇다고 본다.

이는 혼자가 아닌 더불어 살아가는 공동체의 삶을 말하는 것이다.

꿈을 크게 갖되 시작은 작은 하나에서부터다. 환경이나 처한 입장은 생각지 않고 허황된 생각에 욕심만 갖는 것은 실패하기 쉽다.

그에 따른 추억 또한 낙심과 후회만 남을 것이다. 더불어 사는 삶의 공동체 문화에 꽃을 피우고 질 높은 인생을 살아야 할 것이다.

지금까지는 삶의 여정에 대한 꿈과 추억을 논했지만 믿음으로 바라보는 영적 세계가 있음을 본다. 성경에서는 "내 안에 거하라 나도 너희 안에 거하리라 가지가 포도나무에 붙어 있지 아니하면 스스로 열매를 맺을 수 없음같이 너희도 내 안에 있지 아니하면 그러하리라" 했다.

이같이 주를 떠나서는 어떤 삶의 풍요도 누릴 수 없다. 풍요는 물질에만 있는 것이 아니라 정신적 영적 양식에도 있다. 이 양식을 얻기 위해 믿음으로 말씀을 바라보는 꿈이 필요하고 육신을 넘어 내세를 담는 새 생명의 꿈이 되어야 한다.

믿음이 있는 꿈은 희망이 보이고 열매는 추억이 되어 기억될 것이다. 또한 새 생명의 소망이 있기에 가치가 있는 것이며 행복한 것이다.

아름답고 질 높은 한 사람의 꿈이 만인의 꿈이 되었을 때 개인은 물론 가정과 사회와 국가에도 보람이 있는 추억이 되어 미래를 여는 길잡이가 될 것이다.

닮아가는 사람들

사람들은 누구와 닮았다는 이야기를 자주 한다. 어딘가 모습만 닮은 것이 아니라 마음마저 닮았다고도 한다.

닮았다는 것은 여러 가지의 의미를 지니고 있다.

얼굴이 닮을 수도 있고 식성이나 언어, 성격을 닮을 수도 있다. 취미를 닮을 수도 있고, 행동이나 습관을 닮을 수도 있다.

때로는 얼굴 중 한 부분만 닮은 사람도 있다.

외형은 닮지 않았으나 행동이 닮을 수 있다.

부모를 닮아 키가 클 수도 있고 작을 수도 있다. 이럴 때 사람들은 친가를 닮았느니 외가를 닮았다는 등 농담 삼아 웃으며 수다를 떤다. 이것을 보통 사람들의 평범하게 오가는 대화다.

부모님이나 조상들에게 육체적으로 물려받은 것은 의학적으로 DNA라 한다.

그러나 닮는다는 것은 우연일 수도 있지만 깊이 생각하면 순간적이나 일시적으로 이루어지는 것은 아니다. 유전적으로 물려받기도 하지만 노력하여 만들어지기도 한다.

자기보다 나은 사람이 재주가 있어 남을 즐겁게 할 때도 닮기를 원해 흉내를 내는 데서부터 시작한다. 북한 김정은은 할아버지 김일성을 닮기 위해 몸무게를 키우고 머리 스타일, 행동 걸음걸이까지 따라 한다.

그것뿐만이 아니다. 할아버지의 중절모자 쓰기, 담배 피우는 모습까지 따라 한다.

사람은 오랜 시간을 함께할 때 서로 닮아가는 모습을 본다. 남녀가 결혼하여 오래 살다 보면 서로 닮아간다고 한다. 그렇다고 모든 부부가 다 그런 것은 아니지만 오래 살다 보면 대부분 성격이나 생활이 닮는다. 어떤 부부는 얼굴까지 닮아 남매처럼 보이기도 한다.

그러나 닮았다는 것이 다 좋은 것은 아니다 아름답고 좋은 점을 닮는 것은 기쁘고 좋은 일이지만 나쁜 것을 닮는 것은 닮지 않은 것만 못하다. 닮았다는 이유로 복이 되기도 하지만, 어려움이나 패가망신을 당하기도 한다.

어떤 연기자는 악역을 잘하여 성격 배우가 되기도 하고, 어느 코미디언은 바보나 장애자 역을 잘하여 인기를 얻고 있다. 세상에는 닮아가기 원하는 것이 수없이 많다.

그러나 겉보다는 마음을, 악보다는 선을, 욕망보다는 사랑을 닮아야 할 것이다. 그만치 누군가 닮는다는 것은 신중해야 하며, 자기의 인생을 값지게 살아간다는 것이 중요한 것이다. 좋은 것일수록 닮기가 어렵고 오랜 시간이 걸리지만 나쁜 것은 순식간에 닮고 오염되기가 쉽다.

성경 주석가 매투헨리(Matthew Henry)는 "당신이 금단의 나무열매들 따먹고 싶은 생각이 없다면 금단의 나무를 가까이해서는 안 된다."고 했다.

또한 토마스 풀러(Thomas Fuller)는 "악마와 거래하고 싶지 않다면 악마의 상점에 가까이하지 않도록 하라."고 하였다.

이 말들은 우리에게 많은 교훈을 주고 있다. 악은 처음부터 멀리해야 유혹으로부터 벗어날 수 있다. 악을 가까이 한다는 것은 금단의 열매를 먹고 싶은 생각이 들게 마련이다. 자신도 모르게 타협하고 싶은 충동을 느끼게 된다.

사람들은 누군가를 닮기를 원하는 속성이 있다. 역사 속에 위인을 닮기를 원하기도 하고, 성공한 정치인이나 교육자, 사업가, 예술가를 닮기를 원하기도 한다. 때로는 건달이나 폭력배 두목 같은 사람을 닮기 위해 노력하는 웃지 못 할 일도 있다.

부모와 스승을 닮아가며 행복해하기도 하며, 한편 부모를 닮지 않을 것이라고 말하는 자식도 있다. 사람들은 좋아하는 사람의 모습, 행동, 언어까지 흉내를 내며 더 가까이 가려고 노력을 한다.

억척같은 부모는 훌륭하고 성공한 사람이 많이 사는 동네로 이사를 하여 자식이 그들을 닮기를 바란다. 학군이 좋은 강남 쪽으로 옮기는 어머니들의 치맛바람을 볼 수 있다.

아무리 닮기 위해 노력을 해도 엄격히 차이가 있음을 본다. 진실을 닮기를 원하는 것이 아니라 욕망을 채우기 위한 수단에 불과하다는 것이 너무 슬프다. 일시적인 흉내에 그치면 그것은 악이 되고 패망이 있게 된다. 생명력이 없기에 희망도, 미래도 없는 것이다.

페르시아에 전해오는 설화중에 이런 이야기가 있다.

여행을 좋아하는 사람이 길을 가는 중에 점토粘土가 있는 것을 보았다. 가까이 가보니 그 점토 덩어리에서는 아름다운 향기가 코를 찔렀다. 너무나 이상하여 흙덩이에게 물었다.

"이 아름다운 향기가 풍기는 것은 어찌 된 일입니까?"

흙덩이가 대답하기를 "그것은 내가 들장미 꽃과 함께 있었기 때문입니다"라고 대답했다.

그때서야 여행하던 사람은 길가 옆에 피어 있는 들장미를 보고 머리를 끄덕여 보였다.

이 이야기는 우리에게 어떤 사람과 함께 하느냐에 따라 인생도 달라질 수 있다는 것을 말하고 있다.

닮기를 원하는 사람은 만나기 전 스스로 자신을 점검해 보아야 한다. 정직하고 사랑이 바탕이 되어야 하며 희생정신이 있어야 한다. 그래야 서로를 이해하고 사랑하며 아픔을 함께할 수 있는 좋은 만남이 될 것이다.

누군가를 닮는 것도 좋지만 우리가 꼭 닮아야 할 영원한 성품과 진리가 있다. 그분은 다름 아닌 예수그리스도이다.

인간의 죄를 위하여 스스로 십자가에 못 박혀 피 흘리며 돌아가신 우리의 구세주, 영원히 죽을 수밖에 없는 죄인 된 우리를 구원해 주시고 새 생명이 되어주신 사랑의 예수 그리스도이다. 예수를 닮는 것은 얼굴을 닮아 감을 말함이 아니고, 그리스도의 인격과 진리를 닮는 것이다.

예배극 작품 인물 중 예수 역을 맡은 사람이 예수님처럼 분장을 하고 수염을 달고, 유대인의 복장을 하고, 샌들을 신고, 무대 위에서 연기를 한다고 해도 그리스도 예수님이 되는 것은 아니다.

분명한 것은 연기자가 흉내만 내는 것이 아니라 믿음으로 충만해야 하고 예수의 마음으로 다가설 때 청중들은 감동과 은혜로 박수와 아멘 소리가 극장 안을 메울 것이다.

닮는 것과 흉내를 내는 것과는 분명한 차이가 있다. 거짓과 욕심을 앞세워 닮는 것은 절망과 패망만이 있을 뿐이고, 정의와 진리를 닮는 것은 자기를 살리고 높이는 것이다.

성경에 보면 "너희 안에 이 마음을 품으라. 곧 그리스도 예수의 마음이니"라고 말씀하셨다. 예수의 마음을 내 마음에 품는 것은 그리스도를 닮는 삶을 말한다.

이런 사람이 많아질 때 인생이 달라지고 아름다운 꿈이 생기고 가정도, 사회도 달라져 살기 좋은 세상이 될 것이다.

어떻게 살아야 할까?

조찬 모임에 참석하기 위해 잠실역에 도착한 시간은 아침 6시였다. 개찰구를 지나 지하철 계단을 내려서자 깜짝 놀랐다. 많은 사람이 승강장 입구마다 기다리는 인파로 붐볐다.

각자 바삐 움직이는 삶의 모습은 전쟁 중의 피란 행렬 같았다. 이들은 각종 분야에서 최선을 다하는 사회에 없어서는 안 될 주역들이다.

이른 아침부터 가족을 먹이고 입히고 내일의 행복을 위해 땀을 흘리는 아름다운 모습이다. 이 모두는 각자의 살아가는 삶이며 희망이다.

나는 사람들에 묻혀 전철 안으로 올랐다. 발 딛을 틈 없이 빼곡한 사람들 사이를 파고들어 손잡이를 의지해 왕십리역까지 왔을 때였다.

노약자 보호석에 앉아있던 할머니 한 분이 신당역에서 내리시고 나서야 나는 그 자리에 앉았다. 옆 좌석에는 중년이 넘어 보이는 친구 분들의 대화가 한창이었다.

복잡한 전철 안은 젊은 남녀의 대화, 책을 보고 있는 사람, 수다를 떠는 남녀학생들, 거기다 여행용 가방을 끌고 탄 중국 여행객들이 핸드폰으로 열심히 길을 찾으며 대화를 주고받았다.

객실은 시루 안 콩나물같이 서 있는 사람들로 만원이었다.

복잡한 가운데도 옆 좌석에 앉아있는 중년쯤 되어 보이는 일행들의 대화가 재미있게 귓전을 파고든다.

"며칠 전 늦은 시간에 서울역 지하도를 지나다 노숙 생활을 하는 동화를 보고 놀랐네."

"동화라니? 우리 고향 황태자 말인가?"

"그래! 분명 동화였네."

"믿어지지가 않는군, 동화가 노숙자가 되다니."

"고향 사람 치고 동화네 땅을 밟지·않고는 다닐 수 없을 만치 땅 부자였는데 말이야."

"그것뿐인가, 학교 이사장, 극장까지 운영하던 소문난 부자였잖아."

"욕심 많기로 유명했지. 집을 나갔다 들어올 때는 돌덩이라도 들고 들어와야 직성이 풀리는 성격이라 놀부라는 별명이 따라다녔잖아."

"그런 아버지를 믿고 세도깨나 부린 동화였는데……. 그래도 우리 친구들한테는 좋은 친구였는데 말이야. 거기다가 많이 얻어먹어 좋았지. 하하하."

"대학을 졸업한 후에 아버지 돈으로 사업깨나 벌이며 으스댔는데……. 그런 동화가 쫄딱 망해 노숙자가 되다니……."

"들리는 소문에 의하면 동화 아버지가 돌아가시고 난 뒤 동화는 사업한다고 그 많은 땅을 하나하나 팔아 없앴다는 거야."

"아무리 그렇기로서니 노숙자라니, 믿어지지가 않네."

"나도 그래. 지하도 한구석에서 신문지 하나 깔고 앉아 초라하게 빵을 먹고 있는 동화를 보고 내 눈을 의심했네."

그는 계속해서 이야기를 이어나갔다.

"난 너무 놀라 눈을 비비고 다시 봐도 분명한 거야. 나는 동화야! 부르며 다가갔는데, 나를 보자 얼굴색이 변하더니 "사람 잘못 보셨습니다."하고는 황급히 얼굴을 돌리며 붙잡을 틈도 없이 사라져 버리더라고."

동화의 이름을 부르며 뒤를 따라 쫓아갔으나 많은 인파 속에 끼어들어 어디로 갔는지 찾을 길이 없었다고 한다.

그 뒤 몇 번을 서울역 지하도를 찾아갔지만 보이지 않아 그곳에 있는 노숙자들에게 물어보아도 요즘엔 안 보인다고 했다. 그 후로도 몇 번을 더 찾아보았지만 볼 수가 없었다고 한다.

"사람 팔자 시간문제라더니 동화가 그렇게 망하게 될 줄이야 그 누가 생각이나 했겠나."

"그러게 말일세."

그들은 대화를 다른 데로 돌렸다. 동화네 집에서 머슴살이하던 친구 은성이 아버지에 대한 이야기였다.

은성이 아버지는 동화네 집 머슴살이를 하면서 근근이 살아가는 가난한 집안 가장이었다. 착실하다 못해 바보라는 소리를 들을 정도로 법 없이도 살 사람이었다.

그들은 은성이란 친구와 한동네에 살던 친구였다. 친구 은성이는 오전수업이 끝나고, 점심시간이면 교실을 나와 수돗가를 맴돌았다. 점심을 싸 오지 못해 친구들의 눈을 피해 운동장 미끄럼틀에 앉아 있거나 물로 배를 채우곤 했다. 친구들은 먹던 도시락을 남겨 은성이에게 주곤 했다.

아버지가 머슴이라는 것 때문에 무시를 당하고 어린 마음에 많은 상처를 입고 살았다.

은성이는 중학교를 졸업하고 고등학교에 다닐 때는 장학금으로 어려운 부모님을 도왔다. 낮에는 공부하고 밤에는 가정교사를 하면서 열심히 살았다.

야간 대학을 졸업하고 외무행정 고시에 합격하여 고위직까지 올랐던 친구로 고향의 자랑이었다.

지금은 온 가족이 이민을 간 뒤 세계적인 예일대학에서 수학하고 교수로 재직하다 은퇴를 하고, 지금은 자녀들과 단란하게 살고 있다고 한다.

옆 좌석에서 무심코 들려온 대화를 들으며 이 세상을 살아가는 삶에 대해서 많은 생각을 했다.

어떻게 살아야 할 것인가?

내가 지금까지 살아온 길은 과연 옳은 삶이었는가?

그 누가 왜 사는지 묻는다면 뭐라고 해야 할까?

아무리 생각해 봐도 대답이 쉽지가 않다. 굳이 답을 해야 한다면 궁색한 답변이 되겠지만, 살아 있으니까 사는 것이라고 그렇게 밖에는 할 말이 없을 것이다.

이는 단적으로 말하면 우리 중에 삶의 의미를 알고 있는 사람이 없기 때문이 아닐까?

아이들이 보는 세계와 어른들이 보는 세계가 서로 다르듯이 사람마다 삶을 사는 과정이 다르다. 그러기 때문에 삶이란 이런 것이라고 말하기란 어려운 것이다.

지금 내 옆좌석에서 들려온 대화만 보더라도 과거의 부자가 현재는 못 살 수도 있고, 또한 과거에 가난했던 사람이 현재는 잘 살 수도 있는 것이다.

그러나 분명한 것은 과한 욕심이나 욕망은 금물이다.

사람다운 삶, 가치 있는 인생이 되기 위해서 오로지 믿음이 있고 소망이 있는 진실한 삶이 되어야 한다.

더불어 살며 사랑과 나눔을 실천하는 삶이 되어야 한다.

삶이란 이런 것이라고 단정적으로 말하기란 어렵다.

우리가 무엇을 하고 어떤 생각으로 살 것인가 묻는다면 우리 나름의 할 일을 말할 수는 있을 것이다.

이는 사람이 살기 위해서는 누구나 자기 적성에 맞는 직업을 선택해서 생계를 유지할 수 있어야 하기 때문이다. 그러나 산다는 것은 천차만별이다.

어떤 사람은 잘사는가 하면 어떤 사람은 사는 것이 어렵다.

잘 나가던 사업이 하루아침에 망하기도 하고, 멀쩡하던 사람이 갑작스럽게 변을 당하기도 한다.

그런가 하면 별 볼일이 없는 사람이라고 생각했던 사람이 제구실하며 성공된 삶을 사는 경우도 있다.

또한 사는 것이 기뻐서 좋아하고, 괴롭거나 슬퍼서 눈물을 흘리기도 한다. 그렇기에 사람은 자기 처지를 돌아보게 된다.

대부분 제 잘난 맛에 살지만 그렇다고 만족해서 사는 사람은 없다.

자기의 처지나 환경은 생각지 않고 큰 것만 바라보는 것은 위험하다. 없다는 것이 한스럽고 더 많은 것을 소유하지 못해 안타까워한다.

그러나 이따금 특이한 경우도 있다. 처지가 그렇게 유별나 보이지 않는 사람 같은데 구두 닦기로 일평생 모은 재산 전부를 사회에 희사하는 사람도 있다.

그것뿐 아니다. 주위에는 남이 모르게 이웃을 돕는 천사 같은 손길이 있다. 그런가 하면 평생을 사회에 봉사하는 사람들도 많다. 그들은 삶을 어떻게 보고 있기에 그런 마음가짐을 가진 것일까?

성경에도 이웃을 네 몸과 같이 사랑하라는 말씀이 있지만, 그런 마음가짐을 갖고 실행하는 것은 결코 쉬운 것이 아니다.

우리 속담에 사촌이 땅을 사면 배가 아파한다. 이것이 우리들의 보편적인 마음이고 현실이다.

이웃에 대해서 글쎄……. 내 몸과 같이……?

글자 그대로 우리는 이웃을 내 몸과 같이 사랑할 수 있는 것은 아니다.

그러나 이웃과 함께 산다는 관점에서 보면 사람이란 사람들과 더불어 산다는 해석이 나온다. 사람이란 서로 도우며 사는 것이며, 여기에 사랑이 있는 것이다. 이런 삶에는 사랑이 있어야 하고, 사랑이 제일일 수밖에 없다.

또한, 실상을 따지면 이웃을 네 몸과 같이 사랑하라는 것은 성경 안에만 있어야 하는 말이 아니고 사람이 세상을 어떻게 살아가야 할 것인가 하는 지침을 하나님께서 말씀하신 것이라고 볼 수 있다. 그러한 마음가짐은 사람의 생각으로는 할 수 없기 때문이다.

그러므로 애써 우리 삶의 의미를 찾으려 하지 말아야 한다. 찾으려고 해도 찾을 수 없는 것이 삶의 의미다.

우리가 이 세상을 어떻게 살아야 할 것인가를 생각하면 거기에 길이 있고, 거기에 답이 있다. 그러기에 이 세상을 훌륭히 살 수 있는 것이다.

세상이 아무리 험하고 헛되다 해도 우리가 살아가야 할 길 위에는 뜻이 있게 마련이다.

생각이 여기에 이르는 사이 전철 안 스피커를 통해 안내방송이 다음은 시청역이라는 멘트가 흘러나온다.

도착 후 전철에서 내리는 사람들 틈에 끼어 개찰구를 나와 목적지를 향해 발길을 옮겼다.

한여름 밤의 행복

8월의 태양이 작열하는 정오를 막 넘긴 시각에 흰색 자가용 한 대가 먼지를 날리며 다리를 건너 로빈나 문 앞에 다가와 멎는다.

주말을 맞아 찾아온 서울에 사는 아들 내외와 손주 로빈이와 한나였다. 차에서 내리자마자 '할아버지 할머니' 하며 달려와 안긴다. 약속이나 했던 듯 정원에 있는 그네와 냇가로 향해 달려갔다.

며느리는 마닐라 시립대학교 총장 타야바스의 소개로 국제결혼을 한 아들 내외가 인사를 했다. 며느리는 방긋 웃으며 서툰 우리말로 인사를 하는 것이 귀엽고 예뻤다. 나는 며느리를 가볍게 감싸주며 '오느라 고생했구나' 하고 어깨를 다독여 주었다. 스페인족으로 부친 때부터 필리핀에서 살고 있는 이민 가족이다.

며칠 전부터 아들과 전화로 밤낚시를 하기로 약속을 했다. 계곡 메기낚시는 일 년 중 칠팔 구월만 즐길 수 있다. 9월 중순이 넘으면 경기도에서 제일 높다는 화악산과 명지산 국망봉에서 불어오는 찬 기운이 계곡물을 얼음물처럼 시킨다.

계곡 맑은 물에 사는 메기, 불거지(개리), 꺽지 같은 물고기도 물이 차지면서 활동을 멈추고 바위 속으로 숨어든다. 아들은 오자

마자 집 뒤 창고에 있는 낚싯대와 필요한 도구를 점검하기에 바쁘다. 모처럼의 부자지간의 낚시라 흥분된 마음으로 꼼꼼히 준비했다.

안에서는 오랜만에 만난 며느리와 손자 손녀와 그동안에 못다 한 이야기의 꽃을 피우며, 정을 나누는 동안 아들이 들어왔다. 아들이 들어온 것을 보고 집사람과 며느리는 서로 대화를 이어가며 저녁 식사를 준비하기 시작했다.

식탁에 둘러앉은 식구들이 함께하는 식사는 행복하고 즐거운 만찬이었다. 손자 손녀의 재롱에 웃음바다가 되었다.

집사람이 손주들의 엉덩이를 다독이며 볼에 입 맞추는 모습은 참으로 행복하고 아름다웠다. 아직도 남아 있는 햇살이 창문에 비쳐드는 것을 보면서 어두워지려면 한참은 남아 있다고 생각했다.

나는 식구들을 향해 60여 년 전 아버지를 따라 낚시를 했던 이야기를 해주었다.

초등학교 때 동네 분들과 아버지를 따라 계곡 낚시를 하러 간 적이 있었다. 계곡 낚시라야 요즘 전문가들에 비교하면 보잘 것 없이 빈약했다.

낚싯대는 길고 곧은 물푸레나무를 잘라 다듬어서 그 끝 쪽에 고래 심줄로 줄을 매어 낚싯바늘을 달고 바로 위에 납으로 추를 달아 물살에 떠내려가지 않게 한다. 손수 만든 종대리키, 지렁이만 잡으면 끝이다. 저녁 낚시를 시작할 장소는 5리(2km)쯤 떨어진 국망봉에서 흐르는 계곡과 용수천龍水川이 합치는 고시피라는 곳이다. 흐르는 물이 소(웅덩이)를 이루고 주위 바위가 평평해 낚시하기에 딱 좋은 장소였다.

동네 어른들과 아버지와 나는 적당한 곳을 골라 자리를 잡고 물 위에 낚시 줄을 던졌다. 동네 어른들은 말소리에 고기가 달아날까 봐 입을 다문 채 고요한 적막의 시간이 흐른다.

가끔 계곡을 넘나드는 물새 소리와 수달이 돌아다니는 소리가 정적을 깬다.

계곡물에 낚싯대를 드리우고 시간을 보내고 있을 때 갑자기 손끝에 줄을 당기는 감각이 전해졌다. 이럴 때 줄을 당겨야 하나 아니면 더 깊이 물 때까지 기다려야 하는가 하는 생각이 머릿속을 스치는 순간 낚싯대를 들어 올렸다.

어린 나에게는 묵직한 무게감과 함께 메기가 낚싯대를 흔들었다. 아버지는 기쁜 소리로 칭찬해주시면서 메기를 빼내 종대리키에 담으셨다. 이어서 아버지와 나는 심심치 않게 고기를 낚아 올렸다. 고기 종류는 메기가 대부분이었지만 가끔씩은 꺾지, 불거지(개리)도 잡혔다.

나는 장소를 옮겨가며 적당한 곳에서 낚시를 했다. 바위를 타고 내려오다 갈 수 없는 험한 곳에서는 산비탈을 돌아가기도 했다. 미릉터 앞 계곡 적당한 곳에 자리를 잡고 낚싯줄을 던져 물에 담그자마자 메기가 입질을 했다.

고기들이 떼로 몰려 활동을 하는 듯 한자리에서 메기와 배가 붉은 불거지가 줄달아 낚였다. 들어 올린 낚싯줄에 허공을 가르며 꿈틀대는 물고기를 보면 환희의 탄성이 절로 나왔다. 그런데 어느 때부턴가 허공에 맴돌던 고기가 땅에 떨어지자마자 숨은 듯 사라졌다. 그것도 한 번도 아니고 여러 차례 그랬다. 나중에 알고 보니 수달이 기다렸다가 따먹었던 것이다.

어느새 밝고 둥근달이 앞산을 넘어 서산에 기울고 있었다. 그때였다. 낚싯줄을 확 당기는 입질이 손끝에 전해지자 급히 들어 올렸다. 전과는 달리 긴 낚싯대가 심하게 휘고 낚싯줄이 몹시 흔들렸다.

달빛에 허공을 요동치는 하얀 물체가 번뜩였다. 얼핏 봐도 메기는 아닌 것이 분명했다. 고기를 잡고 보니 배가 붉고 은빛 비늘이 달빛에 번득이는 손바닥만 한 '불거지(개리)'였다. 그때 손끝에 신경을 곤두세우고 집중하던 아버지의 낚싯줄은 힘차게 허공을 날아오르고 메기의 꿈틀대는 모습이 달빛에 선명하게 드러났다.

얼마 후 메기를 마지막으로 낚싯대를 정리하고 집으로 돌아왔다.

나는 기억 속에 살아 있는 여름밤의 행복했던 추억 이야기를 끝내고, 창밖을 바라보니 앞산에는 붉고 아름다운 석양이 산허리에 걸쳐 있는 구름을 물들이고 있었다. 아름다운 석양은 점점 사라져가고 어둠이 깔리기 시작했다.

아들과 나는 낚시도구를 차에 싣고 미릉터 위 고시피골을 향해 달렸다. 아버님을 따라 동네 분들과 함께 자주 찾아 낚시를 했던 추억의 장소다. 가끔 이곳을 다니기는 했으나 어린 시절 아버지와 함께했던 추억의 장소를 찾아가고 있다고 생각하니 가슴이 벅찼다.

차는 3.8교를 지나 미릉터를 달리고 있었다. 아들과 정다운 대화를 나누는 동안 차는 고시피골에 도착했다.

오랜만에 고인이 되신 아버지와 마주앉아 낚시를 하던 용소 너래바위 위에 자리를 잡고 아들과 나란히 앉아 있으니 참으로 감개무량했다.

아직 달도 뜨지 않은 칠흑 같은 어두운 밤이다. 낚싯줄을 던지고 입질하기를 기다리며 음률을 타고 흐르는 물소리를 듣자니 정다운 풀벌레 소리가 정적을 깬다.

인내와 싸우고 있을 때, 아들이 낚시를 들어 올리는 소리가 났다. 하늘에는 막 화악산 봉우리를 넘어선 달빛에 꽤 굵은 메기가 꿈틀거리고 있었다. 아들이 소리쳤다.

"아버지, 메기를 잡았어요."

기뻐하는 모습을 보니 덩달아 내 기분도 좋았다. 그때 내 낚싯줄이 움직였다. 톡톡 한번 잡아당기고 나서 다시 입질을 하지 않는다. 속으로 후회를 했다. 첫 번째 입질을 할 때 확 당길 걸 하고 생각했다.

인내의 싸움을 하는 동안 다시 입질을 시작했다. 한번 물었다 놨다 하다가 덥석 물고 잡아당겼다. 급히 낚싯대를 들어 올렸다. 들어 올리는 무게가 만만치 않았다. 들어 올린 줄에 매달린 커다란 메기의 몸부림은 달빛에 번뜩였다. 나는 생각했다. 오래간만에 월척을 낚았다고.

산골 계곡에 서식하는 메기는 보통 손으로 한 뼘 정도의 크기다. 내가 잡은 메기는 요즈음에 처음 보는 큰 메기였다. 통통하고 길이가 어른 손으로 한 뼘 반 정도의 대어였다.

계곡에 사는 메기로 이 정도면 월척 중의 월척이라 할 수 있다. 가슴이 벅차고 기분이 좋았다. 이렇게 아들과 주거니 받거니 계속한 낚시는 행복 그 자체였다.

이렇게 밤이 깊어 가도록 흐르는 계곡물에는 달빛이 어리고 낚시를 드리우고 손끝에 느끼는 짜릿한 손맛은 최고의 기쁨이었다.

아들과 친구가 되어 대화를 주고받으며 밤늦도록 즐기는 한여름 밤의 낚시는 잊으려도 잊을 수 없는 아름다운 추억이다.

서쪽으로 기우는 달과 그 주위를 수놓은 별들의 잔치가 한창이다. 부자지간에 경쟁이라도 하듯 서로 메기를 낚아 올렸다. 밤이 늦어서 그런지 고기들의 입질이 줄어들었다. 메기 낚시는 12시가 넘으면 고기는 다 돌 틈으로 들어가고 활동을 중지한다.

종대리키가 묵직했다. 아버지와 낚시를 할 때처럼 오륙십 마리는 못 잡았어도 관광객들의 무차별 고기 잡기에 씨가 말려가던 이때 이 정도는 큰 수확이었다.

계곡 물속에 담긴 달빛으로 길을 찾아 별빛 동무가 되어 집으로 향했다. 아버지와 나는 정원 옆 우물가에 앉아 찬물에 발을 담그고 시원한 찜질에 피곤을 씻어냈다.

잡은 고기를 우물가에서 손질을 해 양푼에 담아 놓으니 한가득 하였다. 메기, 꺽지, 불거지(개리)를 합쳐 30여 마리였다. 요즘은 많이 잡는 사람이 10여 마리 정도인데 30마리는 큰 수확이고 기쁨이었다. 집사람의 음식 솜씨로 식탁 위에 오를 매운탕과 튀김을 생각하니 절로 행복해진다.

서울 인근에 산천이 수려하고 역사와 전설이 있는 아름다운 고장 용소골이다. 지금은 소문난 관광지로 찾는 사람이 많아지면서 낚시를 즐기는 사람이 많아졌다. 한편 얌체족들은 단속을 피해 배터리나 약품을 사용해서 민물고기들을 몰살시켜 자연을 파괴하는 것이 속상하고 슬프다.

40여 년 전까지만 해도 많았던 뱀장어는 사라지고 일반 물고기도 많이 줄었다. 내가 어릴 적에는 계곡 물속 돌을 메(망치)로 두들겨도 고기가 기절해 물 위에 뜰 정도로 많았는데, 지금은 정부에서 자연을 보호하기 위해 낚시는 할 수 있어도 배터리나 그물, 약을 통해 고기를 잡는 일은 할 수 없다. 규정을 어기면 벌금 300만 원에 처한다.

아들과의 한여름 밤의 낚시는 어느 때보다도 행복한 시간이었다. 돌 탁자에 앉아 살살 불어오는 미풍에 몸을 맡겨본다. 말없이 별들의 축제는 이어지고 밝은 달은 별들과 헤어지는 것이 아쉬워 서산마루 나뭇가지 사이에 잠시 머물다 이별을 고하고 있다.

계곡은 높고 낮은 폭포를 만들고 흐르는 물줄기는 음률을 타고 사랑을 속삭이며 흘러내린다. 한철을 위해 이슬을 먹고 사는 매미처럼 이대로 머물고 싶은 한여름 밤의 행복한 순간은 잊지 못할 추억의 길을 낸다.

人生과 가을

속담에 콩 심은 데 콩 나고 팥 심은 데 팥 난다는 말이 있다.

이 말은 생활 속에 오고가는 평범한 이야기이자 진리 중의 진리이다. 자연의 생산성장과 소멸의 이치를 인간들의 삶 속에 비유로 설명하는 말이다.

선을 심으면 그 끝이 아름답고 행복할 수 있지만, 악을 심으면 그 끝이 불행해진다는 말로 정직한 삶을 살라는 의미가 담겨 있다. 자연과 인생은 닮은 점이 많다.

농부들은 봄이면 농사일에 바빠진다. 조상들은 소로 밭갈이를 하고 씨앗을 뿌리고 가꾸어, 가을이 되면 수확을 했다.

그러나 현대는 과학이 발전함에 따라 농업도 기계화되어 옛날과는 비교도 안 될 정도로 편리하고 쉬워졌다. 좋은 열매와 풍성한 수확을 위해 전문가들의 연구는 계속되고 있다. 농부들은 씨앗을 뿌리고 가꾸며 수확하기까지 흘리는 땀방울이야 말로 세상에서 가장 값진 땀이 아닐까.

한 알의 씨앗이 땅에 묻히면 흙 속에서 지층을 뚫고 움이 터 새싹을 내민다. 적당한 햇빛과 일기의 변화와 농부들의 피나는 노력으로 성장하며 때가 되면 병충해 방지와 돌봄으로 가을을 맞아 수학의 기쁨을 안겨준다.

이 모든 것은 놀라운 자연계의 질서 속에 숨어 있는 삶의 이치와 생명의 법칙이다. 성경에도 "사람이 무엇을 심든지 그대로 거두리라"했으며, "자기 육체를 위하여 심는 자는 육체로부터 썩어질 것을 거두고 성령을 위하여 심는 자는 성령으로부터 터 영생을 거두리라"고 했다.

이것은 어떻게 살아야 할 것인가를 말해주는 것이다. 하나님께서는 자연과 인생을 통하여 삶과 신령한 영적 진리를 보여 주고 있다.

가을이 되면 그동안의 기쁨을 맛보기도 하고 실망과 후회를 하기도 한다. 마찬가지로 인생 황혼기라 할 수 있는 가을을 맞으면 기쁨을 맛보기도 하고, 잘못 살아왔음을 질책하기도 한다.

자연은 여름이라는 성장기를 통하여 열매를 맺기에 합당한 햇빛과 바람 인간의 노력이 합하여 튼튼하게 자라고 수확의 계절 가을을 맞는다.

자연계의 열매가 무르익듯 인생의 가을도 값진 열매를 거두어야 한다. 진리적이고 사랑과 희생이 있는 귀한 아름다운 삶이 되어야 한다. 젊었을 때는 물불을 가리지 않고 제멋대로 사는 것을 흔히 볼 수 있다. 그러다가 중년을 넘어 말년이 되면 후회하면서 자기의 삶을 돌아보며 허무해 한다.

이것이 보통 사람의 삶이요 인생이다. 유독 추웠던 겨울을 오랜만에 석촌호수의 벚꽃나무 사이로 새어든 봄 햇살을 맞으며 둘레 길을 걷는다.

동호수를 지나 서호수 수변무대 운동기구가 있는 곳까지 왔다. 놀이터 아래로 보이는 석촌호수의 잔잔한 물결에는 롯데 아일랜드와 롯데타워 126층 건물이 일렁인다.

수변무대 앞 관중석에는 사람들이 군데군데 보여 앉아 이야기의 꽃을 피우고 있다. 한쪽 벤치에서는 머리가 희끗희끗한 노인들이 겨우내 움츠리고 있다가 오랜만에 봄 햇살을 받으며 공원에 모여 바둑과 장기를 두며 즐거워하고 있다.

사람들이 제각기 훈수 두기에 열을 올리고 있고, 한쪽에서는 중년이 넘어 보이는 친구 분들의 대화가 끝없이 귓전을 파고든다. 그 모습이 아름답고 평화스러운 가운데 인생과 가을의 변화를 비유해 본 대화다.

지난날을 되돌아보며 후회도 하고 회개도 하면서 남은 인생을 어떻게 살 것인가를 고민하기도 한다. 인생의 황혼기는 자연의 가을과 같이 기쁨을 주기도 하지만 후회와 탄식을 주기도 한다. 이 모두는 어떻게 살아왔느냐에 달려 있다. 성경에도 "눈물을 흘리며 씨를 뿌리는 자는 그 단을 거두리라"고 했다.

옳은 일에 최선을 다하면 그 인생은 값지고 행복한 가을을 맞겠지만 악과 욕망을 심으면 그 황혼은 후회와 절망이 기다리고 있을 뿐이다.

누군가가 "늦었다고 생각할 때가 가장 빠른 때"라고 설파한 명구가 있다. 지금부터라도 잘못된 것은 회개하고 믿음으로 진실한 소망을 심으면 인생의 가을은 더욱더 값지고 풍성해질 것이다.

대화는 무르익어 얼마 남지 않은 인생을 최선을 다해 살아가자고 다짐하는 모습이 너무나도 아름다웠다. 그 중 한 분이 대화를 바꾸어 6.25전쟁 때 있었던 외국 선교사 이야기를 꺼냈다.

북한 김일성의 남침으로 평화롭던 대한민국이 수십만의 인명 피해와 이재민과 고아를 만들었다. 수도 서울을 뺏기고 낙동강까지 밀렸던 우리 국군은 유엔군과 합세하여 서울을 수복하고 평양과 함경남도까지 북진하여 승리를 눈앞에 두고 있었다.

이런 때 해방군이란 이름으로 중공군이 압록강을 건너 개입해 왔다. 이때가 서기 1950년 1월 14일, 우리가 말하는 그 유명한 1·4후퇴다.

평양까지 북진했다는 소식을 듣고 고향으로 돌아왔던 사람들은 또다시 피란민들의 행렬에 끼어들어 남으로 향하거나 산속으로 숨었다.

멀리서 포성과 총성이 번갈아 들리다가 가까이서 요란한 폭음과 함께 연기와 불길이 솟았다. 피란민들은 겁에 질려 길 옆 숲속에 숨기를 반복해가며 피란행렬이 이어졌다.

지친 육신을 이끄는 행렬은 끝없이 이어졌다. 그때 길 한쪽이 소란해졌다. 만삭이 된 몸으로 남편과 시부모님을 따라 피란을 가다가 진통이 와서 길바닥에 주저앉아 고통을 호소했다.

사람들은 가던 걸음을 멈추고 잠시 지켜보며 안타까워하다가

이내 돌아서 행렬에 끼어들었다.

다리 옆에서는 코큰 외국 선교사가 피란민들을 향하여 "예수 믿고 천국 가세요."라고 외치며 목숨을 걸고 전도하고 있었다.

대부분의 피란민들은 제각기 손으로 외국인 선교사를 가리키며 머리가 돌았다고 한마디씩 지껄였다. 그 가운데 믿음이 있는 사람들은 말없이 머리를 숙여 존경을 표하기도 했다.

선교사는 사람들의 말은 아랑곳없이 고통을 호소하는 임산부 옆으로 다가섰다. 산모의 진통으로 어찌할 바를 몰라 하는 남편과 시부모를 향하여 서툰 한국말로 "여기서 이러면 안 돼요." 하며 다리 밑으로 인도해 갔다.

선교사는 임산부가 편히 누울 수 있는 자리를 만들었다. 남편에게는 날씨가 매우 추우니 빨리 논이나 밭에 가서 곡식 단을 가져오라고 시켰다. 임산부 남편은 말을 듣자 다리를 빠져나가 논 쪽으로 향했다. 시부모도 아들 이름을 부르며 뒤를 따라 뛰었다. 살을 에는 찬 겨울바람이 뺨을 얼리고, 발가락이 시리다 못해 아렸다.

선교사는 아린 발을 동동 구르면서도 임산부 옆으로 가 돌을 주워 바람막이를 만들어 주고, 다리 주위에 마른 나뭇가지와 풀을 모아 임산부 앞에 불을 피웠다. 선교사는 언 발과 손을 불꽃에 녹이면서 살아났다는 표정을 지었다. 볏짚을 구하러 간 남편과 시부모는 아무리 기다려도 끝내 돌아오지 않았다.

선교사는 그들이 한없이 원망스러웠다. 임산부의 남편과 시부모도 나 몰라라 떠났는데 자기가 지금 무슨 짓을 하고 있는지 답답하기만 했다. 자기들만 살겠다고 임신한 사랑하는 부인을 버리고 달아난 그들의 비정한 행동은 도저히 이해가 되지 않았다.

선교사는 어쩔 수 없이 임산부의 보호자가 되어야 했다. 기다리다 지친 선교사는 다리 밖으로 나가 논으로 향했다. 볏짚을 한 아름 안아다 임산부를 덮어주었다. 밤이 깊어지면서 추위는 더욱더 매서웠다.

그날 저녁 자정이 되었을 때 임산부의 고통스러워 몸부림치는 모습은 차마 눈뜨고는 볼 수 없었다. 자정을 넘어 미명이 밝아올 때 임산부는 출산을 했다.

선교사는 엉겁결에 가지고 있던 주머니칼로 탯줄을 끊고 아이를 받았다. 그리고 하나님께 감사했다.

볏짚을 더 가져다 임산부와 신생아를 덮어 주었다. 선교사는 얼마나 피곤했으면 지친 몸을 다리 옆 벽에 기댄 채 쉰다는 게 추위도 잊고 곤한 잠이 들고 말았다.

눈을 떴을 때는 아침 햇살이 다리 밑으로 새어 들어왔다. 밤새 들리던 포성과 총소리도 잦아들고 고요했다. 눈길을 돌리던 선교사는 놀라운 광경에 눈을 가리고 말았다.

선교사가 피곤해 지쳐 잠이 든 사이 매서운 바람과 추위는 더 심해져 아기엄마는 자식을 살리려고 입은 옷을 다 벗어 아들을 싸고 덮어 주었고, 자신은 알몸이 되어 오직 자식을 살리겠다는 일념으로 신생아를 감싸고 있었다. 엄마 품에 안긴 아기는 방긋방

긋 웃고 있었다.

아기 머리 쪽에서는 김이 모락모락 피어올랐다. 선교사는 임산부를 조심스럽게 흔들어 깨웠다. 그러자 아기를 안았던 오른손이 힘없이 떨어졌다. 매서운 추위에 자식을 살리고 자신은 싸늘한 시신이 되어 있었던 것이다.

자식을 살리기 위해 그 매서운 추위에 자기 몸을 내던진 어머니의 회생이야말로 최고의 모성애요 위대한 사랑이었다. 또한 선교사의 회생이야말로 예수님을 닮고 실천하는 위대한 사명자였다.

그 누가 봐도 이 선교사야말로 주님께서 기뻐하시는 값진 인생을 살았다 할 것이다. 그러므로 선교사가 살아온 삶은 인생 황혼기의 가을을 맞아 풍성하고 아름답다 할 것이다.

현대를 사는 우리에게는 이와 같은 희생과 사랑이 그 어느 때보다 필요할 때다. 선교사는 위대한 어머니를 위한 작은 돌무덤을 만들고 넓은 돌에다 십자가를 그려 비를 만들어 세웠다.

잠시 기도를 한 후 옆에서 맑은 눈동자를 굴리며 방긋 웃는 천진한 신생아를 옷으로 감싸 안았다. 그리고 돌무덤을 향해,

"잘 키우겠습니다. 그리고 당신의 위대한 사랑을 잊지 않겠습니다."

이렇게 다짐하고 하늘을 향해 감사의 기도를 했다.

"주님 귀한 아들을 주시니 감사합니다."

선교사는 다리 밑에서 나와 피란행렬에 끼어 남으로 향했다.

그 후 3년의 전쟁이 끝나고 선교사는 신생아를 데리고 본국으로 돌아갔다.

본국으로 돌아온 그는 신생아를 정식 자기 아들로 입적하고 믿음으로 양육했다. 그 아들은 신학교육과 의과 교육을 받고, 목회자이자 의사가 되어 양부모의 뒤를 따랐다.

그 후 부자는 아프리카 어디에선가 아들 목사와 함께 선교사업을 감당하면서 병든 자를 위한 의료봉사와 선교사업으로 그들의 희망이 되었다고 한다.

그분들은 이야기를 마치고 떠났고 나는 그 자리에 앉은 채 사색에 잠겨 죄인된 우리를 위하여 스스로 십자가를 지신 예수님과 선교사의 사랑과 희생을 생각하며 이 땅에 밝아올 미래를 그려본다.

길과 인생

세상에는 많은 길이 있지만 여러 갈래의 길이 있다. 지역을 연결하는 국도와 고속도로가 있다. 산을 오르는 등산길도 있고, 높은 언덕을 넘는 고갯길도 있다. 또한 집과 집을 연결하는 마을길, 농지를 이어주는 농로, 기차와 전철이 다니는 지하 철길도 있다. 강이나 바다를 잇는 뱃길도 있다.

그 외에도 조상들이 사용하며 부르던 많은 이름의 길이 있다. 빨리 가기 위해 만들어진 지름길, 넓은 들을 가로지는 들길, 돌담을 끼고 도는 돌담길, 강이나 숲속 사이를 다니는 오솔길, 임금이 다니는 어가길 등 여러 형태의 길이 전해진다.

사람과 함께 울고 웃고 때로는 후회하며 고민하다가 신에게 빌던 구원의 길, 모두가 우리의 진정한 이웃이자 형제 같던 사이였다. 길을 따라가다 보면 시야에 들어오는 아름다운 풍경은 걷는 발걸음을 즐겁게 하며 평안을 준다. 산에서 흐르는 계곡의 절경을 보기도 하고, 바다도 보며 시내 빌딩 숲을 지나기도 한다.

옛날 전설을 담고 있는 고갯길도 있고, 사랑하는 사람들이 정을 나누며 걸었던 돌담길도 있다. 사람들의 꿈을 키우고 삶을 위한 희망과 여러 종류의 물건을 운반하는 소망의 길이기도 하다. 어느 때부터인가 차도로 옆에는 자전거 도로도 생기고, 호수와 강변 둘레를 돌며 건강을 체크하기도 한다.

길에서 만나고 걷고 헤어지기도 한다. 행복도 하고 슬퍼도 하며 후회도 하는 것이 길이다. 길에서 꿈을 가졌고 꿈을 키우고 꿈을 이루었다. 이 길들은 나름대로의 삶의 중심이 되어 왔으며 국가 발전에 대동맥과 경동맥 역할을 하기도 한다.

삶의 애환을 담고 사는 인생길도 있다. 늘 우리와 함께하며 어려운 일에 용기를 주며 희망을 갖도록 해준 등대 같은 길이다. 모든 것이 발전함에 따라 세계가 하나가 되고, 국가 간 문화를 공유하며 발전해 가는데 중추 역할을 하고 있는 것이 바로 비행기가 다니는 하늘 길도 있다.

그뿐만이 아니다. 눈에 보이지는 않지만 이심전심의 길, 사람이 살아가는 인생의 길도 있다. 순탄한 길을 가는 사람이 있는가 하면 길을 잘못 들어 허덕이며 고생하는 사람도 있다. 스스로의 길을 찾지 못해 어려움을 당하는 사람들이 막막한 기로에서 신에게 혹은 불상 앞에 엎드려 갈 길을 인도해 달라고 기도하기도 한다.

종교에서 말하는 천국이나 극락을 향한 길도 있고 지옥으로 떨어지는 길도 있다. 이와 같이 모든 길에는 목적지(종착지)가 다르다.

삶은 희로애락을 담고 갈 수밖에 없는 인생 여정이다. 오랜 세월을 조상들은 성공의 기쁨과 실패, 고뇌하는 사연을 앓고 길 위에서 살아왔다. 우리는 이 길을 어떻게 살아가느냐에 따라 인생은 달라질 것이다.

니체는 「짜라투스는 이렇게 말하였다」라는 저서를 통하여 길에 대해 이렇게 말하였다.

"심오한 상태의 모든 것은 오랫동안 걷는 길 위에서 떠올랐다"고.

그렇듯 누구에게나 여러 형태로 나타나는 것이 길 위의 사색이다. 바로 마음의 길이 인생의 것이다. 그 길은 평온하지만은 않다. 하늘이 자기를 버렸다고 비관하다가도 기적적으로 자기 길을 찾아 성공하는 사람도 있다. 그런가 하면 끝내 목적을 이루지 못하고 절망의 나락으로 인생을 마감하는 사람도 있다.

이것이 우리가 가야 하는 삶의 길이며 인생길이다. 길은 오랜 세월 동안 우리와 함께하며 행복도하고 슬퍼도 하면서 후회도 하는 가운데 역사의 증인이 되어 왔다. 길은 늘 즐겁고 행복할 수 있지만 고통스러울 수도 있다. 그렇지만 길은 우리의 꿈을 이루어 주는 미래를 숨기고 있다.

사람들은 길이 없었다면 서로 교제도 할 수 없고 식량도 구할 수 없어 죽고 말았으리라. 인생길은 비포장도로 같아 안전하지 않다. 세월이 흐르고 과학과 문화가 발전하다 보니 국도가 생기고 고속도로가 뚫리고 항공 길과 뱃길이 열렸다. 이제 많은 사연과 설화가 된 옛길은 관광도로가 되어 여행객들의 사랑을 받기도 한다.

이와 같이 길은 인생과 삶의 현장에 빛이 되어 변화를 거듭해왔다. 걷고 또 걸으며 나 자신을 찾아 어떻게 살아갈 것인가 고민해 왔던 정든 길이다.

이미 6세기의 그리스 철학자 '헤라클레스'는 "내가 찾아 헤맨 것은 나 자신이었다"라고 술회하고 있다.

어떤 길이건 바른 길로 노력하고 내가 찾아야 하는 것이 인생사다. 성공하느냐 실패하느냐는 자신이 어떤 길을 택하느냐에 있는 것이다. 세상에서 죽도록 노력하며 땀을 흘리는 것도, 믿음을 가지고 기도하는 것도 인생이고, 그 인생길에 따라 행복도 하고 영생의 길이 열리는 것이다.

어느 작가는 세상을 여관으로, 사람을 나그네로 살아가는 '나그네의 여정'이라고 표현했다. 우리 인간은 부모님의 몸을 빌려 세상에 태어나고 잠시 나그네 삶을 살다가 하나님 품으로 가는 맡겨진 파조인생이다.

40여 년 전에 가수 최희준 씨는 '하숙생'이란 가사로 인생을 노래했다.

인생은 나그네 길
어디서 왔다가 어디로 가는가
인생은 나그네 길
구름이 흘러가듯 정처 없이 흘러간다

이와 같이 한때 유행했던 유행가 가사처럼 잠시 나그네 삶을 살다가는 것이 우리 인생길이다. 그래서 '나그네 같은 인생'이라

하는 것이 아닐까?

　사람들은 길에서 꿈을 가졌고 꿈을 키워 꿈을 이루고 그 길을 찾아 오랜 시간을 걷고 또 걷는다. 길에서 잃어버린 나그네 된 나를 찾아 영원한 길이 있음을 본다. 삶을 값지게 만들고 풍요롭게 하며, 생명의 길이자 영생의 길이기에 오늘도 묵묵히 걷고 또 걷고 있다.

쉬리의 호수 왕국

　가평군에 위치한 아름다운 명지계곡을 지나 용소천龍昭川 상류 끝에 이르렀다.

　어릴 적 와본 적이 있던 기억을 되살려 계곡 안쪽으로 들어섰다. 낯익은 작은 호수와 폭포가 보였다. 이곳은 명지계곡과 북한강을 거쳐 한강으로 흘러드는 발원지 중 한 곳이다.

　아름다운 풍광에 눈을 뗄 수가 없었다. 한 눈에 봐도 호수라기보다는 한 200평 정도의 크기로 보아 웅덩이란 말이 맞을 것 같다.

　오래 전부터 이름도 없이 호수라는 이름으로 불러져 왔다.

　둘레는 성같이 바위로 둘려 싸여 있고 그 사이에서 자란 철쭉, 진달래, 소나무, 단풍나무가 호수에 가득히 잠겨 물결에 어리어 그 아름다운 자태가 물속에 가라앉아 있었다. 좌우로는 작고 큰 억새풀과 버들강아지가 어울려 봄바람에 춤을 추며 반겼다.

　참으로 아름답고 싱그러운 풍경이다.

　3미터 정도의 높이에서 바위를 타고 내리는 물줄기는 중간 바위를 때리고 부서져 아래로 떨어진다.

물의 양은 많지는 않지만, 물보라를 만들며 떨어지는 물줄기는 아름답고 정겨웠다. 호수 주위 바위 여기저기 붙어 있는 바위나리는 폭포에서 부서져 날아드는 물방울을 받아먹고 새싹들이 돋아 꽃을 피우고 있었다. 작은 풀들의 강인한 생명력이 돋보였다.

맑은 호수는 고요하고 평화로웠다. 둘레를 싸고 있는 바위 사이에 자란 소나무와 버드나무는 연한 잎을 내밀고 철쭉꽃 봉오리가 곧 터질 듯 빨갛게 물들어 있었다.

정오의 따스한 봄 햇살은 등을 데우고 물속 깊이 파고 든 빛은 거울같이 들여다보였다. 그 속에 민물고기들이 평화롭게 놀고 있었다. 그 모양을 보고 있자니 나도 모르게 숲속 작은 호수 왕국의 임금이나 된 듯한 환상에 빠져들었다.

호수 밑바닥에는 굵은 모래와 자갈이 햇빛을 받아 보석처럼 반짝반짝 빛나고 둘레는 쌓아 올린 돌이 궁궐을 보호하는 성벽같이 보였다.

중앙으로는 물속에 잠긴 바위로 이루어진 직사각형 길고 넓은 모양은 회의탁자 모습이었다. 좌우와 호수 입구 쪽으로 크고 작은 바위와 억세 수풀로 이루어진 복음자리를 들락거리는 민물고기들의 모습은 지극히 평화스러웠다. 마치 궁전 주위 마을의 백성들이 살아가는 행복한 모습 같았다.

갑자기 버들치가 떼를 지어 호수 언저리를 평화롭게 헤엄을 치고 그 뒤를 따라 새끼들이 무리 지어 움직인다. 호수 입구 쪽에서는 불거지(개리)가 새끼들을 거느리고 중앙으로 나오자 주위를 배회하던 버들치는 왼쪽으로 줄을 지어 물러선다.

불거지는 물속에 잠겨 있는 바위 옆으로 다가서 제자리에 머물며 날갯짓(지느러미)을 한다. 각종 민물고기가 긴 사각형 돌 탁자 옆으로 모여들었다. 서로 양보하고 사랑하는 모습은 숲속 작은 호수 왕국의 태평성대를 이루었다.

나라가 혼란스럽고 거짓이 판을 치는 세상과는 너무나도 대조적이었다.

이때 폭포 안쪽 바위를 뒤로하고 등장하는 물고기 쉬리는 화려한 왕의 모습으로 작은 물고기들의 보호를 받으며 여러 물고기 앞으로 다가선다.

물속 깊이 파고든 햇살에 바닥이 빛이 난다. 날갯짓을 하며 중앙 돌 탁자를 중심으로 마치 왕정 시대에 편전에서 왕을 중심으로 대신들이 직위별로 좌우에 도열하여 정사를 의논하는 모습 같았다.

불거지(개리), 버들치, 송사리가 영의정, 우의정, 좌의정이 되고, 다른 여러 민물고기가 대신이 되어 정사를 논하고 있었다.

가끔씩 영의정 되는 불거지와 우의정 좌의정인 버들치와 붕어가 자리를 움직여 무엇인가 왕에게 고하고 있다. 쉬리왕은 꼬리를 움직여 좌우로 움직이며 무엇인가 답을 하고 있었다.

이때 아래쪽에서 꺽지장군이 전쟁에서 승리하고 돌아온 개선장군이 되어 기세등등하게 들어선다. 머리에는 검은 투구를 쓰고 등에는 날카로운 작은 칼날이 돋치고 양 날개를 늘인 막 전쟁에서 돌아온 모습이었다.

쉬리 왕은 자리를 움직여 꺽지 장군 앞으로 다가서 치하를 하고는 다시 제자리로 간다. 좌우에 시립한 영의정 불거지와 우의정 버들치, 좌의정 붕어는 순서대로 무엇인가 의논한다.

민물고기 대신들은 정사를 의논하기 위하여 날갯짓을 하며 열심히 움직인다. 그 사이 꺽지 장군은 보고를 마치고 옆으로 물러선다.

잠시 후 쉬리 왕은 화려한 옷깃을 날리며 위풍당당하게 돌 탁자를 돌아 폭포수 안쪽 바위 안으로 들어간다. 이어서 영의정 불거지와 우의정 버들치 좌의정 붕어 등 민물고기 대신들이 돌 탁자 주위를 벗어나 사라진다.

이 모두의 광경은 왕정 시대에 편전에서 정사를 의논하고 폐하는 모습과 흡사했다. 쉬리는 잉엇과에 속하는 민물 어종으로 국가에서 특별 관리하는 보호종이다.

햇살에 거울같이 맑은 물속에 쉬리가 몸매를 드러낸다. 호수에 오가는 쉬리를 관찰해 보니 다 자란 고기는 길이가 대충 보아서 15~16센티 정도 되어 보였다. 머리는 계란형이면서도 전체 형태는 작은 돌고래 같았다.

둥글고 맑은 눈동자를 가졌고 중앙에서 등 쪽으로 약간 기울어져 있었다. 앞면 아래쪽으로 붙어 있는 입과 전체적으로 원형을 이루고 있다. 아래턱은 위턱보다 짧으며 몸에 비늘은 다른 민물고기보다 대체로 큰 편이다.

지느러미에 여러 개의 검은 줄을 띤 것이 40여 년 전 여고생의 세라복을 연상케 했다. 등에 있는 지느러미는 배에 있는 지느러미보다 약간 뒤쪽으로 있다. 꼬리지느러미는 비교적 깊게 갈라져 화살촉 모양을 하고 몸은 등이 검고 머리 쪽은 약간의 갈색을 띠었다. 등 옆으로는 황색으로 되어 있고 그 옆으로는 꼬리 부분까지 황금색 띠가 황홀하고 아름답고 고상해 보였다.

쉬리는 주로 강 상류와 맑고 깨끗한 1급수에서만 자라며 모래와 자갈이 깔려 있는 강이나 계곡에 서식한다. 작은 무리를 이루어 활동하며 밑바닥 가까이 헤엄치기를 좋아한다. 인기척이나 풀벌레 소리에도 바위 속으로 숨어 버리는 예민한 어종이다.

산란기는 1년 중 오뉴월 중순경이다. 그리 크지 않은 돌 밑을 찾아 알을 낳아 붙이고 둘레를 돌며 보호한다. 수생곤충이나 이끼를 먹고 산다고 한다.

몇 년 전까지만 해도 한강, 금강, 섬진강, 북한강, 가평천, 명지계곡, 용수천 어디서나 볼 수 있었으나 지금은 상류에서만 볼 수 있다. 쉬리는 비록 작은 몸이지만 민물고기 중에 황제로 불린다.

그것은 아름다운 비늘과 양옆에 황금색을 띠고 있어서 그렇게 불린 것이 아닌가 생각한다. 태양이 정오를 넘어 어느새 국망봉을 향해 기울고 있었다. 호수 주위의 아름다운 풍광이 물속에 잠긴 채 그 위를 지나가는 봄바람에 싱그럽게 반짝인다.

쉬리 왕은 크고 작은 대신 물고기들을 데리고 궁궐 공원을 순회하며 행복한 시간을 보낸다. 그때 작은 물고기 떼가 몰려들어 주위를 배회하는 모습은 왕과 백성이 하나가 되어 교통하는 평화스러운 모습이었다.

구약성경 서두에 기록된 "태초에 하나님이 천지를 창조하시니라"라는 말씀이 떠올랐다. 이 세상은 어느 한 가지라도 하나님이 지으시지 않은 것은 없다. 인간을 창조하시되 "하나님이 그들에게 복을 주시며 생육하고 번성하여 땅에 충만하라." 하셨다. 이는 인간에 대한 사명을 분명히 하신 것으로 서로 협동하고 사랑하며 순종함으로 자연과 더불어 행복한 삶을 살라는 뜻이다.

그러나 나라만은 불안하고 혼란스러운 정세로 국민들이 불안해하고 있다. 정치도 경제도 어느 것 하나도 제대로 된 것이 없다. 국민들은 안중에도 없는 것 같다.

정당이 달라도 나라를 위한 길에는 하나가 되어야 한다. 산속에 있는 작은 호수를 지배하는 쉬리 왕국의 서로 사랑하고 협동하는 모습과 최선을 다하여 질서를 지키는 평화스러운 광경에 절로 감탄사가 나온다.

우리 대한민국은 쉬리 호수 왕국처럼 정치인들은 나라와 백성들을 위해 희생하고 백성들은 국가와 사회를 믿고 살아가는 주님이 원하는 태평성대 대한민국이 되었으면 한다.

무덤 속에 핀 칡꽃

　우리 민족은 일본에게 나라를 빼앗기고 36년의 한 맺힌 세월을 살아야 했던 과거를 가지고 있다.

　착취와 수탈을 당해야 했고 말과 글을 잃은 채 이름조차 일본식으로 바꿔야 했으며, 자기들의 조상신을 섬기는 신사참배까지 강요받던 치욕의 삶을 죽지 못해 살아야 했다.

　나라를 사랑하는 애국자들이 국내와 타국에서 목숨을 바쳐가며 독립을 위해 일어섰다.

　태평양 전쟁의 원흉이었던 일본은 미국에게 패망하고 우리 민족은 1945년 8월 15일 그렇게 염원하던 해방을 맞았다. 그러나 기쁨이 채 가시기도 전에 남과 북은 체제 이념으로 두 동강이 났다.

　북한 김일성은 구소련의 승인 아래 1950년 6월 25일 새벽을 기해 남침을 해왔다. 아름다운 금수강산은 총칼에 짓밟히고 핏빛으로 물들었다.

　부모 형제가 고향을 떠나야 했고 사랑하는 처자식이 헤어져야 했다. 동족 간의 전투는 치열하다 못해 처참했다.

이 전쟁으로 이유도 없이 죽어간 사람이 얼마이던가. 그뿐인가? 한국을 도와 참전했던 유엔군(16개국)의 젊은이들이 타국인 이 땅에서 무참하게 죽어야 했다.

고아원이나 갱생원, 보육원에는 부모를 잃은 고아들로 만원이었고 거리를 헤매다 먹을 것이 없어 굶어 죽거나 병이 들어 죽어간 사람들이 헤아릴 수 없이 많았다.

도로에는 남으로 향하는 피란행렬로 끝이 안 보였다. 우리 식구도 피란을 가기 위해 준비로 복잡했다. 아버님과 할아버지는 90세가 넘으신 증조부를 모시고 피란을 떠나야 했는데 여의치가 않았다.

연세가 많으신 데다 하체를 움직일 수 없는 증조부를 모시고 떠날 생각에 자손들의 고민이 이만저만이 아니었다.

그때 증조부께서는 "내 걱정은 말고 어서 떠나거라. 너희들은 꼭 살아야 한다. 이 늙은이를 그들인들 어찌하겠느냐. 나야 다 산 늙은이니 지금 죽는다 해도 여한이 없다. 내 옆에 먹을 것이나 조금 놔두고 어서 떠나거라."

그리고 생각이 난 듯 벽장 쪽을 가리키며 "관복과 칼을 잘 보관하거라." 하고는 눈물을 앙상한 손으로 훔치며 얼굴을 돌리셨다.

유독 왕족이라는 자부심을 갖고 살아오셨다.

어느 날 고종황제께서 친히 부르셔서 특별히 하사하셨다는 관대와 칼을 소중하게 가보로 간직해 오셨다.

동족 간의 전쟁은 치열한 가운데 우리 국군이 낙동강까지 밀렸다가 맥아더 장군이 이끄는 유엔군의 합세로 다시 북진함으로 전세는 역전되었다.

점령당했던 서울을 3개월 만에 다시 수복하고 북으로 진격해 갔다. 서부전선은 압록강까지 동부전선은 함경도까지 진격하였다.

이때 중공군이 인민해방군이란 명목으로 북한을 도와 압록강을 건너 개입해 왔다. 이때가 서기 1950년 1월 14일, 우리가 말하는 그 유명한 1.4후퇴다.

이렇게 밀고 밀리며 계속되던 전투는 강대국들에 의해 1951년 3월 27일 대한민국 반대에도 불구하고 강대국들에 의해 휴전이 되었다. 피란을 떠났던 사람들은 하나둘씩 고향으로 돌아왔다.

집들은 폭격을 맞아 뼈대만 남아 있었고, 어떤 건물은 따발총에 맞아 벌집이 되어 있었다.

여기저기 가끔씩 보이는 시신들이 핏빛으로 물들어 있었다.

이 모든 흔적들이 얼마나 처절한 전투였는지 말해주고 있었다.

증조부는 우리를 환한 웃음으로 마자 주었다.

유엔군과 중공군도 피란을 못 가고 누워 있는 90세가 넘은 노인을 위해 음식을 제공해 주고 보살펴 주었다고 했다. 너무나도 고마웠다.

부모를 생각하는 마음은 우리네와 같은 것 같다.

휴전이 된 지 1년이 되었을 때 증조부는 끝내 노환으로 세상을 떠나셨다.

그때만 해도 3.8도선 이북에 있는 선산을 함부로 왕래할 수가 없었다. 살기 좋은 세상이 되면 선산으로 다시 모시기로 하고 동내 위쪽 콩밭 언저리에 임시로 모셨다.

격동의 세월은 흘러 내가 초등학교 5학년 때 선산으로 모시기 위해 이장 작업에 들어갔다.

못자리를 파기 시작했다. 얼마쯤 작업을 하다 보니 시신 위를 덮었던 홍대가 드러나기 시작했다.

토질이 얼마나 좋은지 물기 하나 없는 붉은 진흙이 뽀송뽀송하게 드러났다.

흙을 다 걷어내고 덮었던 홍대를 드러내는 순간 깜짝 놀라 입이 쩍 벌어졌다.

무덤 안이 환하게 빛이 어려 있었다.

줄기와 잎 그 사이 사이에 탐스러운 물방울에 둘러싸여 하얗다 못해 백설 같은 꽃이 만발해 있었다.

아무리 생각해도 이해가 되지 않고 신기할 따름이었다. 천국에서나 볼 수 있는 꽃 같기도 하고 마치 동화 속에 나오는 모습을 보는 것 같기도 했다.

묘를 파는 일손을 중단하고 여러 얘기를 주고받았다.

옆에서 지켜보던 지관도 놀라며 무덤 안에 꽃이 피는 자리는 명당 중에 명당이라고 했다.

사람들은 몇 백 년에 한번 볼까 말까 한 명당이라며 기뻐했다.

그러는 사이 공기와 햇빛을 받은 칡꽃은 순식간에 검은색으로 변해 버렸다.

어르신들은 변하는 모습을 보며 우리가 큰 실수를 했다며 서둘러 묘를 원상태로 복구했다. 간단한 음식을 차리고 제사를 지내며 불충을 용서해 달라고 비시던 모습이 눈에 선하다.

그 뒤 사람들은 이곳을 명당이라 말하고 신비하게 여겨 왔다. 지금 생각해 보면 어느 짐승이 무덤에 구멍을 뚫어 놓아 그곳으로 공기가 통해 식물이 자라 꽃을 피웠고, 햇빛을 받지 못해 흰 꽃으로 변질된 것이 아닌가 하고 추측해 볼 뿐이다.

보기 드문 명당자리라는 소문이 꼬리에 꼬리를 물었다. 각처에 있는 지관들도 모여들었다. 관심 있는 사람들도 찾아오곤 했다.

과연 명당이란 있는 것일까?

정치인, 사회 명사, 사업가, 부자 할 것 없이 지관을 모시고 수고하는 이유는 무엇일까? 명당이란 따로 있는 것이 아니다.

양지바르고 돌이 없는 땅으로 시신이 곱게 썩어 흙으로 돌아갈 수 있는 장소야말로 명당이 아닐까 생각한다. 사람이 죽음을 맞게 되면 육신은 본래의 고향인 흙으로 돌아가고 영혼은 하나님이 계시는 본향으로 가는 것이다.

아직도 사람 중에는 풍수지리를 믿고 지관을 데리고 명당을 찾아다니는 것을 본다.

묫자리, 집터, 이사할 집 거기다 잠자리까지 방향을 보고 정한다는 것이다.

우리나라는 국토는 적은 데 묫자리는 늘어만 가고 있다.

중요한 것은 돌아가신 날을 잊지 않고 그분의 업적과 깊은 뜻을 헤아리는 것이 더 의미 있는 일일 것이다.

이것이 고인께서 바라는 것이 아닐까 생각해 본다.

현대는 납골당이나 수목장이 유행이라고 한다.

명당을 찾는 것은 허황된 꿈을 않고 살아가는 사람들의 허세고 욕망이다. 잘못된 생각으로 명당을 찾기 위해 많은 시간과 물질을 버리면서까지 현혹되는 어리석은 사람이 되지 말아야 할 것이다.

명당은 바로 예수 그리스도를 믿음으로 구원받고 천국에 가는 것이다.

70여 년의 세월 속에 사람들은 전설 같은 사실을 입과 입을 통해 전해지고 있다.

지관의 허황된 말로 어르신들 마음을 불안하게 했던 그때를 생각하니 절로 웃음이 나온다.

그 당시 꼬마였던 장남이 하나님의 종(목사)이 되어 그때를 기억하며 증조부의 살아생전 자손들에게 남긴 업적과 교훈을 떠올려 보았다.

지금도 사람들은 흐르는 세월 속에 앞뒤 내용은 다 빼고 이씨 왕족가의 「무덤 속에 핀 칡꽃」 이란 이야기로 전설이 되어 전해지고 있다.

다방에서의 전도

올해(2017년) 들어 가는 곳마다 예전과는 달리 두세 사람만 모이면 전쟁 이야기에 불안해하는 대화로 시간을 보내는 것을 본다. 북한 김정은의 잦은 핵실험과 미국 대통령 트럼프 간의 격화되는 말싸움에 국민들은 불안해한다.

방귀도 잦다 보면 똥을 싼다는 말이 있다. 서로 자극하다 보면 언젠가 전쟁이 일어날 수도 있다는 불안감이 국민들 사이에 자리 잡고 있는 것이다. 그것도 처절하고 비참한 동족 간의 싸움으로 3차 세계전쟁의 불씨가 대한민국이 된다는 것이다.

1950년에 있었던 6.25전쟁도 그랬다. 전쟁이 일어나기 전 1년 전부터 국민들은 막연하게 전쟁이 일어날 것이라는 말이 전국으로 퍼지고 국민들 입에 오르내렸다.

지금도 북한 김정은은 남과 북이 분단된 이후 수차례의 도발과 핵실험을 해왔다. 지난 9월 3일 완성된 단계의 6차 핵실험은 사정이 달랐다.

전문가들의 예상과는 달리 초대형 도발을 해옴으로 한국은 물론 세계를 놀라게 했다.

미국은 괌과 본토를 타격할 수 있다는 엄포와 위협에 분개했다. 국제사회에는 핵을 가졌다는 관심을 유발해 핵보유국으로 인정받는 동시에 대한민국을 협박해 왔다.

6차 핵실험은 한반도에 엄청난 파장을 가져왔다. 70년 전 6월 25일 구소련의 승인 아래 북한 김일성은 남침을 감행했다. 아름다운 금수강산을 핏빛으로 물들이고 동족 간의 죽고 죽이는 한 많은 역사를 만들었다.

대한민국을 도왔던 16개국 UN군의 참전으로 많은 젊은이가 타국에서 피를 흘리며 죽어갔다. 전국을 잿더미로 만들고 수십만 명의 생명이 죽어갔고, 부모·형제를 잃은 이재민들은 거리를 헤매야 했다. 이런 민족의 한과 슬픔을 가져온 6.25전쟁을 어찌 잊을 수 있겠는가.

휴전된 지 70년이 흐르는 동안 북한은 호시탐탐 대한민국을 공격하려고 위협해 왔다. 1976년 8월 16일에 있었던 판문점 미군 도끼 만행사건, 김신조 일행의 청와대 습격 사건, 연평도 포격 사건, 서해해전 얼마 전에 있었던 비무장 지대 목함 지뢰 사건으로 우리 젊은이는 다리를 잃어야 했던 사건을 비롯해 생명까지 앗아간 많은 사건을 어찌 잊을 수 있단 말인가?

온 국민이 분개하고 슬퍼했던 사건들을 보며 참으로 참담함을 금할 길이 없다. 그러나 정부나 국민들은 그때마다 소리를 높이고 분개하는 척하다 시간이 흐르면 언제 그랬냐는 듯 잊어버리고 만다.

전쟁을 모르고 살아온 젊은이들은 말할 것도 없다. 국민들은 북한이 도발해올 때마다 이제는 그러다 말겠지 하는 안전 불감증에 걸려 있는 것 같다. 일부 사람 중에는 불순하고 달콤한 선전에 현혹되어 북한을 동조하고 따르는 모습을 볼 때 너무나도 가슴 아프다.

수년 전만 해도 이해할 수도 용서할 수도 없는 일이었다. 과학의 시대이자 문화의 시대에 살고 있는 우리는 자유가 만연하다 못해 나라를 망치는 것 같다.

어느 날 인테리어 회사를 운영하는 제자와 약속이 있어 충무로 3가 뒷골목 길에 자리한 다방을 찾았다. 거리마다 건물 사이사이에 수를 놓을 것같이 커피숍이 눈에 띈다.

그런 가운데 그것도 영화의 거리라 불리는 충무로3가에 6~70년대나 볼 수 있던 다방이 있다는 게 신기하게 느껴졌다. 지난날 젊은 시절을 연극영화인으로 한 시절을 보냈던 낯익은 거리다. 충무로는 나의 영원한 고향이자 어머니 품 같은 곳이다.

지금은 없어졌지만, 스타다방과 대원호텔 앞을 돌아 옛 수도극장 사거리 건널목을 건너 신천지 다방 앞까지 왔다.

연극, 영화, 배우, 연출자, 가수, 코미디언, 스태프들이 내 집 같이 들락거리던 곳이다. 다방에서 기획하고 공연날짜를 정하고 서로 대화를 나누었던 추억의 장소다. 신천지 다방, 지금은 사무실, 대리점, 식당이 자리 잡고 있었다. 명보극장에서 바라다보이는 내가 살던 골목풍경이 감개무량했다.

약속한 다방 앞에 도착하니 손목시계가 2시를 가리키고 있었다.

ㄱ자 형태의 홀에 들어오는 입구는 카운터가 자리 잡고 있다. 중년쯤 되어 보이는 마담이 반갑게 맞아 주며 자리를 안내했다. 넓은 홀 여기저기에는 남녀 손님들이 마주 앉아 이야기꽃을 피우고 있었다. 약속시간을 기다리는 동안 다방 안쪽에 앉아 TV 뉴스와 신문을 보다 옛 생각에 잠겼다. 옆 테이블에는 60대가 넘어 보이는 손님들의 대화가 한창이었다. 그 대화가 자동으로 귓전을 파고든다.

"세상이 어찌 되려고 이러는지 모르겠어."

"너무 불안해."

"북한 김정은은 6차 핵실험으로 미국을 위협하고 한국을 협박하는데 사람들은 설마하니 전쟁이 나겠어, 그러다 말겠지 하고 흘려버리니 말이야." 하며 혀끝을 찬다.

"모두가 안전 불감증에 걸려있어."

"그것뿐인가 정부는 어떻고 청와대와 국방부 장관, 대통령 특보의 엇박자 대화로 온 국민이 불안해하는 것이 문제지."

"지난번 고향 마을 행사가 있어서 다녀왔는데 동네 분들이 불안해하는 것을 넘어 전쟁이 날 거란 말이 입을 통해 퍼지고 있는 것을 보았네."

"지방만이 그런 것이 아니라 서울을 비롯해 각 도시에서도 사람들은 전쟁에 대비해 생존 배낭을 사드리다 보니 제품이 품절이 되었다고 한다더군. 뉴스의 관심도 없던 사람들이 방송이나 신문 기사에 눈을 떼지 않는다는 거예요."

"6.25전쟁 때도 어느 때부터인지 국민들 사이에 전쟁이 일어날 거란 말이 전국을 시끌시끌하게 만들었다고 하더군."

"그것이 끝내는 민족의 비극인 6.25전쟁을 불러오고 말았다는 것 아닌가."

"지금이 바로 그때 같은 생각이 드는군."

이때 우측 의자에 앉아있던 친구가 지금까지 침묵을 지키고 말만 듣다가 갑자기 끼어들며 말을 건넨다.

오래 전에 고인이 되신 부모님께서 말씀하신 어느 예언서 이야기라며 말을 꺼냈다. 예언서 마지막 장에는 한국과 북한이 발단되어 세계 3차 전쟁이 일어난다는 것이다.

그때는 그저 지나가는 이야기로 들었는데 지금 시국의 상황을 보니 불안한 마음이 드는 것이 솔직한 심정이라고 했다.

마지막 때가 되면 많은 사람이 벌떼같이 죽어갈 것이라고 비유로 기록되어 있다는 것이다. 그 중에도 예언을 믿고 행하는 자는 피란처가 있어 생명을 구하게 된다고 한다. 그 피란처가 대전 아래 신도안 옆 계룡산이라는 것이다.

옆에 앉아있던 친구가 "이 사람아, 요새 세상에 그런 곳이 어딨나? 그런 말을 믿는단 말인가. 친구는 믿어서 말하는 것이 아니라 고인이 되신 선친께서 하셨던 말씀이 생각나서 웃자고 해보는 말이라 했다. 말은 그렇게 하면서도 어느 정도는 믿는다는 얘기로 들렸다.

친구들은 빨리 말하라고 다그친다.

메모지 위에 전전도하지田田道下地를 사인펜으로 굵직하게 써 내려가며 설명하기 시작했다.

친구들은 호기심에 머리를 맞대고 신중하게 글자 한 획 한 획을 풀어가며 설명에 집중했다.

밭전 자 둘을 서로 합치면 큰 밭이 되어 대전大田을 말함이고, 도하지道下地는 길도, 아래 하, 땅 지가 모여진 글자이다. 대전을 지나 신도안 옆 계룡산이 있으니 그곳이 피란할 곳이며 생명을 보전할 곳이라 했다.

예언서 전전도하지 다음으로는 난세 마지막 때에 정의의 사도가 바다에서 나타나 남과 북을 평정하고 평화를 가져온다고 한다.

옆 테이블에 앉아있던 나는 황당하기도 했지만 들려오는 소리를 듣다 보니 호기심이 생기고 끼어들고 싶은 생각이 들었다. 그때 바른쪽 의자에 앉아있던 친구가 카운터 위 벽에 걸려 있는 시계를 보며 약속시간이 다 되었다며 일어나 자리를 떴다. 나는 속으로 잘되었다는 생각에 일어나 다가갔다.

옆자리라 본의 아니게 대화를 듣다 보니 관심이 생겨 실례를 무릅쓰고 끼어들게 되었다고 말했다. 그들은 웃으며 별 의심 없이 환하게 맞아주며 뭐가 그리도 관심을 끌게 했느냐고 물어왔다.

조금 전에 하셨던 구수한 말씀에 관심이 생겼다고 했다.

부친께 들은 예언서 말을 하던 친구 분은 다시 친절하게 설명해 주었다. 고인이 되신 아버님께서 하셨던 말씀을 기억을 되살려 재미 삼아 말해 본 것이라고 했다.

그는 먼저 '전전도하지'를 한자로 적어 내려갔다. 그리고 약간 흥분된 얼굴로 설명을 해 나갔다. 얘기를 듣는 동안 문득 섬광처럼 머리를 스치는 영감이 떠올랐다.

성령께서 인도하시는 것 같았다. 나는 숨을 몰아쉬고 마음을 가다듬고 "말씀하신 전전도하지田田道下地를 제 나름대로 재미 삼아 해석을 해 보겠다고 말하고 별 의미는 갖지 말라고 했다.

친구분들은 다른 해석이라는 말에 호기심으로 빨리 해보라고 재촉을 했다.

마음속 깊이 기도를 하고 한 자 한 자 획 풀이를 했다. 전전도하지田田道下地 중 두 밭 전자에서 가운데 열십자를 빼내면 입구가 된다. 입구 둘은 입과 입을 말함이다. 열십자는 모형으로 바라볼 때는 십자가가 된다. 빼낸 십자(열십)가를 합쳐 한자 한자 배열해 놓으면 구 십자가(열십) 구 십자가(열십) 도하지(口十口十道下地)가 된다.

그 뜻을 풀이하면 입과 입으로 십자가를 말하고 전하는 것이 진리의 길이며 구원이시며 우리의 피란처인 것이다.

앞쪽에 앉아있던 친구분이 "그건 억지로 두들겨 맞춘 말장난이 아닙니까?"하고 물었다.

"네 맞습니다. 조금 전 선생님들께서 말씀하셨던 전전도하지田田道下地를 상징적인 의미로 글자 하나하나 풀어 말한 것이나 제가 풀어 말한 것이나 모두 말장난에 불과한 것입니다."라고 말하고 "하지만 제가 초면인 선생님들께 이렇게 말씀드린 것은 분명 성령께서 영감을 주시고 인도하심이 있었습니다. 나는 우리가 어지러울 때 이런 것에 현혹되어서는 안 되고, 나라가 혼란스럽고 불안해할 때 말도 안 되는 이런 말은 국민들에게 독이 될 수 있습니다."라는 것을 말했다.

친구 분들도 "암 그렇고말고"를 서로 동의하며 숙연해하였다. 이럴 때 이 친구분들께 전도를 해야겠다는 생각이 들었다.

내 머릿속에는 하나님의 종이라는 사명의식이 발동했다.

"여러분, 여러분을 낳으신 부모님은 계시지 않습니까?"라고 말하며 조심스럽게 말을 이어갔다.

"인간에겐 우리를 낳으시고 길러주신 부모님이 계시고 그 부모님의 부모는 할아버지가 계시고, 그 위로 증조, 고조, 5대조 등 최상위에 한 분만 남습니다. 그분은 어디서 왔으며 누구란 말인가? 우리의 부모가 나의 주인이며 보호자이듯이 이 세상에는 주인이 없는 것은 하나도 없습니다.

마찬가지로 인간이란 위로 최상위에 계신 분, 그분의 주인이 어찌 없겠습니까. 그분은 신일 수밖에 없습니다. 그 신은 바로 모든 만물을 창조하신 하나님이십니다. 성경에 보면 창세기 첫 장에서 잘 말해주고 있는데 '태초에 하나님이 천지를 창조하시니라' 그중에서도 사람을 창조하신 장면이 잘 드러나 있습니다. '하나님이 자기 형상 곧 하나님의 형상대로 사람을 창조하시되 남자와 여자를 창조하시고'라고 하셨습니다.

하나님의 창조물로 인류의 첫 인간이자 시조가 되는 아담과 하와는 하나님께 불순종하여 죄를 짓고 평화의 동산 에덴에서 쫓겨나게 되고, 조상 아담과 하와의 유전된 죄로 인해 이 지상에 죄가 없는 사람은 하나도 없습니다. 죄악은 반드시 무서운 대가를 치르게 되며 벌이 따라오게 되는 것입니다.

자녀는 부모에게 단체나 회사의 일원은 사장에게, 백성이 죄를 지으면 재판을 거쳐 벌을 받게 됩니다. 하물며 전능하신 하나님께 범죄하고 어떻게 벌을 받지 않겠습니까. 마찬가지로 하나님께서는 인간을 사랑하시기 때문에 구원하실 계획을 하셨고 독생자 예수 그리스도를 영과 육신의 몸으로 이 땅에 보내신 것입니다. 그리고 우리의 죄사함을 위해 많은 고통과 조롱, 핍박을 당하다 십자가 높이 달리시고 피를 흘리신 예수님. 우리는 예수님이 못 박혀 속죄의 죽음으로 대신하신 십자가에서 피 흘리신 예수를 믿기만 하면 죄를 사함 받는 구원을 받을 수 있게 하셨습니다.

여기까지 말을 한 나는 약속 시간이 되어 끝을 내야겠다고 생각했다.

"선생님들, 전쟁을 하시는 분도, 거두시는 분도, 승리하게 하시는 분도 다 하나님이십니다. 북한의 김정은은 그동안의 위협과는 달리 핵으로 위협해 오고 세계를 놀라게 하고 있지만 이럴 때 우리는 우리의 구원이 되시고 평화가 되시며 피란처가 되시는 예수님이 피 흘려지신 십자가를 믿고 찾아야 할 때입니다. 십자가를 지신 예수님, 우리의 피난처이고 평화입니다."

카운터 위에 걸려 있는 벽시계가 2시 30분을 가리키고 있었다.

약속한 시간이 지나고 있었다.

나는 자리에서 일어나며 "실례가 많았습니다. 우리의 구세주가 되시고 피란처가 되시는 예수 그리스도를 믿으시고 천국가시기 바랍니다."

그때 다방 문을 들어서는 제자 박성덕 선교사가 보였다. 나는 빈자리로 옮겨 앉으며 제자에게 손을 들어 보였다. 마주앉은 우리는 커피 한 잔씩을 마시며 스승과 제자 간의 사랑의 대화를 나누었다. 우리는 2016년도 제9회 한국기독교문화예술대상대회 팸플릿과 포스터 교정을 마지막으로 대화를 끝내고 다방을 나섰다.

소나무꽃

아침 햇살이 강하게 창문을 통해 방안을 데운다.

정원과 집 둘레 나무들은 계곡에서 불어오는 봄바람에 연한 녹색 잎을 흔들어 춤을 춘다.

정원 주위에 소나무, 단풍나무, 적목나무, 철쭉, 진달래 등 각종 나무가 가지와 잎을 흔들며 봄을 노래하고 있다.

나뭇잎 사이를 스치는 바람이 새로운 음색으로 봄을 찬양하는 합창단의 아름다운 선율로 허공에 맴돈다. 계곡 건너 도로에는 벌써 일찍 떠나온 관광차로 붐비고 있다.

가끔씩 달리는 차바퀴가 구르는 소리가 바람을 타고 귓전을 파고든다. 정원 잔디 마당에는 잡풀을 뽑고 있던 집사람이 현관문을 열고 뛰어든다.

"여보, 여보, 피었어요."

"피었다니 뭐가 피었다는 거요?"

아내가 창밖을 가리켰다.

"소나무에 꽃이 피었어요."

"소나무에 꽃이 피었다고?"

"그래요. 백 년에 한번 핀다는 소나무에 꽃이 피었어요."

"그게 정말이오?"

"맞아요, 우리 정원 소나무에 꽃이 피었다고요."

거실 창문으로 정원 소나무를 가리켰다.

약간의 거리가 있어 자세히는 보이지 않아도 새순 끝에 선명하지는 않지만, 솔잎 여기저기에 불긋불긋한 것이 보였다.

"자, 어서 나가 봐요."

우리는 급히 정원으로 나와 소나무 곁으로 다가섰다. 옆에 있는 자연석 돌 탁자에 올라서 소나무를 자세히 살펴보았다.

4월 중순에서 5월에 접어들면서 나뭇가지를 물들인 연녹색 새순이 너무 싱그러웠다. 햇가지 끝에 두세 송이씩 무리를 지어 자주색 꽃이 아름답게 그 자태를 뽐내고 있었다.

너무나도 신기하고 황홀했다. 소나무에 꽃이 핀 것은 70여 평생 살아오면서 처음 봤다.

어느 책자에 실려 있는 글을 보았다. 백 년에 한번 꽃이 핀다는 전설적인 꽃이라는 것이었다. 막상 소나무에 꽃이 핀 것을 보고 있자니 너무 놀랍기도 하고 신기하기도 했다. 한편으로는 기쁘고 행복한 마음이 생겼다. 나는 순간적으로 생각했다.

사람들은 흔히 볼 수 없는 귀한 꽃이기에 그렇게 불렀던 것이 아닌가 한다. 그것도 우리 집 정원에 있는 소나무에 꽃이 피었다. 놀랍기도 하고 감격스럽기도 했다.

소나무에 읽힌 유래는 여러 가지가 있지만 아는 대로 떠올려봤다. 오랜 세월 우리 민족과 희로애락을 함께 하여 온 민족을 대표하는 나무가 소나무다. 각종 나무 가운데 소나무는 으뜸으로 여겨 왔다.

여기에는 '수리'라는 말이 변한 '솔'에서 유래되었다고 한다. 하여 소나무는 우리말로 '솔' 소나무라 한다. 솔은 수리로 높고 위에 있는 '으뜸'이란 의미를 담고 있다.

정확하지는 않지만 사람 육체 중 제일 위가 되고 높은 머리에 있는 곳이 정수리가 된다. 정수리를 줄여 수리로 말한 것이 나무 중 으뜸이라 하여 소나무라는 뜻으로 불렸다고 한다. 이것은 나무 중 소나무가 제일이라는 얘기가 된다.

중국 진나라 진시황은 봉선의식(제왕이 천재를 지내는 의식)을 드리기 위해 어가행렬이 태산을 향해 가는 중에 갑자기 소나기를 만났다. 마침 길옆에 큰 소나무의 줄기와 잎이 무성하게 우거진 밑으로 비를 피할 수 있게 되었다.

진시황왕은 너무 고마운 마음이 들어 소나무에 목공(木公)이란 직위를 하사하므로 나무 중 최초로 나무 공작이 되었다고 하며 후에 목자와 공자를 합쳐 소나무를 가리켜 소나무 송(松)으로 불렸다.

우리나라에서도 세조 10년 2월에 요양하기 위해 길을 떠난 세조가 말티재를 넘어 속리산으로 가는 길가에 크고 잘생긴 소나무 긴 가지에 잎이 우거진 밑을 지나게 되었다.

임금이 타고 가던 수레 지붕 위에 친 그늘막이 걸릴 것 같아 호위하는 무관이 '연 걸린다.' 하자 늘어졌던 가지가 신기하게도 스스로 올라가 무사히 지나가게 되었다.

요양을 마치고 돌아오는 길에 다시 소나무를 만나게 되었다. 그때 갑자기 천둥 번개가 치며 폭우가 쏟아졌다. 급한 나머지 소나무 밑에서 비를 피하게 되었다.

올 때는 늘어진 가지를 스스로 올려 무사히 지나게 하더니 되돌아갈 때는 비를 막아주는 대견스러운 소나무였다. 세조는 고마움을 담아 정2품 벼슬을 하사하였다.

그 뒤부터는 관에서 관리하게 되었고, 사람들은 그 앞을 지날 때는 꼭 허리를 굽혀 절을 했다고 전한다. 그 뒤로 소나무를 귀히 여기게 되었고 으뜸으로 쳤다는 것이다. 이처럼 우리 역사 속에 살아 있는 민족의 나무다.

높은 덕이나 청렴한 벼슬, 공평함을 상징할 때 소나무를 떠올리곤 했다.

한편 서민들이 어려울 때는 껍질을 벗겨내고 속살을 벗겨 양식 대신 배고픔을 달래주었던 나무였다.

우리 민족과 함께한 소나무에 백 년에 한번 피운다는 꽃이 핀 것을 보고 어찌 흥분하지 않겠는가.

소나무꽃은 암꽃과 수꽃이 달린다고 한다. 생김새가 약간 다르며 수꽃은 암꽃보다 조금 먼저 핀다. 꽃의 길이는 1.5cm 정도의 타원형을 이루고 있다.

꽃대는 이삭처럼 둥글게 매달려 있다가 때가 되면 노랑 꽃가루가 된다. 이것을 송홧가루라 하며 다식을 만들거나 한약 재료로 쓰인다.

꽃을 자세히 살펴보니 암꽃과 수꽃의 차이가 분명했다. 암꽃은 수꽃보다 조금 작은 타원형으로 되어 있었다. 햇가지 끝부분에 꽃송이가 달려 있었고 예쁘고 진한 자주색을 띠고 줄기 아래쪽으로는 약간 검은 색을 띠고 위로는 붉은색을 하고 있다. 오래된 나무일수록 거북이 등을 하는 것을 볼 수 있다.

평소에는 무심히 보았던 소나무 잎이 오늘은 다른 잎과 다르게 보이고 바늘 모양으로 8.9cm 정도의 길이였다.

새순은 2년 정도가 되면 아래쪽으로부터 갈색으로 변해 떨어진다. 다시 봄이 되면 새순이 돋아나는 것을 보면서 늘 그러려니 했다.

여름철에는 짙은 녹색 잎이 되었다가 겨울철에는 노란색이 깃들인 녹색 잎이 된다. 우리나라에서는 전국적으로 서식한다. 야산에서부터 1600m 이하 토질이 좋은 곳에서 자란다.

때로는 물기 하나 없는 척박한 바위틈에 뿌리를 내리고 매서운 비바람을 맞으며 가끔 내리는 빗물을 머금고 자라는 강인한 나무다.

나는 소나무 둘레를 돌며 몇 번이고 확인해 보았다. 아름답게 피어 있는 소나무꽃은 트리의 불꽃처럼 나무 전체가 붉은 자색 꽃으로 빛나고 있었다.

지금의 내 기분은 세상에서 제일 소중한 것을 얻고 본 기분이었다. 그러기에 선조들도 이런 기분으로 소나무를 나무 중 제일이라 한 것이 아닐까 생각해 본다.

우리나라에서 자생하는 소나무는 두 종류가 있다. 금강송金剛松과 유송油松이다. 최고의 소나무로 칭하는 금강송은 한편 춘양목春陽木이라 부르기도 한다.

유송은 가지가 많고 부채꼴 모양을 하고 있으며 또 다른 이름으로는 처지 소나무라 한다. 우리나라에도 자생하는 일본의 이끼다송 등 여러 종류의 소나무가 있지만 내가 말하고자 하는 것은 순수한 한국의 소나무에 대한 사랑의 표현이다.

소나무는 고귀한 품위와 척박하고 절박한 곳에서도 생명을 이어가며 정의와 절개, 수명을 상징하는 나무로 유명하다. 바위 위에서나 햇빛이 들지 않는 악조건에서도 생명을 이어가며 가지를 뻗고 우뚝 서 품위를 나타낸다.

또한 다른 종류의 나무들은 잘리게 되면 그 자리에서 움이 돋아난다. 그러나 소나무는 꺾기거나 잘리면 그대로 죽고 다시는 새싹이 돋지 않는 것이 특징이다.

구차하게 살려고 하지 않는다. 이런 점에서 소나무는 곧은 절개와 굳은 의지로 충성을 나타내는 상징으로 전해 왔다. 그것뿐만이 아니라 오래 살기를 원하는 인간들은 십장생도十長生圖를 그리기도 했다.

얼마나 오래 살고 싶어 했으며 문헌에나 회화 같은 작품에 보면 백이라는 숫자가 자주 등장하는 것을 볼 수 있다.

평균 수명이 오륙십 세이던 때 백수 이상 살라는 의미로 소나무를 표본으로 삼았다. 병풍, 자수, 금속공예, 도자기 등에 십장생 장식 도안을 넣어 오래 살라는 의미로 사용했다.

거대하고 웅장하고 아름다운 소나무는 늘 늠름한 모습으로 우리 곁에 있었다. 비바람과 천둥이 쳐도 눈보라가 치는 혹한 속에서도 늘 변함없는 푸른 잎으로 우리를 반기고 있다.

거짓과 악이 들끓는 현실 속에서 백성들의 울부짖음이 애처롭기만 하다. 충성이 있고 정의와 절개가 있는 소나무 같은 인재가 필요한 때다.

나라와 국민을 위해 늘 푸르고 희망의 꽃을 피워 미래를 여는 소나무 같은 지도자가 절대 요청된다.

한 쌍의 수저匙箸

밤새 내리던 봄비는 아침이 되어서도 멈출 줄을 모르고 있다. 겨우내 가물었던 대지를 적시고 온천지가 연녹색으로 물들어간다.

유난히도 추웠던 지난겨울이었다. 추위에 움츠렸던 들풀들이 아직도 언 땅을 비집고 봄의 전령이 되어 경쟁하듯 솟아오른다.

'로빈나 문화마을' 정원을 휘감아 흐르는 계곡의 맑은 물줄기는 여기저기 작은 폭포를 만들어 봄을 축복이라도 하듯 돌돌 함박꽃 웃음으로 맞이한다. 정원석 사이사이를 수놓고 있는 철쭉, 수국, 진달래나무에 녹색이 감돌고 꽃봉오리를 부풀리고 있는 모습이 그림처럼 아름답다.

봄비는 어느새 그치고 비를 몰고 오던 먹구름도 서서히 걷히면서 웅크렸던 날씨도 밝아지더니 정오가 되자 구름을 헤치고 따스한 햇볕이 정원 가득 내린다.

벚나무와 수국나무 아래 벤치에 앉아 햇살을 받으니 몸이 나른해진다. 눈을 살포시 감고 사색에 잠겼다. 계곡 언덕 위에 자리 잡은 '로빈나 문화마을' 정원으로 불어오는 바람이 옷깃을 파고들어 그 시원함이 졸음을 불러왔다. 정원의 나뭇가지마다 한들한들 춤을 추는 것이 마치 무용수의 공연을 보고 있는 느낌이다. 햇살은 비가 온 뒤라 더 밝고 강렬하게 비친다.

언제 나왔는지 집사람이 쟁반 위에 좋아하는 잔치국수와 물김치를 들고 왔다.

"여보, 사람이 와도 모르고 무슨 생각을 그리 골똘히 하세요?"

집사람 음성에 생각에서 깨어나 놀란 기색으로 바라보았다. 잔치국수와 물김치 옆에 나란히 놓여 있는 수저(숟가락·젓가락)가 햇빛에 반짝거렸다. 그중에 무늬가 있는 나무젓가락이 유난히 아름답다는 생각이 들었다. 나른해진 몸을 일으키고 두 손을 번쩍 들어 기지개를 마음껏 펴자 아내가 한 마디.

"점심때가 지났어요. 당신 좋아하는 잔치국수 좀 만들어 왔어요."

나는 감탄하여.

"고맙소. 내가 좋아하는 잔치국수에 서원한 물김치까지!"

자연을 음미하며 맛있는 국수 먹을 생각에 입안에 침샘이 감돌았다. 물김치를 떠서 입을 적신 후 야들한 국수를 한입 가득 물었다. 집사람이 늘 자기만 알고 있는 비법으로 만든 솜씨라며 자랑하는 잔치국수였다. 육수와 쫄깃한 국수 맛은 천하 일미, 꿀맛이었다. 거기에 혀끝을 자극하는 물김치의 시원함과 입안을 감도는 향과 맛은 형언한 말이 없다. 쓰다듬듯 부드럽게 불어오는 봄바람을 맞으며 하는 식사는 행복 자체였다.

정원에서 계곡을 올려다보니 내가 마치 동양화 화폭에 신선이 되어 젖어든 기분이었다.

아내와 이런저런 이야기꽃을 피우며 식사를 마쳤다. 그리고 누가 먼저랄 것 없이 수저를 쟁반 위에 나란히 놓았다. 다정히 놓인 수저가 한 쌍의 부부같이 보였다. 오랜 세월 우리 민족과 함께하여온 숟가락과 젓가락은 과거에서 현재로 또 미래로 뗄 수 없는 우리의 동반자라 생각하니 많은 생각이 들었다.

가정과 사회와 국가의 형성에 기본이 되는 이 세상 부부야말로 일등공신이요 애국자일 것이다. 부부는 사랑이 있고 소망이 있고 협동이 있으며 이해와 용서, 희생정신이 있기에 한평생을 함께하는 것이다. 이런 정신이 가정과 사회에 넘쳐날 때 밝고 건전한 삶이라 생각한다.

우리 부부도 결혼한 지 45년이 넘어 검은 머리가 백발이 되도록 함께하여온 반려자다. 한때는 행복하고 괴롭고 슬퍼도 하며 살아온 터였지만 지금 생각해 보니 모두가 아름다운 추억이고 잊을 수 없는 소중한 인생 역사였다. 한 쌍의 수저를 보니 서로 의지하고 힘이 되고 소망이 되었던 모습을 보는 것 같아 우리 인생을 생각하게 한다.

수저 중 하나만 없어도 불편하듯이 어울려 살던 부부 중 한 사람이 없으면 금방 불편하고 외롭고 허전해진다. 부부 중 한 사람이 먼저 세상을 떠나면 몇 년 못 가서 남은 사람도 그 뒤를 따라가는 것을 보며 짝 잃은 수저를 생각해 본다.

이는 나머지 반을 못 채우다 보니 허전하고 공허함이 병이 되어 그 뒤를 따르게 된다는 것이다. 숟가락 역시 밥을 뜰 수 있어도 반찬을 먹기에는 불편하다. 마찬가지로 젓가락은 반찬을 먹기에는 좋으나 밥을 먹기에는 불편하다. 남편이 숟가락이라면 아내는 젓가락 같은 존재다.

이처럼 부부는 사랑과 희생, 그리고 소망이 되어 가족을 만들어 가고 사회와 국가의 역사를 만들어 온 지 오래다.

하나님께서는 우주 만물을 창조하시고 사람을 창조하시되 아담과 하와를 만들어 에덴동산에서 살게 하셨다. 이것이 부부의 탄생인 동시에 가정과 사회를 만들어온 시원이 된 것이다.

부부로 시작되는 삶의 여정은 숟가락과 젓가락 같은 사이로 인생의 기본이 되어 왔다. 이런 수저는 한국과 중국, 일본을 비롯하여 동남아권에서 널리 쓰이는 식사 도구이다.

주로 쌀을 주식으로 하는 아시아권의 음식문화 변천에 따라 만들어지고 사용해온 것을 볼 수 있다. 오래된 도구여서 그런지 몰라도 기원에 대한 기록은 그리 많지 않다. 학계에서는 대체로 중국에서 대나무로 만든 젓가락으로 시작되었다고 보고 있다.

한漢나라(기원전 206~220년) 초기까지 젓가락으로 식사를 했던 관습이 문헌에 기록되어 있다.

중국 후난성 창사에서는 그 시대의 무덤 하나가 발굴되었는데, 무덤 속에서 옻칠이 잘되어 있는 젓가락과 식기가 발견되었다. 이런 흔적을 보아서 젓가락의 최초 사용은 중국이었다고 보고 있다.

한 쌍의 수저는 한국, 중국, 베트남, 일본 등의 사람들이 사용하고 있다. 이것은 이웃 국가들이 중국 문화를 받아왔기 때문이다.

세계 15억 인구가 수저를 사용하고 있다고 한다. 그중에 한국, 중국, 일본이 인구의 80% 이상을 차지하고 있고 한국에서는 삼국시대부터 숟가락과 젓가락을 병행하여 사용한 것으로 전해진다.

젓가락의 옛말은 '저'라고 불렸다.

'저' 자체가 젓가락이라는 뜻을 말해 주는 단어이다. '저'가 젓가락을 뜻하고 있는 한자 저(箸:젓가락 저)에서 나온 것인지는 불분명하지만 모든 사람들은 그렇게 알고 있다.

조선 중기에는 서민 계층에서 주로 숟가락을 사용하다가 점차 불편을 느껴 젓가락을 사용함으로써 한 쌍의 수저로 발전해 오늘에 이르렀다고 한다. 가락이란 단어는 가늘고 긴 물건을 지칭하는 말이다. '저'에 가락이 더해져(저+ㅅ(사이시옷))+가락=젓가락이라 부른다고 한다.

한편 숟가락으로 밥을 한번 뜨는 것을 '술'이라고 한다. '밥 한 술'이라는 말이다. 이 '술' 자체가 숟가락이란 뜻을 담고 있다. '저'와 마찬가지로 술+가락=숟가락으로 부르게 된 것이다.

숟가락을 나타내는 한자는 시(匙:숟가락 시)이다.

예부터 우리 조상들에게는 수저에 대한 아름다운 이야기가 있었다. 그것은 바로 우리가 자주 쓰는 십시일반(十匙一飯)이란 말이다.

이 말은 어려운 이웃을 서로 돕자는 데서 많이 쓰였던 말이다. 밥 열 술이 모이면 한 그릇이 된다는 뜻이다. 혼자보다는 여러 사람이 조금씩 힘을 합치면 한 사람뿐만 아니라 많은 사람도 도울 수 있다는 말이다.

이것이 수저가 담고 있는 뜻이며 정신이다. 수저의 단합된 정신과 사랑으로 모든 부부는 자녀를 낳아 키우고 가정을 이루고 사회를 구성하며 더 나아가 국가를 형성해 가는 것이다.

한 쌍의 수저와 같이 사랑과 연합, 희생정신이 있다면 참으로 살 만한 사회와 국가가 아니겠는가?

우리는 아직도 70여 년 동안 남과 북이 갈려 동족끼리의 대치 상태에 있는 것이 현실이다. 이런 혼란한 시기에 수저와 같은 정신과 사랑으로 서로 이해와 단합, 용서가 필요할 때이다.

이런 정신으로 마음이 하나가 될 때 통일도 멀지 않을 것이다. 어렵고 힘들어도 서로 사랑하고 힘을 합쳐 십시일반 정신으로 살아간다면 행복한 가정, 밝고 건전한 사회, 더 나아가 살기 좋은 나라가 될 것이다. 그런 세상을 상상하며 한 쌍의 수저를 다시 음미해 본다.

용수龍水골 전주이씨全州李氏

　서울에서 한 시간 거리에 위치한 가평군 북면에 들어서면 마주 보고 있는 명지산과 화악산, 그리고 궁예의 전설이 있는 국망봉을 볼 수 있다.

　이 산들은 명산으로 알려져 있으며, 그 경관이 수려하고 웅장한 깊은 계곡의 맑은 물은 크고 작은 폭포를 만들어 세차게 흘러내리는 모습은 장관이었다.

　계곡을 따라 들어가면 화악산과 국망봉 자락에 자리 잡은 적목리 용수동과 조무락골이 있다.

　지금은 널리 알려진 관광지가 되었지만 몇 십 년 전만 해도 첩첩산중으로 골이 깊고 비포장도로에 도보로 걷거나 마차가 왕래하는 길이었다.

　또한, 전설이 많아 신비스럽기도 한 곳이기도 하다.

　계곡을 끼고 돌고 돌아 깊이 들어가 있는 용수골, 이곳까지 가는 길은 아름답기도 하지만 운치가 있어 좋다.

　이곳에는 40여 년 전만 해도 이씨조선을 건국한 태조 이성계의 후손인 전주이씨 일가가 모여 살고 있었다.

휘는 종친 어른들의 권고에 의해 밝힐 수가 없어 아쉬움을 남기면서 용수골 전주 이씨에 대한 이야기를 해보고자 한다.

왕족이란 이유 때문에 간신들의 농간에 의해 반역죄로 남편 되는 군대감은 목숨을 잃어야 했다.

두 아들을 둔 군부인은 어머니로서 억울하고 아픈 사연을 가슴에 묻고 자식들을 위해 열심히 살아야 했다. 남편도 없이 연약한 여인이 살아가는 삶은 막막했지만, 자식을 위해서라도 열심히 살아야 했다.

그런 중에도 왕족으로서의 기품과 풍격을 잃지 않았다.

나라가 어지럽고 어수선한 때라 혹시라도 봉변을 당할까 봐 작은 손도끼를 머리맡에 놓고 잠을 청해야 했다.

국교가 유교인 조선대에는 여자는 정절을 지키고 일부종사하는 것이 큰 미덕 중 하나였다. 홀로된 과부에게는 맘에 드는 남자들이 보쌈해가는 일이 많았다.

때로는 상놈이 양반 여인을, 양반이 상놈 여인을 보쌈하는 경우도 있었다. 만일 상놈이 양반집 여인을 보쌈하거나 아내로 맞을 때에는 양반 가문을 능욕하였다 하여 엄벌에 처했다.

보쌈을 당하면 운명이라 생각하고 그 남자와 멀리 도망가서 사는 것이 풍습이었다.

어느 날이었다. 밤이 깊어 달마저 서산마루를 넘어 칠흑 같은 한밤중에 가면을 쓴 괴한이 담을 넘어 군부인 마님이 자고 있는 안채 방문 앞마루에 올라섰다.

살며시 문고리를 당겨본다. 안으로 굳게 잠겨 있음을 확인한 괴한은 문살 창호지를 침을 바른 손가락으로 살짝 뚫고 손을 디밀어 문고리를 열고 들어섰다.

군부인 마님은 세미하게 들리는 인기척을 듣고는 재빨리 일어나 머리맡에 호신용으로 놔두었던 손도끼를 집어 들고 방문 옆에 기대어 섰다가 들어서는 괴한을 향해 엉겁결에 내리쳤다.

괴한은 내리치는 손도끼에 자지러지는 비명을 남기고 숨을 거두었다. 비명에 놀란 두 아들 형제가 달려와 보니 어머니는 피 묻은 도끼를 떨구고 사시나무같이 떨고 얼굴은 공포로 사색이 되어 있었다.

두 아들은 어머니를 붙잡고 자초지종을 물었다. 모든 이야기를 들은 큰아들과 작은아들은 분개하며 어찌할 바를 몰라 했고, 큰아들은 자정이 넘어 자기 방으로 들어갔다.

뜬 눈으로 통곡하며 밤을 지새운 군부인과 작은아들은 새벽이 밝아오자 큰아들 방으로 가 보았다.

방에는 아들은 없고 이부자리는 곱게 개어져 있었다. 그 옆으로 서신 하나가 놓여 있었다.

〈어머니 용서하세요. 우리가 사람을 죽이고 어찌 하늘을 보며 살아가겠습니다. 불초 소자는 평생 가족을 위해 속죄하며 전국 사찰을 유람하며 살겠습니다.〉

그리고 동생에게는 나 대신 어머니를 잘 모시라는 당부를 하고, '어머니 곁을 떠나는 불효자를 용서하십시오.'라는 간단한 서신이었다.

　군부인 마님은 얄궂은 운명을 한탄하며 죽고 싶었으나 남아 있는 작은아들을 위해 살아야만 했다. 한 많은 마음을 가슴에 묻고 작은아들을 데리고 첩첩산골로 숨어든 것이 바로 가평에 있는 용수골이었다.

　신분을 가슴속에 묻고 평민이 되어 화전을 일구며 오로지 아들 걱정으로 최선을 다해 살았다. 수많은 역경과 고통을 이겨내며 아들의 교육만을 게을리 하지 않았다.

　착하고 건장하게 성장한 작은아들은 약관의 나이에 과거에 급제하였다. 아들은 지혜와 덕을 갖춘 관리로 성장해 갔다.

　그러던 어느 날 연로한 군부인은 지병으로 자리에 눕게 되었다. 날이 갈수록 병환은 깊어만 갔다. 넉넉한 살림이 아니어서 약을 구하기가 그리 쉽지 않았다. 최선을 다한 효성은 보람도 없이 병환은 더욱 심해져 야속하게도 어머님은 집을 나간 큰아들을 그리워하며 모든 것이 이 어미의 탓이라고 자책하시며 끝내 눈을 감고 말았다.

　작은아들은 어머니를 떠나보낸 후 덕과 사랑으로 나라에 충성을 다했다. 종2품 벼슬에까지 올랐고 슬하에는 삼 남매(아들 둘에 딸 하나)를 두고 다복한 가정을 이루었다.

　생전에 어머니께서 60세 중반을 넘으면 젊고 유능한 인재를 위해 벼슬을 내려놓고 낙향하여 고향 후학들을 위해 살라고 하신 어머니 유언에 따라 서당을 열고 이웃을 도우며 무지한 백성들을 위하여 헌신해 오셨다.

큰아들도 과거에 급제하고 대를 이어 나라에 충성했다. 그러던 어느 날 고향 서당에서 후학들을 가르치던 훈장(아버님)이 쓰러지셨다는 연락을 받았다. 자녀들의 극진한 간호와 주위 사람들의 염려에도 불구하고 끝내 눈을 감으셨다.

가족과 주위 많은 사람들에게 덕을 베풀었던 대감을 잃은 비통함에 젖어 있었다. 그때 종종 찾아와 말벗도 되고 신세를 지던 걸인도사가 소문을 듣고 찾아와 "고인께 많은 신세를 졌습니다. 부족하지만 신세를 갚기 위해 대감님 묘 자리를 봐 드릴까 합니다. 내일 아침 같이 가보시지요."

"네 고맙습니다. 도사님!"

아침 일찍 걸인도사는 큰아들을 데리고 경기도에서는 제일 높고 험하다는 화악산을 향해 올랐다. 사방을 둘러보니 산을 오를 때는 험한 악산이었는데 중턱까지 오르고 나니 확 트인 경관이 아름답고 수려했다.

앞으로는 힘찬 산줄기가 감싸고 산 너머에는 굽이굽이 서려 있는 산맥에 운무가 감도는 것이 신비스러웠다. 양옆으로는 우청룡 좌백호를 상징하듯 산줄기가 힘차게 감싸고 있었다.

걸인도사는 짚고 있던 지팡이를 바닥에 꽂으며 "이 자리에 대감을 모십시오." 하고는 너털웃음을 웃어 보였다.

큰아들은 "이곳은 아름답고 평화롭게 보이는 양지바른 곳이지만 오르는 길이 너무 멀고 험악합니다."

걸인도사는 "아무 말 하지 마시고 꼭 이곳으로 모십시오. 다만 한 가지 부탁할 말은 아버님을 모시고 3년 상 마지막 날 무덤에서 피리, 꽹과리, 북소리가 진동하고 춤을 추며 노랫소리가 들릴 것이오. 마지막 닭 울음소리가 들릴 때까지는 절대 뒤를 돌아봐서는 안 됩니다. 만일 어길 시는 모든 기운과 운이 사라지게 되니 잊지 마십시오."라고 몇 번이고 강조하고는 그 길로 어디론가 사라졌다.

형제들과 종친 어른들과 상의 끝에 걸인도사가 정해준 화악산 중턱에 모시기로 하였다. 묘를 쓰기 위해 가평, 포천 사람들까지 동원되었다.

후손들은 묘막을 짓고 3년 상에 들어갔다. 화악산은 중턱에서 바라보면 사방을 가파르고 돌로 둘러싸인 악산이다. 그러나 유독 묘 자리 부근은 신기할 정도로 평온하고 아득하고 햇빛이 잘 드는 곳이었다.

사시사철 각기 특색 있는 풍광을 자랑하는 아름다운 곳이다. 자연의 변화는 모습을 보면서 3년을 지내는 동안 유독 겨울은 살을 에는 추위와 가끔씩 나타나는 들짐승 때문에 어려움이 많았다.

경기도에서 제일 높은 화악산 중턱에서 지내는 3년 상은 고통과 추위와의 싸움이었다. 3년이 끝나는 마지막 날 저녁이었다.

걸인도사가 말한 대로 불빛이 환하게 들고 북과 장고, 꽹과리, 피리소리가 요란히 들리며 아름다운 노랫소리가 산속을 진동했다.

밤이 깊어 자정쯤 되었다. 그동안 참아오던 큰아들이 성급한 나머지 닭 울음소리가 들리기 전 초막을 나와 묘 자리를 바라보았다.

그 때 인가도 아무도 없는 산속 어디선가 닭 울음소리가 두서너 번 반복해 들렸다. 아차! 하는 순간 걸인도사가 당부한 마지막 닭 울음소리가 들릴 때까지 돌아보지 말라고 한 말이 떠올랐다.

그 순간 모든 소리는 중단되고 묘지 위에서 한 쌍의 학이 긴 울음소리를 토해내며 석룡산石龍山 봉우리 멀리 날아갔다.

그렇게 아름다운 피리소리와 장고, 북소리도 끝나고 달빛에 유독 큰 묘만이 덩그러니 남아 있었다. 마지막을 참지 못하고 돌아본 자신이 원망스러워 후회하고 땅을 치며 통곡했다. 산에서 내려온 지 며칠이 지나 걸인도사가 찾아왔다.

"내 그만큼 당부를 했건만 어찌 그런 실수를 하셨습니까? 이제 그 운이 돌아오려면 백 년은 지나야 돌아올 것입니다."

걸인도사는 머리를 저며 안타깝다는 소리를 반복하고 홀연히 떠났다.

그 뒤 이야기는 독자의 상상에 맡기도록 하겠다. 과학과 문화가 발전한 현대인들에게는 설화 같은 이야기지만 용수골 이씨 집안에 대대로 구전되어온 사실적인 이야기다.

지금은 주위 사람들과 관광객들에게 전해지고 있다. 용수골 입구에는 태조(이성계) 18대손이 '로빈나문화마'을 운영하면서 문중을 지키고 있다.

협객 거지왕 김춘삼(1)

거지왕 김춘삼! 거지왕을 빼고 김춘삼에 대하여 누구냐고 묻는다면 모르는 사람이라고 할 것이다.

그러나 거지왕 김춘삼이라 하면 "아! 그 사람"하고 알아보는 사람이 많겠지만 그 대답은 각기 다른 것을 볼 수 있다.

어떤 사람은 일제하에서부터 해방과 6.25전쟁 후 5,60년대를 주름잡았던 김두한, 이정재, 시라소니, 이화룡과 더불어 어깨를 나란히 했던 주먹 1세대 협객 중 한 사람이라고 말하기도 하고, 전국 거지와 넝마주이, 부랑아, 양아치를 통합하고 그들을 위해 인생을 바친 고아의 아버지 거지왕초, 거지왕 또는 회장님, 총재라고도 했다. 한국 최초로 간척사업을 통해 바다와 임야를

드라마 왕초 주인공 차인표와 거지왕 김춘삼

개발하여 고아와 부랑아들을 선도하고, 이주를 시키고 결혼까지 시켜 삶의 희망을 준 고마운 분이라고도 전한다.

말년에는 공해추방운동을 위해 환경단체를 설립하고 이끈 개척자이자 사회사업가이며 진정한 애국자라 하기도 한다.

그밖에도 많은 사업과 별명이 따라다닌 별난 인생을 살아온 거지 인생이었다. 이런 그를 언론에서는 가만두지 않았다. 일거수일투족이 뉴스가 되고 작품의 소재가 되었다. 주먹과 거지 세계를 넘나들면서 많은 일을 추진해온 그에게는 색다른 별명을 안겨주었고 그것이 신문잡지, 방송, 영화계까지 관심을 두게 되었다. 마침내 영화로 제작 '거지왕 김춘삼'이라는 제목으로 1975. 1. 20일 국도극장에서 개봉하며 흥행에 성공한 작품이다.

1999.4.5~2000.7.6까지 MBC 드라마 '왕초'로 방영되어 30%의 시청률을 올리기도 했다. 그 외에도 소설(4권), 만화로 연재되어 어린이에서부터 성인까지 입을 통해 오르내린 화재의 인물이었다. 하나 그 내용 면에 있어서는 문제가 많다. 어느 잡지에서는 독자의 흥미를 끌기 위해 뒷골목을 이끈 깡패 두목, 거지 대장, 양아치 대장, 바람둥이, 건달로 묘사되기도 했다.

또 어떤 삼류 잡지에서는 김춘삼은 거지를 등에 업고 물질을 착취해 호의호식하는 거지 황제라는 등 악의적인 글을 싣기도 했다. 하여간 거지왕 김춘삼은 한 시대 화제의 인물로 언론, 방송, 영화, 문학의 소재가 되기도 했다. 이렇게 많은 사람과 언론에서 말하고 있는 "거지왕 김춘삼"은 주위에서 일방적으로 붙여준 별명이 아니다.

전국지역 거지대장들과 주먹패, 넝마주이(재건대) 대장들이 서울 명동에 있는 '시공관'이라는 극장에 모였다. 이 모임은 진정한 한국의 거지와 부랑아, 양아치를 대표하는 거지의 아버지 거지왕을 선출하기 위해서였다. 이 중에는 5,60년대를 이끈 주먹 황제 김두한을 비롯해 알만한 얼굴이 많이 보였다. 물망에 오른 거지왕 후보는 두 사람이었다. 그중 김두한 대장은 투표하기 전 단상에 나와 "나는 자격이 없습니다. 주먹과 거지 세계를 넘나들면서 생활하였지만, 걸인들을 위하여 한 일이 없습니다. 그러나 여기 김춘삼 대장이야 말로 거지와 부랑아, 양아치를 위해 살아온 진정한 지도자입니다."하고는 김춘삼의 오른손을 번쩍 들어 올렸다.

투표는 시작되었고 시간이 흘러 투표가 끝나자 이어서 결과가 발표되었다. 만장일치로 김춘삼 후보가 거지왕이 됨으로써 공식적으로 세상에 공포되었다.

그 뒤로부터는 거지왕 김춘삼으로 불리게 되었으며 공식적인 행사나 서류에도 거지왕 김춘삼으로 사용했다. 내가 거지왕 김춘삼을 처음 만난 것은 하한수 영화감독 밑에서 연출 수업을 받고 있을 때였다. 대원호텔 1층 대원다방에서 감독님의 소개로 만났다.

그것이 인연이 되어 내가 그의 양아들이 되었으며 많은 사랑을 받은 사람이다. 양아버님으로부터 그동안 듣고 보고 직접 체험했던 사실을 이 지면을 통해 진솔하게 남기고 있음을 말해 두고자 한다.

그의 고향은 1928년 2월 1일 평안남도 덕촌에서 태어났으며 남매 중 동생이었다. 일찍 아버지를 여의고 홀로된 어머니와 함께 살다가 생활고에 지친 모친께서는 자식들을 강원도 정선 외갓집에 맡기면서 "엄마가 꼭 너희들을 데리러 올게"라는 울음 섞인 말을 남기고 대전 근방 어디론가 개가를 하여 떠나셨다. 한동안 외가댁에 얹혀 살던 남매는 그립고 보고픈 어머니를 찾기로 결심하고 길을 나섰다. 몇 날 며칠 산을 넘고 물을 건너 낯선 길을 따라 걷고 또 걷다가 어느 산중에서 일본인 사냥꾼에게 유괴되어 그들을 쫓아다니며 짐승을 유혹하는 미끼 노릇을 해야만 했다.

주린 배를 움켜잡고 거기다 짐승들의 밥이 될지도 모른다는 공포와 추위에 떨고 있을 때 잠시 자리를 떠났던 누나는 의문의 죽임을 당했다. 그렇지만 어린 동생으로서는 어쩔 수 없었다. 일제 억압 속에 살아야 했던 우리 민족은 원통했지만 어쩔 수 없었다. 그때 일본인 사냥꾼 보조역으로 따라다니던 한인 털보 아저씨의 도움을 받아 탈출할 수가 있었다.

동내로 내려온 그는 대구 시내 어느 다리 밑을 찾아들었다. 거지들이 모여 사는 움막이었다. 이것이 그의 거지 생활의 첫 시작이었다. 그때 나이는 8살. 처음 거지가 된 신고식이라며 구타하고 앵벌이(구걸이나 돈벌이)를 못 해 온다고 사정없이 매질하곤 했다. 전신에 멍이 들고 상처가 아물 날이 없었다. 그런 고통과 서러움 속에 1년이 되었을 때였다. 거지 대장의 매질과 횡포를 못

마땅하게 여기던 거지들과 김춘삼은 어느 날 15살 먹은 동료가 반항한다고 심한 매질을 당하다 끝내 목숨을 잃는 것을 목격했다.

유난히 의협심과 정이 많았던 김춘삼은 더 이상 참을 수가 없어 대장에게 반항하며 결투를 신청했다. 그리고는 대결 방법을 내놓았다. 힘으로는 대장을 이길 수 없었기에 '기차 철로에 가로 누워 누가 더 오래 버틸 수 있는지 인내와 배짱을 시험하는 결투였다. 대장은 배짱, 주먹, 인심이 강해야 진정한 거지대장이 될 자격이 있는 것이라는 제안에, 대장은 '너 같은 것 하나쯤이야.' 하는 오만으로 어린 김춘삼을 얕잡아 보고 흔쾌히 승낙했다.

협의를 끝내고 곧 실천에 들어갔다. 둘은 철로에 나란히 누워 기차가 오기를 기다렸다. 거지 동료들은 깡통을 두들기며 흥을 돋우고 환호를 했다. 드디어 멀리 열차가 오는 것이 보였다. 둘의 얼굴에는 땀이 흐르고 얼굴 표정이 일그러져 갔다. 다가오는 열차의 기적소리는 허공을 가르고 무서운 속도로 달려오는 소리가 귓전을 때렸다. 거지 대장의 얼굴은 겁에 질린 공포의 모습이 역력했다. 한편 김춘삼은 비를 맞은 듯 얼굴과 옷깃이 젖고 있었지만 표정은 담담했다.

열차가 더 가까이 기적을 울리고 다가오는 소리에는 심장이 뛰는 공포에 휩싸였다. 고막을 찢을 듯한 경적에 전신이 얼음장같이 굳었다. 겁에 질려 불안과 공포에 떨고 있던 대장이 더 이상 견디지 못하고 철로 밖으로 뛰쳐나갔다. 그래도 김춘삼은 끄떡 않고 다가오는 열차 소리에 몸을 떨면서도 눈을 감은 채 버티었다. 벼

락같은 기적소리가 허공을 가르고 바짝 다가오는 것을 느끼는 찰라 몇 초 사이에 선로에서 비호같이 몸을 날려 철길 밖으로 나뒹굴었다.

열차는 요란한 소리를 몰고 기적을 울리며 아무 일도 없었다는 듯 멀리 사라져 갔다. 철길 밖으로 나뒹군 김춘삼은 한동안 눈을 감은 채 벌러덩 누웠다가 눈을 뜨니 옆에는 대장이 서 있고 주위로는 70여 명의 거지 동료들이 지켜보고 있었다. 대장은 "내가 졌다. 이제부터 대장은 너다."라는 말이 떨어지자 "와~ 대장 김춘삼!" 하고 환호했다. 이로써 그는 거지가 된 지 1년 만에 70여 명을 이끄는 9살의 어린 거지 대장이 된 것이다.

그 뒤 세력을 넓히고 평화와 사랑으로 거지들을 이끌던 중 지역을 넓혀 교통의 요지인 대전 거지 움막 촌들을 점령하고 터전을 옮기며 양쪽 촌을 관리하게 되었다. 그는 힘을 키우기 위해 시간이 나면 체육관을 찾아 권투를 배웠다. 날이 갈수록 무서울 정도로 근력이 대단하여졌다. 권투선수가 되라는 권고를 받았지만, 그는 오로지 거지 식구들만 생각했다. 오로지 그들을 위하여 운동을 했다. 그러던 어느 날 그렇게 보고 싶고 그리웠던 어머니를 찾기 위해 수소문하던 중 어머니가 계신 곳을 알게 되었다. 그 동안 어머니한테는 새아버지와 남동생과 여동생이 있었다.

어머니가 계신 집으로 들어가 살면서 한편으로는 움막 거지들을 보살피는 일에 힘을 쏟았다. 내가 불편해 할까봐 여러모로 신경을 쓰시면서 초등학교(국민학교) 입학을 시키려고 하였지만 일제 강점기라 필수과목인 일본어를 해야 하는데 그 말 배우기가 싫어 입학 대신 체육관을 찾았다. 어린 김춘삼은 언젠가는 주먹계의 일인자가 되어 약자를 도우리라. 다짐했다.

건강하고 강인하게 성장한 그는 드디어 서울 염천교를 점령하고 입성하게 된다. 그러나 6월 25일 김일성의 남침으로 수도 서울을 빼앗기고 대전, 대구 낙동강까지 밀리게 되었다. 이때 잠시 거지 형제들과 작별하고 자진해서 입대를 하고 지리산 공비토벌 등 여러 전투에서 혁혁한 공을 세우다가 부상을 당하여 육군 병원에 입원하게 되었다. 전쟁이 끝나기 몇 개월 전 입원 중 육군 특무상사로 제대하고 염천교로 돌아왔다. 그는 힘 있는 주먹 패와 거지들을 모아 체제를 튼튼히 하고 세력과 나아바리(관리지역)를 넓혀 나갔다.

그때부터 김두한, 시라소니 같은 주먹세계의 협객들과 어깨를 나란히 했고 그러는 사이 무수한 결투와 지역 깡패들과 싸움을 해야 했다. 그럼에도 불구하고 그의 머릿속에는 데리고 있는 거지 식구들과 헐벗고 굶주리는 약자들 생각뿐이었다. 전쟁으로 무수한 생명이 목숨을 잃었고, 거리에는 부모·형제를 잃은 고아들로 넘쳐났다. 그들을 구하기 위해 무소유철학(無所有哲學)을 내세워 거지들에게 "여러분이 아무것도 갖지 말라는 것이 아니라 무의미한 것을 소유하려는 탐심을 줄이고 살라"고 교육했다. 그는 4·19 혁명이 있던 "합심원(고아원)"과 합심원자활개척단을 설립하였다. 서울 본부와 부산, 대구, 대전, 광주에 지원을 두었다. 추위와 허기에 시달려야 했던 고아들을 수용해 나갔다.

미국대사관에서 소문을 듣고 김춘삼 원장을 불러 치하하고는 자초지종을 듣고 난 대사는 지원해 줄 것을 약속했다.

또한 일본 거지들의 아버지라 불리는 목사님 한 분이 한국의 김춘삼을 만나본 후 적극적으로 한국 고아들을 도왔다.

그 뒤로는 쌀, 의복, 식료품이 풍족하게 들어와 전국 고아들이 배부르고 안락하게 지낼 수 있었다. 나라 정세가 어지럽고 혼란을 겪을 때 5.16 군사혁명이 일어났다. 이때에 거지왕 김춘삼은 대한자활개척단을 설립하고, 한국 최초의 간척 사업으로 전라남도 법성포 앞바다를 막아 농토를 만드는 개발사업에 들어갔다.

서울 본부에서는 일백 명의 특별 단원을 모집하고 개발 현장에 투입할 단원 모집에 들어갔다. 특별 단원은 단복과 모자, 배지를 달도록 했다. 그리고 신분증을 발급해 영등포에서 청량리까지 오고 가던 전차를 무료 승차하게 했다. 개척단 단원들에게는 목적과 취지, 사업의 중요성을 교육하여 각처에 흩어져 개발 사업에 동참할 단원을 모집하게 했다.

이렇게, 전국을 누비며 모집한 인원과 소문을 듣고 자진해서 모여든 인원이 모두 천여 명이 넘었다. 모집하는 조건은 간척 사업으로 막은 바다를 농토로 만들어 단원 1인당 10마지기(1,500평)를 나눠주어 삶의 터전을 마련해 주는 일이었다. 그러나 막상 모집한 대원들은 절반이 결혼을 하지 않았거나 상처(喪妻)를 한 사람들이었다. 거지왕 김춘삼은 새로운 생각을 하게 된다. 바로 합동결혼식이었다.

　자활개척특별단원 백여 명은 사창가, 청량리 588, 종로 뒷골목, 영동포 사창가, 윤락여성들과 가정이 어려워 결혼식을 못 올리고 사는 부부들을 각 동회를 통하며 모집에 나섰다. 대상자는 양쪽을 합하여 무려 1,700쌍 3,400명이나 되었다. 이 많은 인원이 합동결혼식을 할 장소는 경기고등학교 운동장이었다. 그러나 문제가 생겼다. 한 번도 대면한 적도 없는 사이에 장신인지, 단신인지, 예쁜지, 미운지, 앉은뱅이인지 곰보인지 알 수가 없는 상태에서 짝을 정한다는 것이 큰 문제였다.

　거지왕 김춘삼은 생각다 못해 묘안을 생각해 냈다. 결혼식 전날 경기고등학교 운동장으로 모두 소집하고 미리 준비한 수건을 하나씩 나누어 주고, 남자는 우측 끝쪽으로 여자는 좌측 끝쪽으로 서게 하고 일차에 2백 명씩 앞에 일렬로 세워 미리 나누어 준 수건으로 눈을 가리고 훈령에 맞추어 달리게 했다.

　서로 뛰다가 만나는 상대가 자기 짝이었다. 불평이 나왔지만, 거지왕 김춘삼은 단상에 올라 "오늘 맺어지는 짝은 하늘이 맺어준 천생연분이다. 그리고 여러분들의 노력과 인내로 영광 법성포 앞바다 간척사업은 10마지기(1,500평)의 토지를 갖게 될 것이며 새로운 삶을 살 게 될 것이다. 그것이 싫다면 지금이라도 돌아가도 좋다."고 호통을 쳤다. 말이 끝나자마자 불평불만이 싹 사라졌다.

　그 이튿날 결혼식에는 후원자와 사비를 털어 신부에게는 금반지를 신랑에게는 만년필을 선사했다. 많은 사회 인사들과 가족이 축하하여 주는 가운데 한국 최초의 합동결혼식이 무사히 끝났다. 며칠간의 신혼을 보낸 부부를 곧바로 육군본부에서 제공한 군 트럭을 이용하여 서울을 떠났다.

막상 현장에 갈 사람은 500여 명, 부인까지 합하여 1,000명으로 추려 20여 대의 트럭에 나누어 타고 영광 법성포 현장으로 향했다. 간척 사업에 필요한 모든 장비는 후원회사와 뜻있는 자선 사업가의 도움으로 준비가 끝나고 미리 현장으로 보내졌다. 단원들은 덜컹거리는 군용트럭에 실려 짐짝처럼 의지해 달리다

국도극장 포스터

보니 녹초가 되어 해질 무렵에야 현장에 도착하였다. 미리 준비된 가건물 숙소에 나누어 들었다. 피곤함에 지친 남녀 단원들은 제멋대로 누워 이내 잠에 취해 버렸다.

간척 사업이 시작된 것은 일주일이 지나서였다. 처음 바라보는 현장은 끝도 없는 바다와 그 사이에 있는 몇 개의 섬뿐이었다. 막막하고 허탈할 뿐이었다. 거지, 양아치, 깡패로 막살아온 인생들이 모인 곳이라 이유도 많고 싸움이 잦아 조용할 날이 없었다. 거지왕 김춘삼은 이와 같은 일을 미리 예측하고 주먹과 배짱, 머리가 좋은 특별 단원들을 교육해 왔고, 이 단원들이 현장 구대장이 되어 통솔하게 했지만 어려움은 말할 수 없이 많았다. 이런 가운데 바다를 막는 간척 사업은 계속되었다. 돌을 깨고, 흙을 파 트럭에 싣거나 리어카로 섬과 섬 사이를 막아 나갔다. 언제 끝날지 막막했고 자신이 한심하기만 했다. 1년이 지나고 2년이 지나도 별로 성과가 나지 않았다. 단원들은 불평불만 하다가도 땅을 보상으로 받는다는데 다시 힘을 내고 개미같이 작업을 계속했다. 그러나 갈수록 식량 사정이 나빠졌다.

정부에서 지원해 주던 쌀과 보리쌀이 줄어들고 보리쌀 조금과 좁쌀이 전부였다. 단원들의 배를 채우기에는 너무 부족했고 반찬으로는 소금에 절인 짠 무 조각뿐이었다. 여기에 불만을 품은 단원들은 반항과 끝내는 데모로 이어졌다. 갯벌은 전쟁 마당이 되었고, 자기들끼리 싸우고 칼부림까지 나 단원 중 죽는 사람까지 생겼다. 정부에서 내주는 식량을 중간 관리들이 착복을 하다 보니 이런 불상사가 생겼다.

단원들은 벌 떼같이 책임자들을 때려죽인다고 날뛰었다. 이런 사정을 보고받은 거지왕 김춘삼 단장은 현장으로 내려가 모든 사정을 듣고 "모든 것은 내 잘못이다"라고 사과를 하고 해결하겠다는 약속을 하고 서울로 돌아왔다.

거지왕 김춘삼 단장은 정부 기관에 들어가 호통을 치고 원래대로 돌려놓을 것을 약속받았다. 그로 인해 공무원들이 문책을 당하고 몇몇 공무원은 옷을 벗어야 했다. 그 뒤부터는 전처럼 식량과 부식 배급이 잘 이루어졌고, 간척 사업도 성과가 나타나고 끝이 보이는 것 같았다. 세월이 흘러 그렇게 바라던 육지와 섬 사이가 마지막 이어지는 순간 수십만 평의 평야가 생기는 몇 년 만에 대역사가 끝났다.

단원들과 구대장들은 서로 얼싸안고 평야가 된 갯벌을 뛰고 뒹굴며 "와~우리가 해냈다"하고 웃고 울었다.

마무리를 경축하는 날 정부 인사와 관내 군수 외 많은 인사가 참석한 가운데 진행되었다. 마지막까지 남은 단원은 200명 부인을 합쳐 400명 정도였다. 이들은 약속대로 10마지기(1,500평) 땅을 받게 되었다. 그러나 땅을 받아 기분이 좋았지만 문제가 생겼다. 바다를 막아 농토가 된 토지는 황토를 부어 몇 년을 기다려야 소금기가 빠지고 농사를 지을 수 있는 옥토가 된다고 한다.

단원들은 그동안을 참지 못하고 지역 주민들에게 헐값에 팔고는 서울로 올라오고 일부만 남아 토지를 지켰다는 소식에 거지왕 김춘삼 단장은 가슴 아파하였다. 이렇게 그는 한국 최초로 바다를 막아 농토를 만들고 지도를 바꾼 위대한 거지왕이었다. 말년에는 공해추방 운동을 위해 환경단체와 환경신문을 만들어 헌신해 오다 지병으로 국가보훈병원에 입원해 운명하시기 전 친자식과 양아들인 나와 몇몇 아들이 모인 가운데 마지막으로 이렇게 유언했다.

"사람이 살다가 마지막 갈 때는 가지고 가는 것은 없지만 많은 것을 남기고 가는 인생들이 되거라." 하는 말씀과 "거지로 태어나는 것은 내 탓이 아니나 거지로 죽는 것은 내 탓이다."라는 말씀을 남기고 조용히 눈을 감고 대전 현충원에 안장되었다.

슬하에는 3남매를 두셨고 여동생들은 출가하여 단란한 가정을 이루고 있다. 장남 김홍식은 미국 성서대학과 필리핀 마닐라 시립대학에서 교육학박사 학위를 받았다. 전북대학교와 칼로스 M. A.대학(현 키스톤 유니버시티)에 교수로 근무하다 정년퇴직을 하고 지금은 홀로된 어머니를 모시고 가족과 함께 행복한 나날을 보내고 있다. 지금도 우리들은 마지막 유언을 생각하며 값지고 사랑을 베푸는 인생을 살겠다고 다짐한다.

협객 거지왕 김춘삼金春三 (2)

전라남도 영광 법성포 간척 사업(바다를 막아 농토를 만드는 사업)이 본격적으로 시작 된지 1년 쯤 되었을 때다.

대한자활개척단본부 사무실로 국가재건최고회의 박정희 의장 비서실로부터 전화한통이 걸려왔다.

각하께서 만나 뵙기를 원하시니 2시까지 들어오라는 말만 남기고 그 이유는 말하지 않았다. 당시의 나라 사정은 불안하고 어수선했다. 5.16군사정변이 있은 후에는 대한민국 헌법은 중단되고 국회와 대법원이 무력화되었다.

군부에서는 "국가재건최고회의"라는 기관을 두어 갑작스런 군정치가 시작되었다. 나라 형편은 급박하게 돌아가고 국민들은 영문도 모른 채 불안 속에 있었다.

이런 때에 그것도 국가재건회고회의로부터 받은 전화는 사무실 직원들은 불안하면서도 의아스럽고 어수선하게 만들었다. 허나 당사자인 거지왕 김춘삼은 담담하면서도 말이 없었다.

직원들과 단원들의 분위기는 불안감이 역력했다. 그것은 국가재건최고회의 군검찰부에서는 사회정화운동이라는 명목 아래 부정부패자와 사회의 악이 되는 깡패, 사기꾼, 건달들을 마구 잡아들여 취재하고 있었다.

한동안 말이 없이 침묵 속에 있던 그는 평상시 입던 단복과 오래된 벙거지(낡은 중절모)를 들고 사무실을 나가며 "나 갔다 올게"하자 직원들은 "정장에 넥타이라도 매고가시죠."했다.

"거지가 이만하면 신사지 뭐가 더 필요하단 말인가?"

이 한마디를 하고 손에 들고 있던 낡은 벙거지를 푹 놀러 쓰고는 묵묵히 사무실을 나섰다. 국가재건최고회의 건물에 도착한 그는 입구에 들어서자 무장을 한 군인들의 경비가 삼엄한 가운데 간단한 조사를 거쳐 사무실로 안내되었다.

의장실로 들어가기 전 비서실에는 군복차림에 대령 계급장을 단 비서실장과 앞쪽으로는 사복한 정보부 사람으로 예상되는 직원이 예리한 눈으로 지켜보고 있었다. 비서관은 김춘삼의 옷차림을 아래위로 훑어보고 물었다.

"누구십니까?"

"전화를 받고 온 김춘삼입니다."

"아, 거지왕 김춘삼씨. 각하께서 기다리고 계십니다."

그가 의장실로 안내했다. 박정희 의장의 모습은 안 보이고 커다란 나무책상에는 국가재건최고회의 의장 박정희라는 명패가 보이고 그 너머 창밖을 향한 의자에 사람의 머리만 보였다.

"각하, 김춘삼 씨가 오셨습니다."

그 사람이 의자를 돌리며,

"오, 그래?"

그는 예리한 눈으로 거지왕 김춘삼을 바라보았다. 군청색 점퍼 어깨에는 왕별 두 개가 빛나고 있었다.

"임자는 나가 봐."

"네!"

비서관은 절도 있는 거수경례를 하고 나갔다. 박정희 의장은 담배를 피우며 김춘삼에게도 권했다.

"아닙니다."

겸손히 사절했다.

"임자가 그 유명한 거지왕 김춘삼이오?"

"네, 유명한지는 몰라도 김춘삼은 맞습니다."

"임자에 대한 이야기는 많이 듣고 있었어요. 지금은 대한자활개척단 단장으로 전남 명광 법성포 앞바다를 막는 간척사업을 하고 있지요?"

"네, 그렇습니다. 각하의 도움으로 많은 힘이 되고 있습니다."

"임자가 김두환, 이정재, 시라소리, 이화룡과 같이 주먹 1세대를 이끈 협객 중 한 사람이라 하던데……."

"글쎄요. 저를 그렇게 말씀을 해 주시는 것은 감사합니다만 저는 거지입니다. 과거나 현재도 미래도 거지일 뿐입니다."

"거지라……. 거, 좋지요.(잠시 생각을 하다) 자유당 정권 때는 '합심원'이란 고아원을 전국에 건립하고 6.25전쟁으로 부모를 잃고 거리를 헤매고 있는 고아를 돌봐왔다는 것을 잘 알고 있어요. 거기다 개척단을 만들어 건달들이나 부랑아들을 수용하여 바다를 막아 농토를 만들고 길을 닦고 재난을 방지하기 위해 방죽을 쌓고 하는 일은 아무나 하는 일이 아니에요. 임자 같은 사람이야 말로 진정한 애국자예요."

그리고 이어 말했다.

"지금 이 나라는 임자 같은 사람이 필요해요."

"저를 많은 사람들이 주먹 패나 건달로 오해하시는 분들이 많은데 저는 깡패나 건달이 아닙니다. 그저 무식한 거지일 뿐입니다. 그런 제가 무슨 훌륭한 사람이라니 당치 않으십니다. 저는 오로지 거지들과 불우한 이웃을 위해 뛸 뿐입니다. 그들을 위해 바다를 막고 거리의 폐품을 줍는 것은 오로지 거지들의 삶을 위해서입니다. 저는 단원들에게 무소유無所有란 말을 자주 합니다. 아무것도 소유하지 말라는 의미로 말하는 것이 아니라 불필요한 것을 소유하려는 마음을 갖지 말라는 뜻에서 사용하곤 합니다."

"사실은 임자의 그런 보고를 받고 깊은 감명을 받았어요. 하여 국가 최고회의를 통해 정부차원에서 도울 수 있는 길을 찾아보라고 했어요."

"각하, 감사합니다. 열심히 하겠습니다."

박정희 의장은 심각하게 말했다.

"내가 더 감명을 받은 것은 나라를 좀먹고 있는 깡패나 건달들을 설득시켜 개척단원으로 참여시켰을 뿐 아니라 그들을 합동결혼식을 올리게 하고 삶의 희망을 찾아준 것이오. 그것도 무려

1,700쌍을 짝을 지어 주려면 많은 어려움이 있었을 텐데."

"네, 각하 그렇습니다."

하고 이야기를 시작했다. 내용은 이렇다. 여러 모로 생각하다 남녀 합하여 3,400명을 경기고등학교 운동장으로 모이게 하고, 남자와 여자를 분리해 운동장 끝 쪽으로 세웠다. 이들은 서로, 대면을 한 적도 없고 키가 큰지, 작은지, 예쁜지, 미운지, 곰보인지 서로 모르는 상태에서 짝을 만나게 하는 일은 너무나도 어려웠다. 여러 모로 생각한 끝에 이런 희한하고도 별난 생각을 해낸 것이다.

백 명씩 일렬로 세워 미리 준비한 수건으로 눈을 가리게 하고 앞으로 뛰어 하는 훈령 소리에 일제히 달려 나가다 서로 만나는 상대가 자기의 짝이 되게 하였다.

이때 이야기를 듣던 박정희 의장은 탁자를 치며 호탕하게 웃었다.

"하하하, 정말 기발한 생각이구먼. 별나고 특별한 결혼식이야. 으하하하하."

갑자기 탁자를 치는 소리와 웃음소리에 놀란 비서관은 급히 문을 열고 들어서며 물었다.

"각하 무슨 일이십니까?"

박정희 의장은 여전히 웃으며 손을 저었다.

"아무 것은 아니야. 나가 보라구."

"네, 각하."

비서관은 이상하게 생각하며 사무실을 나갔다.

"임자는 참으로 못 말리는 엉뚱하고 별난 사람이오."

"별난 인생이라 죄송합니다."

하고 웃으니 박의장도 따라 호탕하게 웃었다. 마치 어린 시절 근심 걱정 없었던 동심의 세계로 돌아온 것같이 둘은 마냥 즐거워했다. 웃음을 멈춘 박정희 의장은 또 엉뚱한 질문을 했다.

"임자는 한일극장 뱀 소동과 당대 협객이었던 시라소니(이성순)와 대결한 유명한 일화가 있다던데 한번 털어 놔 보시오. 요즘 국가일로 골치 아파 죽겠는데 오랜만에 임자 덕에 웃어봅시다."

마지못해 이야기하는 거지왕 김춘삼의 말의 내용은 이러했다.

전쟁 중에 부모를 잃고 거리를 헤매고 있는 지금의 양딸을 만나게 되었다. 착하고 똑똑하고 거기다 예쁘기까지 했다. 우리는 가족이 되어 사랑을 주고받았다. 그러던 어느 날 서울에 있는 한일극장에서 직원을 모집한다는 신문광고를 보고 그녀가 면접을 본 것이 합격되어 극장 사무실에서 근무하게 되었다.

사장은 예쁘고 날씬한 몸매를 가진 신입사원을 보는 순간 음흉한 생각을 하게 되었다. 입사한 지 2개월 정도 되었을 때, 어느 날 저녁 마지막 영화 상영이 끝나고 늦게 남아 있던 그녀가 퇴근을 하려고 할 때 사장으로부터 전화가 걸려왔다. 커피 한잔만 타 가지고 사장실로 오라고 했다. 사장님께서 이 시간까지 사무실에 계신 것을 이상히 여기며 찻잔을 들고 사무실로 들어섰다.

탁자 위에 찻잔을 내려놓고 나가려는 순간 사장은 다가서며 능글맞게 수작을 걸어왔다. 손목을 잡으며 피곤할 때 쉬는 간이 침랑으로 밀었다. 내 말을 들으면 월급도 올려주고 행복하게 해주겠다며 강제로 치마를 걷어 올렸다. 힘을 다해 반항했지만 역부족이었다. 그래도 최선을 다해 거세게 반항을 하는 그녀를 사장은 억센 주먹으로 여자의 연한 넓적다리를 강타했다.

그녀는 "윽!" 소리와 함께 실신하고 말았다. 사장은 무자비한 악마가 되어 자기 욕구를 채웠다. 그로 인해 얼마 안 가서 그녀는 임신을 하게 되었고 늘 불안 속에 있다가 할 수 없이 사실을 사장에게 말했다. 말을 듣고 난 사장은 얼굴색 하나 변하지 않은 채 돈 몇 푼을 던져주며 병원에 가서 애를 지우라고 했다.

혼자만 애태우던 그녀는 더 이상은 참을 수가 없어 아버지(거지왕 김춘삼)에 사실대로 털어놨다. 딸의 말을 듣고 난 거지왕 김춘삼은 분한 마음을 억누르고 그날 밤을 보낸 뒤 한일극장을 찾았다.

"누구십니까?"

"인사는 나중에 하기로 하고 먼저 나한테 맞아야 되겠어."

눈 깜짝할 사이 김춘삼의 주먹과 발이 사장의 얼굴을 강타했다. 덩치가 큰 사장은 순식간에 마룻바닥에 뒹굴었다. 건장한 남자 직원들이 소리를 듣고 달려와 대들었지만 그들 역시 거지왕 김춘삼의 발과 주먹에 쓰러지고 말았다.

"내가 누구냐고? 내가 바로 거지왕 김춘삼이야! 네가 농락한 여사원의 애비도 되고…….(오른 발로 사장 목을 누르며) 이 나쁜 놈,

네 놈이 내 딸을 겁탈하고 임신까지 시켜놓고 돈 몇 푼을 던져주며 애를 떼라고? 이 죽일 놈 어떻게 할 거야. 책임을 져야지?"

"죽을죄를 졌습니다. 그에 대한 배상은 충분히 해드리겠습니다."

"배상? 당신 돈이 많은가 보지? 돈이면 다 된다고 생각하는 네 놈을 가만 둘 수가 없어. 꽃 같은 내 딸의 장래는 사람의 탈만 썼을 뿐 악마네.(미친 듯 반은 울고 웃으며 발로 목을 조이며)으하하 흑흑."

말이 떨어지자 그의 오른발은 사장의 얼굴을 강타하자 피가 튀어 오르고 얼굴은 흉악하게 일그러졌다.

"너는 내 딸에 대한 책임을 일평 생지고 살아야 할 거야."

사장과 직원들을 반 죽을 정도로 만들어 놓은 것도 부족해 사무실 집기와 명패를 부수고 뇌성 같은 울음석인 소리를 토해내며 사무실을 나왔다.

사무실로 돌아온 거지왕 김춘삼은 급히 지리산 땅꾼을 불러올리고 그들을 통하여 구렁이 독사, 살모사, 율무기(꽃뱀) 등을 구입하고 이빨을 뽑았다.

그리고는 각각 다섯 자루에 나눠 담았다. 대원들을 시켜 영화가 한창 상연되는 시간에 극장 여기저기 앉아있던 대원들은 뱀을 풀어 놓았다.

10분 정도 지났을 때 아악~ 하는 자지러지는 비명소리가 들리고 여기저기서 뱀이다, 어머나! 하나님 하고 아우성이었다.

뱀은 여자의 다리를 기어오르고 의자에까지 올라와 손끝에 잡히자 소스라치는 비명으로 극장 안은 난장판이 되고 말았다.

영화도 중단되고 극장 안은 불이 들어왔다. 관객들은 출구를 향하여 서로 먼저 나가려고 밀치고 쓰러지며 아우성이었다. 신문에도 기사화되어 전국의 화제거리가 되었다. 그 뒤로 1년 이상 영업이 되질 않았다고 한다. 그 다음 이야기는 상상에 맡기며, 다음이야기를 하겠습니다.

박정회 의장은 활짝 웃으며 박수를 쳤다. 거지왕 김춘삼은 다시 시라소니에 대한 이야기를 시작했다. 시라소니는 당대의 의리의 주먹잡이이였고 박치기의 명수이자 싸움의 명수였다. 그렇다고 약한 자를 괴롭히거나 깡패로 살아가는 부랑아는 아니었다.

지금은 북한에서 월북한 사람들끼리 모여 있는 명동 이화룡 파에 적을 두고 있었다. 중국 일대와 만주를 오가며, 일본인들과 마적, 깡패들을 혼내주었던 협객으로 빨갱이(공산주의)가 싫어 남한으로 온 사람이다.

그는 어떤 상대든 힘을 겨뤄보기를 좋아했다. 김두한 대장하고도 그랬고, 이정재하고도 그랬다. 김춘삼에게도 어떤 소문을 들었는지 몰라도 어느 날 정중하게 결투를 신청해 왔다.

그러던 어느 가을날 충무로3가 수도극장 옆 수도다방에서 서로 만나게 되었다. 둘은 누가 먼저라 할 것도 없이 눈빛으로 오늘 결판을 내자는 뜻을 교환했다. 김춘삼은

"여기는 영업장소니 밖으로 나가자"

하자 시라소니는 "거 좋지"로 답변했다.

먼저 밖으로 나온 김춘삼은 도로 가로수 앞에 서서 기다렸다.

드디어 시라소니는 다방 문을 나와 거지왕 김춘삼 앞으로 다가섰다. 순간 비호같이 몸을 날려 머리를 날렸다. 그 사이 김춘삼이 비호같이 피하자 시라소니의 머리는 '쾅!'하는 소리와 함께 가로수 나무에 박치기를 하자 가지가 흔들리며 낙엽이 우수수 떨어질 정도로 엄청났다.

얼마나 세게 받았는지 가로수 아래 주저앉아 한동안 눈을 감은 채 일어나질 못했다. 김춘삼은 다가서며 "당신의 박치기는 괴물이었소. 내가 오늘 피하지 않고 그 박치기를 맞았다면 아마 나는 이 세상 사람이 아닐 것이오.(웃으며) 당신을 살인자로 안 만들었으니 감사하시오. 그리고 천하가 다 아는 거지하고 싸워 이겼다고 하면 세상 사람들이 뭐라 하겠소. 거지나 때리고 협박하는 졸장부다 할 것 아니요. 자, 이만하면 내가 당신의 은인이 아니요. 앞으로 우리 좋은 친구가 되어봅시다."

그러면서 시라소니에게 손을 내밀었다. 김춘삼의 말을 듣고 난 그는 어이가 없다는 듯 웃으며 손을 내밀어 맞주잡았다.

"당신은 정말 비호같았어. 아직까지 내 주먹과 박치기를 피한 사람은 없었거든, 당신이 내 박치기를 피한 첫 번째 사람이오."

"그런가요?"

둘은 기분 좋게 웃었다. 그 후 시라소니는 자유당 시절 대통령 후보 신익희 선생의 경호와 장면 선생님의 경호를 맡기도 했다. 그는 건달 세계를 뒤로한 채 그 누구도 모르게 사라졌다가 진실한 기독교인이 되었다.

교회를 개척하여 어려움을 당할 때 김춘삼은 자신이 운영하고 있던 체육관을 내주기도 했다.

박의장은 김춘삼씨의 이야기를 다 듣고는 "참으로 아름답고 즐거운 얘기 고마웠어요. 오랜만에 인간다운 소리를 들은 것 같습니다."

"감사합니다."

"임자를 이렇게 부른 것은 국토개발단 문제로 보자고 했소."

"국토개발단이라니요?"

"그렇소, 개발단을 임자가 맡아주었으면 좋겠어요. 그동안 국가를 좀먹고 선량한 백성을 괴롭혀 왔던 부정축재자, 불량기업인, 깡패, 건달 할 것 없이 악질적인 자들을 사회운송차원에서 국토개발단 단원으로 입소시켜 형무소 대신 사회사업 기관에서 일정기간 봉사할 수 있도록 하는 사업이에요. 이 일을 감당할 사람을 아무리 찾아도 임자밖에 없다고 생각했어요."

"하지만 저는 이미 대한 자활개척단을 이끌고 있지 않습니까? 더 좋은 사람을 찾아보시죠."

"알고 있어요, 그러나 아무리 생각해 보고 찾아봐도 임자만한 적임자가 없어요. 양 단체의 목적이 같으니 필요할 때는 단원들을 분리시켜 참여시켜도 됩니다. 각 단체마다 책임을 지고 관리할 총책을 두어 운영을 하면 되지 않겠소. 임자는 충분히 해낼 수 있어요."

김춘삼은 잠시 생각을 하다가 결심을 하고는

"좋습니다. 각하의 말씀대로 하겠습니다."

박의장과 김춘삼은 서로 악수를 나누며 다시 다짐했다. 그 즉시 비서관을 오라 하여 미리 준비한 임명장을 가져오라고 했다.

이미 국토개발단 단장으로 임명할 것을 결정해 놓고 준비하고 있었던 것이었다. 비서관은 박의장에게 임명장을 전하고 박의장은 받아들고는 정중하게 낭독을 하고 김춘삼에게 넘겼다. 순식식간에 모든 것이 결정되고 임명장이 수여되었다.

비서관과 직원 몇 사람이 박수로 축하해 주었다. 김춘삼은 자리에서 일어나며

"각하, 오늘 유익한 얘기 많이 들었습니다. 부족하지만 최선을 다하겠습니다. 행정적인 일들은 담당부서에 연락하여 추진해 나가겠습니다. 각하 이만 물러가겠습니다."

"김춘삼 씨, 정말 고마워요."

하고 손을 들어주었다. 사무실로 돌아온 그는 곧바로 중진들을 소집하고 박정희 의장과의 대화에서 결정된 내용을 설명하며 임명장을 보여줬다. 직원과 단원들은 합창이라도 하듯 "와" 하며 박수로 환영했다. 직원 중 한 사람이

"혹시 잘못 되지나 않나 하고 걱정을 했습니다."

김춘삼은 아무 일도 아니라는 듯이

"걱정은 왜 해, 내가 무슨 죄를 졌다고 죄가 있다면 내가 거지고, 부모를 잃은 아이들을 위해 고아원을 설립하고 개척단을 만들어 바다를 막고 농토를 만든 것이 죄라면 어쩔 수 없지."

직원과 단원들은 "네, 맞습니다. 오히려 상을 받아야지요. 우리 거지왕 최고 우리 단장님 최고!" 하고 기뻐하며 박수로 환영했다.

군사정부로부터 지원을 받고 대한자활개척단과 국토개발단을 사업을 할 수 있다는데 모두가 반갑고 행복했지만 거지왕 김춘삼은 그렇지 않았다.

새로운 조직은 어떻게 할 것이며 거칠고 험악하게 살아온 그들에게 어떻게 희망을 주고 이끌 것인가 하는 걱정으로 마음 무겁기가 태산 같았다.

깊은 산사를 찾아 고뇌하며 며칠을 보냈다. 일주일간 잠적해 있던 그는 모든 계획을 머리에 담고 사무실에 나타났다. 궁금하고 답답했던 직원과 단원들은 반갑게 맞았다.

임원들과 전문가들이 머리를 맞대고 국토개발단 목적과 취지에 맞는 사업방침을 담은 계획서를 만들게 하고, 완성된 보고서(계획 4)를 들고 국가재건최고회의 박정희 의장에게 보고했다.

한편으로는 조사단을 조직하고 전국 도청과 군으로 담당자를 만나게 하여 농촌현장을 조사하고 피해가 많은 곳을 순서로 작업에 들어가게 했다.

국가재건최고회의 청사 앞에서 간단하게 결단식을 하였다. 삼백여 명의 인원을 첫 단계로 서울에서 도보로 강원도 원주까지 인근에 있는 마을 둑을 막는 일이었다. 매년 장마철이 되면 물이 넘쳐 농지를 쓸어 농민들이 많은 피해를 입었다.

1차 현장으로 선발되어 가는 인원은 죄의 경향에 따라 6개월,

1년, 2년을 개발단에서 일을 해야 자유의 몸이 될 수 있는 죄수의 몸이었다. 이들을 감시하는 인원은 20여 명이었다.

만일 말썽을 부리거나 사고를 칠 경우에는 거기에 따른 엄벌에 처해졌다. 처음은 부지런히 걷는 것 같았으나 양평까지 왔을 때는 힘에 부쳐 한명 두 명씩 주저앉았다. 그래도 그들은 걸어야 했고 말을 듣지 않거나 이탈할 경우에는 사정없이 엄한 벌에 처해졌다.

여기저기서 꼬장을 부리며 반항했지만 여기서는 통하지 않았다. 걷다가 날이 어두우면 난장에서 잠을 청해야 했고 식사는 주먹밥으로 대신했다. 이렇게 걷고 자고 하는 사이 목적지 원주까지 도착했으나 주위를 더 돌고 돌아 일주일이 되는 날 원주 인근 어느 마을에 도착했다.

마을 이장과 주민들이 마중을 나와 환영을 해주었다. 안내받은 곳은 조그마한 초등학교 분교에 잠자리가 준비되어 있었고, 마을 주민들이 준비한 조출한 식사가 교실 안에 준비되어 있었다. 그들은 음식을 보자 배 채우기에 바빴다.

참으로 오래간만에 음식다운 음식을 먹어 보는 기분은 천국에 온 기분이었다. 식사가 끝나자 그들은 하나 둘 지친 몸을 마룻바닥에 눕히고 꿀 같은 잠에 취했다.

아침이 되어 학교운동장에 나와 보니 시야에 들어오는 풍경은 참으로 아름답고 평화로웠다. 마을 뒤로는 아름다운 산맥이 흐르고 50호 정도 되어 보이는 정다운 집들이 모여 있고 학교와 몇 개의 가게가 있었다.

앞으로는 밭과 논이 있는 평야가 보이고 마을을 싸고도는 계곡이 있는 전형적인 농촌의 모습이었다. 하루를 쉬고 그 다음날부터 자연재해로 인해 피해를 본 낮은 지역 강둑을 막는 작업에 들어갔다.

기소들 파고 철망을 제작하고 그 속에 돌을 담아 차근차근 쌓아 올렸다. 작업을 하다 다치기도 하고 반항하기도 했지만 그때마다 '당신들은 죄수'라는 것을 일깨우고 현장을 이탈하게 되면 형무소로 돌아가야 한다고 하면 이내 순종하였다. 엄한 단속과 처벌 속에 작업은 계속되었다. 2킬로나 되는 긴 강둑이 7개월 만에 아무리되었다.

동내 주민들은 소리 높여 기뻐하며 박수로 환영했다. 힘은 들었지만 농민들이 마음 놓고 농사를 지을 수 있다고 생각하니 마냥 기쁘기만 했다. 이렇게 첫 사업은 성공적으로 마무리를 거두고 개발사업은 전국현장을 찾아다니며 도로를 내고 넓히고 방죽을 쌓고 농수로를 만들었다.

정부에서 추진하고 있는 새마을 사업에 편승하여 낡은 집을 수리해 주고 초가지붕을 스레트로 갈아주는 개량사업에 주력했다. 모든 사업이 마무리가 될 무렵에는 대관령 야산을 개발하며 농지를 만들어 어려운 이웃을 찾아 이주시켜 정착하게 하였다.

대한자활개척단에서 주력하고 있는 영광 법성포 간척사업과 국토개발단에서 실시해온 사업들도 하나하나 마무리 단계에 있었다. 이때는 군정치가 끝나고 박정희 의장이 대통령으로 당선되어

제3공화국이 시작되고 있었다.

거지왕 김춘삼은 또 다른 사업을 구상하고 있었다. 평상시 생각해 오던 숙제가 있었다. 그것은 거지들이 언제까지 구걸하며 살 것인가 하는 문제였다. 그들에게 직업을 갖게 하며 남들과 같이 가정을 이뤄 희망을 갖게 하는 일이었다. 그는 그 해답을 찾았다. 그것은 재건대(넝마주의)를 만들어 당당하게 일을 하고 일한만큼 대가를 받도록 하는 것이다.

6.25전쟁 후 자유당 정권과 4.19를 거쳐 민주당 정권과 5.16 정변을 겪으며 현재에 이르렀지만 나라형편은 어렵고 어지럽기만 했다. 거리에는 휴지조각이 나뒹굴고 담배꽁초가 여기저기 눈에 띌 정도로 거리는 지저분했다. 거리나 뒷골목 주택가에는 거지들의 장타령 소리와 "한 푼 줍쇼"하는 구걸 행각을 쉽게 볼 수 있었다. 이들 중에는 박스나 종이, 병을 수집해 고물상에 주고 약간의 돈을 받곤 했다.

김춘삼은 이들을 위한 재건대(병마주의)를 발족시켜 체계적으로 종이와 박스 빈병을 수거하도록 하고 제값에 팔 수 있도록 하는 것이다. 거리의 환경을 깨끗하게 하며 더 나아가 아름다운 도시를 만드는데 목적이 있었다. 모든 설계와 계획이 끝난 그는 대나무가 많이 생산되는 담양을 찾아가 크고 가벼운 광주리를 제작하게 하였다.

한편으로는 길고 넓은 집게를 만들게 하고 광주리에는 넓고 편한 줄을 달아 어깨에 메기 편하게 하였다. 집게로는 종이나 빈병을 집어 어깨 넘어 광주리에 담게 하였다. 몇 사람이 먼저 시범을 보였다. 편하게 종이나 병을 집어 어깨에 짊어진 광주리에 담는 것은 아주 편하고 쉬웠다.

소문에 의하면 전국에 있는 종이를 수거하는 고물상에는 정부의 도움을 받아 종이 값을 조절했다고 한다. 일차적으로 서울 청계천, 모래내, 방배동, 청량리, 영등포를 선정하여 재건대 단원들이 나가 시범을 보이도록 하였다. 작업효과는 대단했다. 광주리에 종이를 채워 고물상에 넘기를 다섯 행보가 되었고 수입도 짭짤했다. 처음으로 가져 본 직업이자 받는 대가는 처음으로 느끼는 야릇한 기분이었다.

김춘삼은 이들의 첫 수입을 모두 거둬들여 개인 은행통장을 만들어 주며 저축의 중요성을 강조하였다. 전국 지역 대장들을 모이게 하고 이제부터는 구걸하는 거지가 아니라 재건대라는 직업을 갖고 있다는 것을 강조하고 열심히 노력하며 돈도 벌고 저축도 열심히 하여 가정을 잘 이끌어 사회가 필요로 하는 사람이 되라고 당부했다.

순식간에 전국에는 재건대원들이 활동하게 되었고, 물건을 수거하다 보니 쓰는 물건을 가져오는 일도 있어 말썽이 많았지만 시간이 흐를수록 개선되었다. 거리는 아름답고 깨끗해졌으며 국가 발전에도 한 몫 하게 되었다.

그는 정치를 해보라는 권고를 많이 들었으나 그때마다 '나는 거지입니다. 저는 거지들을 위해 존재할 뿐'이라고 점잔하게 거절했다고 한다. 그는 박정희 대통령이 김재규 부장에게 살해당하기 전까지 이루어졌으며 말년에는 양아들들과 '사) 공해추방운동본부와 환경신문'을 운영하다가 2006년 11월 2일(음 10월 6일) 보훈처 병원에서 운명하고 지금은 대전 현충원에 고이 잠들어 있다.

그의 유언 / 거지로 태어나는 것은 내 탓이 아니나 거지로 죽는 것은 내 탓이다.

제2부

해외 여행기

타할 호수의 아침

　한눈에 볼 수 있는 산자락 양지바른 곳에 자리 잡은 호텔의 확트인 발코니를 통해 바라본 타알 호수(Taal Lake)의 새벽이 밝아오고 있다.

　이곳에 오를 때 호수 주변 도로는 많은 차로 붐벼 아까운 시간을 거리에서 보내야 했다.

　어둠이 깔리고 가로등과 주위 건물의 등이 켜지기 시작한다.

　꼭 보고 싶은 호수는 날이 어두워 볼 수가 없었다.

　선잠으로 밤을 지새우고 새벽 미명의 시간에 일어나 하루를 위한 기도를 끝내고 창가로 향했다.

　시야에 들어오는 호수를 감싸 안은 운무로 덮인 풍광에 입이 절로 벌어졌다. 고지대 위에 펼쳐진 호수의 아름다움과 절묘함을 담고 있는 신비한 세계는 다른 별나라에 와 있는 것 같았다. 호수 주변을 싸고도는 타알 산 능선에 위치한 타가이타이(Tagaytay) 도로는 이른 시간인데도 관광차들이 몰리기 시작했다.

　시간이 흐르자 가려져 있던 실루엣이 안개가 걷히고 그 속에 숨겨 있던 아름다운 산수화 같은 거대한 절경이 자태를 드러내고 있었다. 마치 전설 속에 나오는 동화 속에 와 있는 것 같았다.

말로는 표현하기 어려울 정도로 발코니에서 바라본 산 정상에 자리한 호수의 아름다운 풍광, 바다 같은 호수, 절묘한 자연의 웅장한 모습이 놀라웠다.

안내 책자에 실려 있는 내용을 보면 필리핀 카비테(Cavite)주 타가이타이에 해발 600m에 이르는 고산지대에 있는 타알 호수라고 되어 있다.

오래전 화산 폭발로 생긴 넓은 호수와 섬, 정상 분화구의 아름다운 절경을 만들어냈다. 병풍같이 싸고 도는 산맥은 동쪽으로는 높고 낮은 봉우리를 만들고, 서남 북쪽을 잇는 산 능선은 넓은 평지를 이루고 동남쪽으로는 까마득한 절벽을 이루었다. 그 아래로 펼쳐진 호수를 아우르고 누구든지 한눈에 감상할 수 있도록 형성된 도시였다.

호수 물속 깊이 뿌리를 내리고 있는 산맥들은 나름의 모양과 울창한 숲을 이루고 있다. 검푸른 나무숲 사이에는 간간이 이름 모를 열대꽃나무와 야자수가 수를 놓고 그 속에는 호텔·콘도·별장·일반주택들이 눈에 들어오고, 한껏 남국의 정취와 낭만을 보여주고 있었다.

그 풍경은 아름다운 한 폭의 서양화였다.

호수 길이는 25km, 너비가 18km에 이르는 세계 유일의 타알 호수로 알려져 있다. 세계인들이 찾는 휴양지이자 신혼여행지로도 유명하다.

타알 호수가 더 유명한 것은 1977년 지금도 살아 움직이는 활화산 폭발이 있고부터다. 오래전 화산 폭발로 넓고 깊은 분화구를 만들어 호수를 이루고 다시 화산 폭발로 섬을 만들어 그 분화구 안에 작은 호수가 생겼다. 사람들은 이 호수도 역시 작은 타알 호수라 부른다.

그 후 예전보다 더 사랑을 받는 명소가 되었다. 지금도 분화구 안에서는 작은 화산 폭발이 계속되고 있었다. 끓는 물이 솟구치고 불꽃과 연기가 피어오른다. 금방 불꽃이 터질 것만 같다.

관광객들은 이곳을 보기 위해 배를 타고 호수 중앙에 있는 섬까지 가서 다시 조랑말을 타고 분화구가 있는 정상까지 오른다. 그러고는 두 팔을 벌려 '와우!' 하고 소리를 지른다. 다시 자연의 위대한 힘에 엄숙해진다.

이것이 이곳을 방문한 관광객들이 똑같이 느끼는 감정이다. 타알 호수를 떠올리는 사이 여명이 지나고 밝고 맑은 호숫가에서 불어오는 바람이 나뭇가지를 흔든다.

동쪽에서 북쪽을 가로지르는 산맥과 봉우리에 걸친 뭉게구름을 붉게 물들이고 주위는 주황색으로 타오르기 시작했다. 호수에 잠긴 일출의 모습은 바람에 일렁이는 물결에 형형색색 아름다운 장면을 연출해 낸다.

붉다 못해 검붉은 사과같이 태양은 이글거리다 불꽃처럼 타올라 주위를 황홀하게 물들였다. 이 신비한 광경을 보면서 창조주의 능력에 감탄한다. 그리고 그 은혜에 감사를 드린다.

한국에서 보는 일출도 아름답고 좋았지만 타알 호수 정상에서 보는 일출은 말로 표현하기 어려울 만큼 빼어난 장관이었다. 게다가 더 놀라운 것은 절경에 절묘함까지 대자연의 무대와 그 위에 펼쳐진 빛의 공연이었다. 그 순간 뇌리를 스치는 말씀이 있었다.

"빛이 있으라 하시니 빛이 있었고 하나님 보시기에 좋았더라."

이 말씀이 말해주듯이 모든 만물을 창조하신 하나님께서는 보시기 좋았다는 말씀으로 마무리를 하셨다.

이것은 지금까지 창조하신 것에 대한 아름다운 표현에 만족하시고 완성을 의미하는 것이다. 다시 말하면 거대한 예술적 표현이며 스스로 예술가가 되시고 예술이란 도구로 우주 만물을 창조하셨다는 것이다.

학술적으로는 조형예술(미술)이라 한다. 우리는 창조를 연구하고 재발견(재창조)해야 하며 닮아가는 삶이 되어야 한다.

이 땅에 존재하는 학문, 과학예술 등 모든 것은 인간이 발명한 것이 아니라 하나님께서 창조하신 것을 재발견하는 것이다. 모든 자연과 창조물은 그것을 증명하고 있다. 그 속에 꿈을 가지고 삶을 이어가는 것이 인생이다.

이 모든 것은 살아계신 하나님의 거룩하심을 보여준다. 붉게 타오르고 신비스럽던 힘으로 주위를 물들이던 빛의 공연은 끝나고 태양은 어느새 주위를 강한 빛으로 호수를 밝고 따뜻한 햇볕으로 덮었다. 호수의 풍경과 절묘한 대자연 속 호수를 감상하던 호텔 창도 태양빛으로 가득하다. 이번 나들이는 오랜만에 하는 해외여행이었다.

'로빈나 문화마을'을 운영하느라 날마다 시간에 시달려야 했다. 정신없이 살다 보니 주위를 돌아볼 사이 없이 지나는 동안 사람 노릇을 하지 못한 것도 마음에 걸린다.

우리는 얼마 전 적당한 지인에게 '로빈나 문화마을'을 맡기고 서울로 나온 지 보름이 넘었다. 해외에 사는 아들 내외와 한국에 사는 딸들이 저희가 효도 좀 하게 해달라며 필리핀 여행을 준비, 필리핀에서 10일간 머물 호텔, 명소 관광지 예약까지 했다.

아이들 덕에 오랜만에 여유롭고 기쁜 마음으로 며칠을 관광하며 보냈다. 그런 과정에 오늘은 미리 예약된 타가이타이 타알 호수를 보게 된 것이다.

문화선교사로 필리핀에서 교육사업을 할 때 와 본 곳이지만 오랜만에 다시 보니 타알호수는 아름답기도 했지만 마음의 감동이 새로웠다. 놀라운 자연의 힘과 절경을 보면서 창조주의 능력에 놀랍고 감사할 따름이다.

그러나 한편 타알 호수 주변 숲속마을에서 근근이 살아가는 원주민의 실상을 보니 가슴이 아팠다. 한쪽에서는 풍요와 삶을 즐기기 위해 모여드는데 한편에서는 죽지 못해서 산다는 말에 할 말을 잃었다.

풍요 속에 빈곤이란 말은 바로 원주민을 두고 하는 말이리라. 우리 기독교인들은 바로 이런 곳을 찾아 사랑으로 구제하고 선교해야 할 것이다.

그러기 위해서는 선교의 대상인 지역선교에 대한 관심을 가져야 한다. 지역 문화를 알고 새로운 인식을 해야 한다. 우리는 문명의 시대에 살고 있으며 세계가 하나가 되고 있다.

서울예술신학교와 바기오 예술신학대학교를 운영하며 문화예술 선교와 연구·집필을 해온 나로서는 필리핀은 특별한 곳이다.

문화는 신앙인의 삶이고 행위가 되어 표현되는 것은 그 시대 문화인 것이다. 예배와 선교는 그리스도의 삶이고 행위의 표현은 문화예술을 말한다.

예술문화가 도구가 되어 선교에 임하는 것은 당연한 사명이고 이 시대에 맞는 선교다. 목회자 중에는 자신이 예술을 사용한 예배나 선교를 하면서도 모르고 있는 경우를 본다.

아무쪼록 지역 문화와 선교에 관심을 두고 사랑과 말씀으로 선교의 현장을 찾아가는 목회자가 되기를 마음속 깊이 기도한다.

나 자신도 해이해진 마음을 뒤돌아보고 철저히 회개하며 주님 뜻을 받들어 맡겨진 사명을 감당하고자 한다.

오늘도 아들 내외와 사랑스러운 손자 손녀와 함께할 타알 호수의 하루가 될 것을 믿어 본다.

중국 계림 여행기

봄이 오는 것을 시샘이라도 하듯 꽃샘추위가 한동안 이어지다 날씨가 누그려졌다.

자녀들의 주선으로 모든 만물이 생동하는 초봄을 맞아 여행길에 오르게 되었다. 남들의 말만 듣다가 막상 중국 계림을 간다고 생각하니 기대감과 설렘으로 마음이 흥분이 된다.

공항으로 가기 위해 집을 나서는 순간 환호성이 나왔다. 여행을 떠나는 우리 부부에게 축하라도 하듯 포근한 날씨에 함박눈이 내리고 있었다. 몇 년 사이 이렇게 굵은 함박눈이 앞을 가리도록 세차게 내리는 것은 처음이다. 바람에 나부끼는 탐스러운 하얀 눈송이는 꽃비가 되어 내렸다.

인천 국제공항에 도착한 우리 부부는 모든 수속을 끝냈으나 비행기 시간이 2시간이나 연착되어 중국 계림 량량 국제공항 도착은 새벽 5시 30분이었다.

우리 일행을 기다리는 중국 쪽 가이드가 피켓을 들고 기다리고 있었다. 4박 6일을 함께 여행을 하게 될 4쌍의 부부가 다 모였다. 8명의 인원은 여행을 함께 하기에는 딱 좋은 팀이었다.

크고 작은 여행용 가방을 앞세우고 모여선 일행들은 가이드 안내에 귀를 기울였다. 우리는 곧바로 차에 올라 40분 거리에 있는 서산호텔로 향했다. 가이드는 가는 동안 예부터 전해오는 계림시의 이야기를 해주었다.

중국 계림은 세계적으로 아름답기로 소문이 나 있지만 전해지는 전설 또한 신비롭고 아름답다. 옛날, 달나라에 젊고 예쁜 선남선녀 부부가 서로 사랑을 나누며 아름답게 살고 있었다. 신랑은 달나라 어느 농촌에서 농사꾼의 아들로 달나라에 여행을 하다 어느 별나라 공주를 우연히 만나 사랑을 하게 되었다.

양부모가 반대가 심해 부모 곁을 떠나 달나라 벽촌에 숨어 농사를 지으며 살았다. 밭에 나가 김을 매고 과일 나무를 가꾸며 행복한 나날을 보내고 있는 어느 날 월계수나무 씨앗을 수확하다가 씨앗이 담긴 바구니를 실수로 인간 세상에 떨어뜨리고 말았다. 중국 계림 땅에 떨어진 씨앗은 바람에 날려 사방으로 퍼져 땅에 떨어져 싹이 나고 자라서 가는 곳마다 월계수나무를 보게 되었다고 한다.

월계수나무는 계림을 아름답고 신비롭게 만든 것은 물론이고 상징이 되어 많은 사람들의 사랑을 받게 되었다는 것이다. 중국 계림의 첫날밤은 설레는 마음에 잠을 자는 둥 마는 둥 했다. 아침 7시에 일어나 여행 준비를 끝내고 호텔 레스토랑에서 아침식사를 하고 여행길에 올랐다. 가이드는 이곳 날씨는 한국의 봄이라고 말하며 날씨에 맞도록 의상을 착용하라고 했다.

여독이 풀리지 않아 조금은 피곤했지만 신비하고 아름답다는 계림의 모습을 볼 욕심에 벌써부터 마음이 들떴다. 25인승 중형 버스를 타고 1시간 정도 달려 도착한 곳은 중국 10대 절경에 든 다는 이강유람漓江遊覽이었다.

오는 동안 차장 밖으로 보이는 계림시를 병풍같이 둘러친 산천 은 아름답다는 말보다는 고화에 나오는 한 폭의 동양화였다. 현장 에 도착해 안내에 따라 유람선에 올랐다. 강 물결을 따라 유람선 은 서서히 움직이고, 강 양옆으로 펼쳐진 풍경에 입이 벌어진다. 나무와 이름 모를 꽃들이 보이는 것마다 마치 조각을 해 놓은 것 처럼 신비롭고 절묘한 산과 강이 어우러져 하나로 이루어낸 비경 이었다.

여행객들은 탄성을 질렀다. 사람들은 세계 여러 나라에서 온 여행객들로 붐볐지만, 그 중에도 가장 많이 자리를 차지한 것은 한국 관광객들이었다.

계림의 산들은 우리가 알고 있는 그런 산이 아니었다. 어느 평 지위에 천태만상千態萬象을 한 봉우리가 있는 신비한 돌산에 각종 나무들과 잡초가 바위 사이사이에서 바람에 춤을 추는 모습이 살 아있는 수묵화였다. 능선이 없이 하늘 높이 솟아 있는 산은 절묘 한 아름다움을 연출해 내고 있었다.

옛말 석수장이가 신비하고 묘한 형태를 만들어 동산 봉우리에 씌워 이강 옆으로 진열해 놓은 것 같았다. 바위 사이를 수놓고 있 는 각종 나무와 간간이 보이는 이름 모를 꽃들과 물결에 어리는 풍경은 그야말로 장관이었다.

이강 옆으로 단지를 이룬 대나무가 하늘 높이 우뚝우뚝 솟아 있다. 팥배나무의 흐드러지게 피어 있는 하얀 꽃과 자두나무의 만발한 분홍 빛 꽃의 자태가 어울려 있는 풍광에 입이 벌어진다. 거기다 한국의 봄에나 볼 수 있는 목련과 매화의 화사한 꽃이 만개하여 물위에 어리는 모습은 황홀 그 자체였다.

아내와 나는 밖으로 나와 유람선 가판으로 올라갔다. 가판 위에는 벌써 많은 사람들이 올라와 있었다. 사방으로 둘러싸인 산과 강을 바라보면서 연실 탄성들을 외쳐댔다. 한쪽에서는 서로 기념사진 촬영을 하면서도 이어지는 아름다운 풍경에 눈을 떼지 못한다. 아내와 나는 가판 앞쪽 난간을 잡고 바라본 시야는 어느 동화 속에 나오는 상상속의 그림을 보는 것 같았다. 사실 이곳은 영화 '아바타'의 촬영무대가 되었던 곳으로 유명하다.

강에서 불어오는 바람은 상쾌하게 얼굴과 옷깃을 파고들어 흥분된 마음을 간질인다. 저 수많은 계림을 둘러싼 산봉우리 너머엔 우리가 바라던 꿈이 무지갯빛이 되어 훈풍으로 다가올 것만 같았다.

강에는 청둥오리가 무리를 지어 군데군데서 평화롭게 노니는 아름답고 평화로운 모습은 여행객들의 눈길을 사로잡았다. 주위 풍광에 취하다 보니 어느새 1시간 30분쯤 되어 유람선은 뱃머리를 돌려 물결을 헤치며 다시 오던 강을 역행하기 시작했다.

한참을 물결을 헤치며 오르다 어느 큰 돌산 동굴과 산으로 오르는 가파른 계단이 보이는 선착장 앞에 배를 멈췄다. 이미 여러 유람선이 동굴 앞쪽에 줄서 있었다. 동굴 옆 가파른 돌산을 오르는 계단에는 많은 사람들이 올라가고 내려오는 관광객들로 붐볐다.

우리 일행도 가이드를 따라 계단을 오르기 시작했다. 20분 정도 올랐을 때 가파른 동산 동굴 입구가 보였다. 옆으로는 관광객을 관리하는 건물과 벤치가 놓여 있고 주위 협곡에는 이름 모를 꽃과 나무들이 불어오는 바람에 한들거린다.

동굴 앞쪽으로 다가서니 찬바람이 나온다. 안으로 들어서니 색다른 풍경과 아름답기도 하고 신비로움에 눈길을 뺏기기 시작했다. 동굴 관광은 배를 타고 돌아보는 것과 모노레일을 타고 도는 관광이었다.

먼저 배를 타고 동굴 관광을 하기로 했다. 동굴 속에는 물이 꽤 많이 흐르는 강이 있었다. 관광객을 태운 배는 동굴 물길을 따라 움직이고 양옆 천장은 수만 가지 형상을 담고 있는 박물관이었다.

바다 속의 상어, 악어, 하늘을 나는 용, 쌍으로 세워져 있는 금탑, 은탑, 아름다운 여인상, 원숭이, 기도하는 여인의 모습 등 많은 것이 전시되어 있었다. 수백만 년의 세월 속에 변하고 간직해 온 신비의 동굴이었다.

동굴 속 천장에서 떨어지는 물방울과 풍화작용에 의해 변한 종유석의 각종 모양은 찬란한 은빛을 발하는 기이한 아름다움을 지니고 있었다. 태고적 모습을 간직한 비경 중에 비경이었다. 거기다 동굴 속 자연으로 이루어진 모양에 찬란한 조명으로 효과를 더하니 신비롭고 절묘한 꿈의 세상을 연출하고 있었다.

모노네일로 돌아보는 풍광도 그 아름다움에 놀랄 뿐이다. 동굴 관광을 끝으로 하루의 일정을 마쳤다.

둘째 날은 버스로 1시간 동안 걸어 중국 순황제가 다녀간 것을 기념하기 위하여 조성되었다는 우산공원에 도착했다. 우산공원의 가파르고 좁은 돌산 길을 올라 정상에서 바라본 계림시내와 병풍같이 둘러선 절묘한 산천, 마을마다 계수나무가 어우러진 멋진 풍광은 그저 놀라울 따름이다.

당나라 북파 장군묘가 있다는 북파산에 올라 아래로 보이는 풍경도 눈을 즐겁게 했다. 계림을 사방으로 싸고 있는 조각 같은 돌산의 각종 모양을 지닌 봉우리의 아름다움은 말로는 표현하기 어렵다. 시내 가로수와 동내 입구 정원수, 돌산 밑에 수를 놓고 있는 월계수나무도 빼놓을 수 없는 아름다움이다.

일행은 외족이 살고 있는 야인곡이란 마을 방문하였다. 중국 정부에서 현대에 발맞춰 관광객들에게 소개하는 민속촌 같은 곳이었다. 가이드는 이곳을 방문할 때 필요한 사항을 설명하고, 만날 때와 헤어질 때 인사법을 가르쳐 주었다. 처음 만날 때는 "우~", 헤어질 때는 "우 와~"로 말해 주었다.

야인곡을 방문할 때마다 각 팀별 한 사람씩 선정하여 외족 여인과 결혼을 시키는 행사다. 관광객들의 흥을 돋우고 재미와 형식적인 재현 놀이로 추억을 만들기 위한 프로그램이다.

와족은 일처다부제라고 한다. 일행은 설명을 들은 뒤 산 비탈에 자리 잡은 야인곡 와족 마을 입구에 들어서니 들어가는 입구 문을 지키는 와족 남자들이 들고 있던 나무창을 흔들며 반겼다. 작고 마른 체구를 가진 그들은 검고 넓은 바지와 흙갈색의 상의로 팔소매가 넓고 줄무늬가 있었다. 우리나라 삼국시대에서 입던 의상 같은 기분이 들었다.

아내와 나는 가이드가 알려준 대로 입에 손을 대고 '우'하고 울림을 주었다. 문을 지키는 와족은 색다른 의상에 나무창을 흔들며 '우'하고 반갑게 반겨줬다. 문을 들어서자 첫 번째 대하는 것은 정자처럼 생긴 집에 왕관 같은 것을 쓰고 의자에 근엄하게 앉아있는 젊고 예쁜 여족장과 사진을 찍어 주는 일이었다. 여족장과 사진을 찍는 여행객들이 꽤 많았다. 그들이 살고 있는 건물, 생활용품, 고유 의상 등을 돌아보았다.

수많은 중국 부족 중에도 와족의 역사를 계승하고 현대에 발맞춰 모든 것을 지켜나가는 모습이 좋아 보였다. 이런 좋고 나쁜 모습 그대로를 많은 사람들에게 보여주고 있는 와족이 훌륭해 보였다.

야외무대에서 민속극 공연과 민속품을 파는 코너를 돌아 정문 앞까지 나와 문을 지키는 와족과 사진을 찍고는 '우와'로 인사를 나누고 나왔다.

우리 일행은 다음 장소로 이동하기 위해 차에 올랐다. 차가 출발해 달리다 보니 코끼리가 물을 마시고 있는 형상을 가진 상비

산을 지나면서 차창 밖으로 보이는 관광을 하며 즐거워했다.

중국 전통 서커스와 서양의 발레가 조화를 이룬 묘미와 스릴과 감동의 눈물이 있는 '몽한이강쑈' 공연장으로 이동하였다.

공연을 하기 전 주위에 있는 조선족이 운영하는 '한국교포식당'에서 저녁 식사로 만찬을 즐겼다. 시간이 되어 극장 안으로 들어서니 700여 명의 사람들이 자리를 채우고 있었다. 아슬아슬한 곡예, 민속춤, 서양 춤의 만남, 울타리 안에서 오토바이 타기 등은 놀라운 상상의 세계와 액션과 스릴을 조명 속에 연출해 내고 있다.

내용이 있는 스토리 전개와 감동과 전율, 액션이 있는 공연에 박수를 치지 않을 수 없었다. 문득 한국의 한 시대에 국민들의 사랑을 받았던 '동춘'서커스 생각이 났다. 우리나라 서커스 예술도 현대에 발맞춰 부활되었으면 하는 생각이 들었다.

2시간의 공연이 끝나고 많은 사람들 틈에 끼어 밖으로 나왔다. 하루의 여행을 마무리하고 첫날 밤 묵었던 성산호텔로 와 피곤한 몸을 침대에 맡겼다.

삼일 째를 맞는 계림의 하늘은 구름 한 점 없는 맑은 날씨에 약간의 바람이 옷깃을 파고드는 상쾌함에 여행하기에 좋은 날씨였다. 호텔을 나온 일행은 계림의 산수를 한눈에 보며 즐길 수 있는 요산으로 향했다.

리프트를 타고 정상에 올라 계림의 시내와 그린 서양화 작품을 보는 것 같은 산과 강을 바라보며 감상하는 관광이었다. 아내와 나는 리프트를 타기 위해 많은 사람들이 서 있는 줄 뒤에 섰다. 너무 사람들이 많아 1시간 정도 기다리고 나서야 차례가 왔다.

아내는 "여보 나 무서워요. 나 겁이 나서 못 타겠어요."

"걱정하지 말아요. 한국 스키장에서도 타보지 않았어요? 내가 있으니 걱정하지 말아요. 하나도 무섭지 않아요."

그러면서 어깨를 다독여 주며 안심시켰다. 우리는 차례가 되어 리프트에 올랐다. 리프트는 서서히 움직여 산 정상을 오르기 시작했다. 아래로 내려다보이는 초입새는 소나무에 간간히 월계수 나무와 잡초가 섞여 있는 단지를 지나고 있었다. 조금 더 오르니 각종 넝쿨들이 얽혀 정글을 이루고 군데군데 꽤 굵은 나무를 자르고 밑동만 남아 있는 흔적이 선명했다.

산 능성이를 흘러내리면서 골을 만들고 여기저기 팥배나무의 화사한 하얀 꽃의 아름다움이 눈길을 끌었다. 넓은 비탈과 협곡을 지나기도 하고 능선을 따라 오르는 아슬아슬한 기분은 최고였다. 요산 능선을 걸어서 오르고 있는 남녀 여행객들도 멀리 보였다.

무섭다고 투정하며 엄살을 부리던 아내는 언제 그랬느냐는 듯 기뻐하고 아름다움에 취해 연실 탄성을 자아냈다. 아열대 지방인 이곳은 한국의 초봄의 개춘을 맞이한 것 같았다. 보이는 모든 것들은 신기하고 묘한 아름다움을 지니고 있었다.

계림에서 이 강 유람은 산들은 조각품을 세워놓은 것 같은 돌산에 비해 요산은 능선과 협곡이 어우러진 강이 있는 부드러운 풍경이었다. 거기서 101km 떨어진 곳에 계림시가 있고 높이가

909m 되는 계림에서 제일 높은 산이 있다.

시야에 들어오는 풍경은 양지바르고 하얗고 분홍빛의 이름 모를 아름다운 꽃들이 군락을 이루고 있었다. 한쪽으로는 복스럽고 큰 눈송이 같은 팥배나무의 참스러운 하얀 꽃이 아름답고 황홀했다. 파란 새순이 나와 얼마 안 되는 녹색 잎은 산 중턱을 쓸고 가는 바람에 한들거린다.

리프트는 산 중턱을 지나 정상에 도착하였다. 정상에서 시야에 담은 풍경은 신의 계시를 받은 예술가가 멋지고 절묘한 작품을 빚어 놓은 것 같기도 하고, 어느 동양화가의 작품을 보는 것 같기도 했다.

아내와 나는 동서남북을 둘러보면서 그림 같은 풍광에 '와' 하는 말 외에는 할 말이 없었다. 아름다움에 놀라고 절묘한 형상에 놀란 풍광에 취해 급한 나머지 카메라 셔터에 연실 손끝이 갔다.

요산 아래 동쪽으로는 힘 있게 굽이쳐 흐르는 강줄기가 섬을 만들어 내고 혈관같이 흘러 대지를 적시고 있었다. 강 옆을 끼고 사방으로는 계림에서 볼 수 있는 동산 봉우리가 끝없이 놀랍고 광대한 풍광을 연출해 내고 있었다. 삼각형 동산에다 각기 다른 모양의 봉우리를 가진 능선 없는 산은 많은 여인들이 두 손을 모으고 기도하는 모습이 연상되었다.

정상 위 공원에도 대지를 비집고 막 돋은 잎이 수줍어하고 꽃봉오리가 피기 시작하는 것이 한국에 와있는 것 같았다. 매화도 피어 있고 엷고 가냘픈 녹색 잎이 바람에 한들거리는 모습이 너무 예쁘고 아름답다.

40여 년 동안 정상에 보이는 모든 관광을 끝내고 리프트를 타고 내려올 때는 오를 때와는 달리 새로운 기분이 들었다. 스릴과 아름다움, 감동이 함께 어우러져 시야에 담긴 풍경이 마냥 즐거웠다. 짜릿하고 놀라운 장연의 힘과 신비로움을 가슴에 담고 뒤로 한 채 발길을 돌렸다.

일행은 버스를 타고 다음 장소까지 약 1시간 30분 정도 소요가 되는 도중에 미국 닉슨 대통령이 중국을 방문하였을 때 돌아보았다는 월향산을 차장 밖으로 보았다. 산 중간이 커다란 둥근 구멍이 뚫려 있는 것이 신기했다. 마치 마술사의 마술공연을 보는 듯했다. 닉슨 대통령도 처음은 믿지 않다가 가보고 나서야 믿게 되었다고 한다.

차는 '이강지류' 주차장에 도착하였다. 많은 관광버스와 차에서 내리고 오고가는 남녀 관광객으로 붐볐다. 버스에서 내린 일행은 '이강지류支流' 선착장으로 모였다.

한 뗏목에 두 명씩 나누어 오르고 강줄기를 따라 산청경광을 보는 것도 흥미로웠다. 산도 강도 아름다웠지만 눈길을 사로잡은 것은 가마우지가 고기를 잡는 모습이었다. 한국 방송에서 소개된 다큐영화에서 보아 알고는 있었지만 가마우지가 고기를 잡는 모습은 아름답기보다는 애처로운 생각이 들었다.

가마우지의 목을 숨이 끊어지지 않을 정도로 끈으로 매어 놓는다. 물속에서 고기를 잡아 올리면 목에 걸려 있는 고기를 빼내는 모습은 재미있기보다 서글펐다. 사람들이 얼마나 악랄하고 못됐는지 가슴이 미어지는 아픔을 느꼈다. 쓸쓸한 마음을 뒤로한 채 다음 날 여행을 위해 버스에 올랐다.

호텔로 이동하는 동안 피곤한 몸은 이내 잠이 들었다. 얼마를 왔는지 잠에서 깨어 보니 차는 '서가재래' 시장까지 와 있었다.

시골에 자리한 아름답고 신기한 자연을 가진 곳에 있는 작은 도시였다. 그 속에 '서가재래' 시장이 자리 잡고 있었다. 시장 안으로 들어서니 보기와는 달리 꽤 큰 시장이었다. 거리에 오고가는 사람들은 서양인, 중국인, 한국인 등 각국 사람이 눈에 띄었다.

옛날 프랑스인들이 이곳을 자주 찾아 경치에 반하고 원주민들에게 민속품을 하나 둘씩 구입하던 것이 발전하여 지금의 유명한 국제시장이 되었다고 한다.

저녁 식사는 조선족이 운영하는 식당에서 삼겹살을 곁들인 한국음식을 먹을 수 있어서 좋았다. 중국 '서가재래' 시장에서 먹는 삼겹살은 입맛을 더한 특별한 식사였다.

식사를 끝내고 공연시간이 임박하여 세계적인 감독 장예모가 연출한 '인상유삼서' 공연장으로 향했다. 강과 산을 이용해 웅장한 자연을 무대로 이루어지는 대형 공연이었다. 양삭의 아름답고 절묘한 산과 유유자적 흐르는 이 강을 무대로 백여 척의 배가 동원되는 테마가 있는 공연이다.

수많은 관람객으로 인산인해를 이루었다. 공연 내용을 보면 소모리 총각과 이씨 성을 가진 집안 외동딸과의 사랑에 얽힌 슬픔과 싸움, 기쁨이 전개되다 그 결말이 결혼식을 마지막으로 막을 내린다.

백여 척의 배가 번갈아 동원되고 웅장한 음악과 화려한 조명은 넓은 강과 특이하고 기이한 산을 상대로 이루어지는 종합공연예술이다. 야외 공연으로 자연의 아름다움과 세트와 많은 배 500명의 출연진이 연합하여 만들어낸 놀라운 연출에 그저 입이 벌어진다.

공연이 끝나고 군호호텔로 돌아왔다. 하루 종일 돌아다니며 관광을 하다 보니 보통 피곤한 것이 아니었다. 침대에 몸을 던진 아내와 나는 이내 잠에 빠졌다.

아침 7시에 일어나 준비를 하고 호텔 레스토랑에서 간단히 식사를 했다.

4일째 날은 관광과 밤 11시까지 끝내고 12시에 한국으로 떠나는 날이다. 호텔을 나오니 어제까지 맑았던 날씨가 오늘은 하늘이 잿빛으로 물들어 있었다. 우산을 준비하고 첫 관광지인 진나라 시인 도원명의 '도화원기'에 나오는 '세원도원'의 역사적인 장소를 돌아보았다.

산수와 계림시내를 한눈에 볼 수 있는 '산공산'을 30분 정도 돌산을 올라 정상에 도착했다. 병풍같이 사방으로 둘러싸이고 수천 개의 조각 작품을 전시해 놓은 그림 같은 풍광은 아름다웠다.

계림의 산수는 천하의 최고라는 말이 헛말이 아니었다. 모든 것을 마음속과 눈에 담고 아쉬운 발걸음을 돌려 3시간이나 걸려

용승으로 이동했다. 협곡을 지나 계곡을 끼고도는 도로는 울창한 숲과 가끔씩 산속에 자리 잡은 중국 옛 모습을 간직한 시골 마을이 보였다.

버스가 멈춘 곳은 앞으로는 강이 흐르고 뒤로는 양지바른 산비탈을 끼고 자리 잡은 요족마을 입구였다. 도로 옆 입구에는 요족마을이란 이름이 새겨진 괴목으로 된 간판이 보이고 넓적한 돌을 깔아 놓은 좁은 소로 길을 오르자 옛 선물과 요족 남자들이 징을 치며 반기고 있었다.

마을을 향한 돌계단 길을 들어서니 요족 여인들은 손을 흔들어 반기고 남자들은 징과 꽹과리와 피리를 불며 반겨주었다. 남자들은 검은 색 넓은 바지와 상의는 검은 색이나 또는 밤색에 옷소매에는 색깔이 들어 있는 옷을 입고 있었다.

여자들은 특색 있는 긴 머리를 평생 자르지 않고 뭉치고 사려 머리에 얹고 옷은 남자들과 마찬가지로 색깔이 있는 옛것 그대로 지니고 살고 있다는 것이 특이했다. 우리나라 옛 선대들이 입었던 옷과 비슷했다. 여자들이 입은 상의는 어렸을 때 입혔던 색동저고리와 유사했다.

요족마을 구석구석을 돌아보고, 살아가는 삶의 터전 내부를 보면서 그들의 지혜로운 삶에 감동했다. 마을 뒷산을 넘어 비탈길을 한참 동안 오르니 마을 뒷산보다 더 높고 낮은 경사가 많은 산이 나왔다. 산 밑으로 일정하게 개간한 계단식 논과 밭이 보였다. 일행은 그 논과 밭을 보면서 이 많은 논밭을 어떻게 개간했을까 생각하며 놀라워했다. 인간의 힘으로 그것도 기계가 아닌 사람의 힘으로 개발하였다는 것이 믿어지지 않았지만 믿을 수밖에 없었다.

한 시간 동안 돌아보고 마을로 내려온 일행은 그들의 안내로 공회당에 모였다. 여행자들 중 한두 사람을 추천해 요족 여인과 결혼을 시키는 일이다. 재미로 하는 형식적인 프로그램 속 예식이었다. 예부터 내려오는 요족의 의식에 따라 결혼식을 하고 축하객들과 춤을 추며 선물을 나누며 즐거워했다. 헤어질 때는 신부와 신랑에게 그들이 만든 민속품 백을 선물했다. 21세기 과학의 시대에 고향과 옛것을 지키고 사랑을 나누며 살아가는 요족이 대단하다는 생각이 들었다.

떠나기 아쉬운 마음이 들었지만 다음 장소로 이동하기 위해 차에 올라 20분 정도를 달려 도착한 곳은 남계산 공원이었다.

웅장한 바위로 된 두 개의 돌산 봉우리가 있는 공원이었다. 이곳 역시 나름대로 특색 있는 아름다움에 놀라웠다. 각종 만개한 꽃나무와 공원 곳곳에 심겨 있는 처음 보는 나무들이 서로 어우러져 놀라운 풍광을 만들어 낸다. 코를 진동하는 꽃향기는 우리를 행복하게 만든다. 곳곳에 각종 조각품들이 놓여 우아한 예술작품으로 눈길을 사로잡았다.

관광을 마친 일행은 호텔 식당에서 마지막 식사를 했다.

오후 6시경 계림 시내에 위치한 '양강사호' 유람선을 타고 야경을 감상하기 위하여 서둘러 나섰다. 아직 날이 어두워지기 전이라 30분 정도 가이드가 없이 자유 관광을 했다.

양강(이강, 도강호)과 사호(산호, 용호, 계호, 목룡호)로 이루어진 인공호수 공원에는 약 15층 높이로 보이는 금탑은 장엄한 위용을 자랑하고 있었다. 호수 주위를 둘러선 각종 나무들이 산들 바람에 춤을 추고, 싱그럽게 내뿜는 맑은 공기에 머리가 맑아지고 시원했다.

  군데군데 자리 잡은 기이한 괴석과 조각품은 아름답고 웅장하기도 했지만 그것이 주는 메시지는 더욱 강렬했다. 공원 양강사호를 돌아보며 아내는 매우 즐겁고 행복해했다.

  약 40분 정도 공원을 돌며 사색하다 보니 어둠이 깔리고 사방이 환상적인 세상으로 변했다. 전체가 오색조명으로 불야성을 이루고 꿈길을 걷는 듯한 환상적인 세상을 만들었다.

  이 아름다운 호수가 인공호수라는 말에 놀라웠다. 크고 넓은 몇 개의 호수를 연결하여 미와 절묘한 조화를 이룬 웅장함에 놀랐다. 과학이 발달된 현대도 아니고 오랜 옛날 오직 사람의 힘으로 건설되었다는데 놀라움을 금치 못했다.

  호수 주위 공원에는 각종 나무와 조각품, 꽃으로 채워져 많은 사람들의 눈길을 끌었다. 선착장에 모인 일행은 가이드 안내에 따라 유람선에 올랐다. 물결을 가르는 유람선을 탄 관광객들은 시시각각 변하는 찬란한 조명을 받으며 환상의 세계에 빠졌다. 유람선은 그 위를 가르고 조명 불빛에 붉게 달아오른 관광객들 얼굴, 그 속에 어느 중국 대학교 재학생인 아르바이트 학생가수의 한국노래 '동백아가씨'가 흥을 돋구었다. 불꽃이 타오르는 호수의 야경

속에 유람선 안에서 노래가 고조될 때 관광객들의 박수가 터졌다.

호수와 호수 사이에 연결된 다리 아래 기둥을 이용해 중국 유명 서예가의 작품 전시되어 있고, 물 위에 떠있는 중국 전통고가와 정자, 그 안에 고즈넉이 앉아 차를 마시는 남녀의 평화로운 모습이 그림같이 아름다웠다.

15층 높이의 고전 기와집 형태의 금탑 은탑이 찬란한 조명 속에 빛을 발하고 물에 어리니 관광객들의 환성이 절로 나왔다. 유람선은 금탑 은탑을 지나 호수 서쪽 북산에 자리 잡은 물위에 떠 있는 옛날 고가로 된 무대 앞에 멎었다.

무대에 불이 들어오고 실루엣 뒤에 두 여인의 춤이 펼쳐졌다. 구체적인 내용은 알 수 없지만 갑자기 천둥 번개가 치고 세차고 폭군 같은 비가 실루엣을 적셨다. 그러다 감미로운 음악이 흐르는가 싶더니 고요하고 평화로워졌다. 애절한 사랑과 절규, 그리고 평화를 표현한 작품 같았다.

호수 주위 빌딩과 공원에 든 조명은 꿈이 세상을 만들고 그 꿈이 천국을 보는 듯했다. 아쉬움을 뒤로 한 채 유람선을 미끄러지듯 북쪽 마지막 목적지에 정박했다.

수변에 자리 잡은 넓고 아름다운 무대였다. 갑자기 조명이 꺼지고 칠흑 같은 어두운 무대를 그대로 둔 채 예상하지 못했던 천둥 번개가 하늘을 가르고 천지가 진동했다.

갑자기 공포감을 주는 기분 나쁜 드럼 소리와 피리 소리, 톱 연주의 사운드가 어우러져 무대를 가득 채운 가운데 노래에 맞춰 옛 군복 차림의 군대가 창과 칼을 들고 나타나 서로 싸우는 장면이 연출했다. 스모그와 터져 내는 스트로프 조명에 의해 겨우 볼 수 있다. 중국 옛날 삼국시대에 나라를 정복하기 위해 전쟁을 하는 모습 같았다. 이어지는 연극은 사랑도 있고 승리도 있고 지혜도 배울 수 있는 작품이었다.

약 40분 정도 공연하는 동안 내 머릿속에는 서울의 아리수(한강)에도 이런 테마공원을 꾸몄으면 하는 생각이 훑고 지나갔다.

'한국 한강을 유람선을 타고 연주도 볼 수 있고, 고유의 국극도 볼 수 있고, 서커스도 볼 수 있으며 서예 미술 등을 감상하고 각종 행사를 볼 수 있는 문화 공간이 된다면 얼마나 좋을까.'

이런 생각을 하는 동안 무대에는 불이 밝혀지고 출연진이 순서대로 혼자, 혹은 두셋이 짝을 지어 인사를 했다.

유람선 관광객들은 힘찬 박수를 보내고 하나 둘씩 자리를 떴다.

우리가 탄 유람선도 이물을 돌렸다. 올 때보다는 되돌아 갈 때는 빠르게 물살을 가르며 달렸다. 이곳까지 오는 동안 반기던 찬란한 불빛도 이별을 고하는 손짓 같았다.

돌아가는 아쉬움 속에 멀리보이는 불빛은 찬란한 인사였다. 그리고 유람선에서 들려주는 한국 노래는 마치 이별을 서러워하는 듯한 소리로 들렸다.

순식간에 출발했던 선착장에 도착했다. 유람선에서 내린 일행은 가이드의 안내로 곧바로 계림의 량량 국제공항으로 이동했다.

출국 수속을 마치고 가이드 앞에 모여 섰다. 가이드는 간단한 주의와 절차를 안내하고는 작별 인사를 했다.

"그동안 수고 많으셨습니다. 만족하셨는지 모르겠지만 제가 심부름을 하는 동안 잘못된 점은 다 잊어 주시고 좋은 것만 기억하고 귀국하시기 바랍니다. 감사합니다."

"정말 수고하셨습니다. 그동안 친절히 안내해 주시고 설명해 주셔서 즐겁고 의미 있는 관광이었습니다."

"감사합니다. 고생 많이 하셨습니다."

서로 인사를 나누고 아쉬운 이별을 했다. 안내원은 우리가 출국장으로 들어갈 때까지 손을 흔들어 보였다. 잠시 함께한 가이드와 헤어지는 것이 서운하고 고마웠다.

우리는 게이트를 찾아 휴게실에서 1시간을 기다려야 했다. 아내와 나는 여행을 하는 동안 체험했던 일들을 하나하나 꼼꼼히 회상하며 행복한 시간을 보냈다.

휴게실 시계가 11시 30분을 가리키고 탑승 시간이 되어 비행에 올랐다. 자리를 찾아 창가 쪽으로 아내를 앉히고 나는 그 옆자리에 앉았다. 그동안 바쁜 여정을 소화하느라 쌓였던 피로가 밀려왔다. 눈을 감고 안정을 취한 가운데 계림여행의 일들이 주마등처럼 스쳐간다.

"여보! 여행하느라 피곤했지?"

"피곤하긴 하지만 요번 계림여행은 참으로 행복하고 잊을 수 없는 추억이 될 것 같아요."

"그래요. 이번 여행에 하나님께서 우주만물을 창조하시고 인간을 지으신 은혜와 그 오묘하신 능력과 성령의 능력 앞에 머리 숙여 감사를 드립시다."

"할렐루야! 하나님 감사합니다. 이번 여행에 아름다운 자연도 보고 중국인들의 옛 것을 지키고 협동하고 인내를 배울 수 있어서 좋았습니다. 감사합니다."

비행기 엔진 소리가 들리고 한국을 향해 날고 있는 아시아나항공 객실 안의 관광 동행 일원은 모두 피로함을 이기지 못한 듯 하나 둘 눈을 감는다. 아내도 어느새 꿈나라로!

나는 담요로 아내를 덮어주고 어린아이같이 곤한 잠에 취해 있는 아내를 보았다. 너무 예쁘고 사랑스러웠다.

나느 이어폰을 끼고 음악을 들었다. 음악소리가 자장가가 되어 잠이 오기 시작했다. 앞으로 남은 삶을 사랑하는 아내와 함께 최선을 다해 보리라 다짐해 본다.

더 좋은 다음 여행을 꿈꾸며 나도 기도 중에 꿈나라에 들었다.

아! 아름다운 계림이어 꿈에라도 다시 한 번!

깡(강)씨네 해외여행

가을이 오는 것을 시샘이라도 하듯 때 아닌 폭염에 강줄기와 호수는 말라가고 사람들은 살인 더위에 시달려야 했다.

농어민들의 피해는 눈덩이같이 불어나고 시름과 한숨만이 가득했다. 국가 경제는 바닥을 치고 삶에 지친 걱정이 태산 같은데 거기다 때늦은 폭우로 인한 자연피해까지 겹치다 보니 마음은 황폐해져 가는 것 같았다.

이런 어려운 시기에 조금은 미안한 마음을 뒤로 하고 깡(강)씨네 형제들은 해외여행을 계획하게 되었다. 요즘 같으면 생각조차할 수 없는 7남매의 대가족이다. 사방에 흩어져 살고 있는 가족들이 모이면 육십여 명이 넘는다. 형제들 슬하에 아들 딸 내외와 손자들까지 모이면 왁자지껄 난리 법석이다. 칠 남매의 모임은 '깡시네'라고 부른다. 강하고 담대해 보이라는 뜻으로 '강'을 '깡'으로 부르기 시작한 것이 진짜 모임의 이름이 되었다. 여기에서 이 글의 문맥에 이해를 돕기 위하여 형제들을 소개하고자 한다.

맏사위인 우리 부부는 목회자로 사)한국기독교문화예술원을 설립하고 그 산하에 서울예술신학교와 해외에 바기오예술신학대학교(현 티스톤) 교육기관을 통하여 특수선교에 힘써 왔다.

몇 년 전 은퇴를 하고 현재는 8개 종류의 자격증 교육원을 운영하고 있다. 또한 로빈나 문화마을을 운영 중이다.

둘째 사위 역시 목회자 부부로 일찌감치 교회를 개척하여 성공적 목회를 하여온 철저한 성직자다. 노회장과 신학대학장을 역임하고 지금은 은퇴를 앞두고 있으면서도 마지막까지 사명을 감당키 위하여 선교센터와 도서관을 준비하는 모습에 은혜가 넘친다.

셋째 큰처남 부부는 고향 외남교회 장로, 권사로 신앙생활을 모범적으로 하여온 크리스천 가족으로 일찍이 고향에 남아 농촌발전을 위해 젊음을 불태운 농촌지도자이다. 장관 및 각 기관에서 수여하는 상을 받기도 했다. 평소 특유의 유머 감각으로 형제들 마음을 편하게 하는 재주도 있다.

넷째 사위 부부는 대기업의 임원으로 은퇴를 하고 교회장로와 권사로 중추적 역할을 해 왔으며 선교는 물론 사랑을 몸소 실천해온 신앙인이다. 그리고 음악대학을 졸업한 재원으로 교회 찬양대 지휘자로 봉사한 지도 오래다. 평소 협동심이 강하고 남다른 리더십으로 형제들을 이끌곤 했다.

다섯째 막내처제는 집사로 믿음이 돈독하고 교회 교사로도 봉사한 지 오래 되었다. 고인이 되신 부모님의 사랑과 오빠 언니들의 사랑을 독차지한 귀염둥이 예쁜 딸이었다.

단란한 가정을 이루고 살다가 몇 년 전 남편을 하늘나라로 보내야 했다. 슬하에 남매를 데리고 꿋꿋이 살아가는 처제만 보면 늘 안쓰럽다.

여섯째 처남 부부는 교회의 장로 권사로 봉사하고 있으며 사랑과 나눔을 실천함으로 사회 공익에 힘써 왔다. 자수성가한 노력파이며 현재는 중소기업의 대표로 성공적 사업을 하여온 경영인이다. 해외 선교에 관심을 가지고 오랫동안 몽골에 지역 선교를 해온 숨은 일꾼이자 부부 선교사이다.

일곱 번째 막내둥이 처남 부부는 이번 베트남 다낭 여행에 회사 업무 관계로 함께하지 못해 형제들의 아쉬움이 컸다.

부모님의 사랑과 형제들의 관심 속에 자란 막내처남은 대학 재학 때부터 유명한 회사로부터 미리 발탁을 받을 정도의 재원이었다. 처남 부부는 모든 문제를 믿음과 지혜로 풀어가는 행복한 가정이다.

이처럼 7남매 가족은 철저한 믿음으로 사랑을 실천해 가는 축복받는 기독교 가족이다. 우리가 모임을 갖는 목적은 믿음을 통해 신앙생활을 잘하고 서로 사랑하며 친목을 다지는 데 있다. 매월 회비를 통해 재정을 늘리고 각 가정에 큰일이 있을 때는 물질로 지원하고 기도와 사랑으로 함께한다. 일 년에 한 번씩은 국내나 해외로 여행을 떠난다. 함께 어울리는 동안 못다 한 대화의 꽃을 피우며, 서로 위로하고 휴식하며 즐거운 시간을 보낸다.

올해(2018년)는 고유의 명절 한가위를 맞이해 해외여행으로 결정하고, 베트남 다낭으로 장소를 택했다. 이번 여정은 둘째동서와 처제의 주선으로 이루어졌다.

다낭을 다녀온 사람들의 말만 들어오다 막상 간다고 생각하니 기대감과 설렘으로 마음이 흥분된다. 드디어 기다리던 출국하는 날 명절 아침이 되었다. 형제들은 선잠에서 깨어 서둘러 인천 국제공항터미널로 모였다. 모두 흥분된 모습으로 나타났다.

오래간만에 만나 인사를 나누는 표정은 천진한 웃음에 행복한 얼굴 표정 그 자체였다.

큰처남의 익살스러운 모습으로 "지금부터는 나이도 계급도 다 내려놓고 동급으로 행동을 합시다. 크크흐흐."

형제들이 큰처남의 익살스러운 말에 웃음을 터뜨렸다. 둘째동서가 대표로 여권을 모아 수속을 끝내고 출국장을 나와 면세점을 둘러보고 게이트 번호 11번을 찾아 출국 대기실로 모여 기다렸다. 출국 시간이 되어 비행기에 오른 일행은 짝을 지어 자리에 앉아 대화를 나누는 동안 기내 식사가 나왔다. 닭고기와 쇠고기로 된 식단을 보고 식성에 맞는 음식을 골라 식사를 마쳤다.

일찍 서둘러 오다 보니 선잠으로 노곤한 몸에 대화를 이어가던 가족들은 하나 둘 꿈나라로 향했다. 나도 옆자리에 앉은 집사람도 내려앉은 무거운 눈꺼풀을 간신히 버티며 오기 전 읽었던 베트남을 소개한 소책자의 내용을 머릿속에 떠올렸다.

베트남은 우리나라와 닮은 데가 많다는 생각이 들었다. 건국 신화에 보면 1만 년 전에 시작되었다는 것이 우리나라 단군신화

시기와 닮았다.

강하고 능력이 있는 바다의 신 '낙농꾸언'이 삼신의 딸인 아름다운 미모를 가진 '어우꺼'와 서로 사랑하므로 함께 살게 되었다고 한다. 슬하에는 100명의 아들을 두었단다.

세월이 흘러 자녀들이 장성한 어느 날 부모님을 따라 절반씩 산과 바다로 간 것이 오늘날 베트남을 형성하게 되었다고 한다.

어머니 '어우꺼' 여신의 큰아들이자 직계 후손인 홍(Hung)이 나라를 세우고 베트남의 역사가 시작되었다. 베트남 북부에 최초의 부족 국가인 '반란국'을 건설하고 3세기까지 이어졌다. 그 뒤로 왕조가 여러 차례 바뀌는 혼란의 시대를 보내야 했다.

서기 1009년에 와서 새로운 이씨왕조가 들어서면서 장기집권에 들어갔다. 행정을 개혁하므로 나라의 기틀을 다지고 백성들 삶에 신경을 썼다. 한편으로는 베트남 정통 문화를 만들어 나라의 위상을 높이고 평화를 가져왔다. 그러나 평화스럽던 이씨 왕조가 216년으로 마감하고 새 왕조에 의해 전국적으로 숙청 작업이 시작되었다. 그 당시 우리나라 남쪽으로 흘러 들어온 난민들 중 바로 한국의 덕수이 씨를 들 수 있다.

이씨왕조 이용상李龍祥 왕자는 고려에 망명하여 화산이 씨로 정착했다. 정확하지는 않지만 몇 년 전 베트남 여행 때 가이드가 하는 이야기를 들은 적이 있다. 한국의 덕수이씨가 베트남 국적을 원하면 무조건 시민권을 준다는 것이다.

이씨왕조가 무너진 뒤 찐왕조(1225~1400년)가 집권을 하다가 베트남 후기에는 레왕조가(1427~1789년)가 정권을 잡았다. 다시 남북 분립기(찐왕조와 응우엔 가의 대결)를 맞는 가운데 프랑스 식민시대(1859~1954년)를 거친다. 1954~1973년까지 대미 항쟁시대를 지나 통일된 베트남 사회주의 공화국으로 오늘에 이른 것이다.

이때는 우리의 젊은이들이 파병되어 돈 때문에 아까운 생명을 잃어야 했다. 그 시절을 살아왔던 우리들은 월남전만 생각하면 가슴이 먹먹해진다. 기장의 안내방송이 스피커를 통하여 영어와 베트남어로 도착을 알리는 음성이 흘러나왔다. 비몽사몽간에 눈을 뜨고 보니 사람들은 내릴 준비에 웅성거렸다.

다낭 국제공항에 도착한 시간은 3시 30분이었다. 맑고 화창한 날씨에 하늘에는 푸르른 바다를 이루고 그 위에 솜털 구름 한 점이 배가되어 우리를 반기며 다가오는 듯했다.

둘째동서가 자칭 가이드가 되어 안내하는 모습이 고마웠다. 큰 키에 중절모자까지 쓴 모습이 영국 신사 같다. 세계 어디에 있어도 잘 어울리는 사람 같다고 생각해 본다.

일행은 대기하고 있던 벤을 타고 공항을 빠져나왔다. 놀라운 것은 공항을 오고 가는 여행객들이 거의가 한국 사람이라는데 놀랐다.

빈펄(VINPEARL)리조트까지 가는 동안 베트남에 대해서 생각해 봤다. 약소국가 백성으로서 살아가며 침략을 당하고 식민지 생활을 해왔다.

설움과 고통 속에 생명을 내놓고 나라를 찾기 위해 애쓰는 애국자의 모습이라든가 남과 북이 분단되었던 모든 것이 우리나라와 닮았다는 생각이 들었다.

다낭 시내에 접어들자 1,2,3층의 건물이 줄지어 보이고 멀리 고층 건물도 드문드문 보였다. 어딘지 모르게 정돈되지 않은 도시 같았다. 도로에는 신호등이 없고 차와 오토바이가 뒤엉켜 알아서 서로 피해 다닌다. 거리에는 온통 오토바이 천국이다. 우리나라의 70년대 한창 발전해 나가던 모습 같아 보였다.

우리를 태운 차는 30분 정도 걸려 4박 5일간 묵어야 할 빈펄 리조트에 도착했다. 수속을 하는 동안 일행은 대기실 소파에 앉아 기다렸다. 일행 중 몇 사람은 실내 여기저기를 돌며 리조트에 관한 팸플릿도 보고 베트남 전통의상 아우자를 입은 여인을 감상하기도 한다.

수속을 끝내고 방 키를 받아 들고 일행 앞으로 왔다. 리조트 본관 어딘가에 있을 줄 알았던 숙소는 멀리 떨어져 있었다. 그곳에 가기 위해 단지 내를 이동하는 전동차를 타고 움직였다.

길 양면으로는 1,2층 건물과 잘 다듬어진 정원이 미국의 부촌 빌리지 안에 들어온 것 같은 생각이 들었다. 단지 내 도로 건물 앞뒤로는 금잔디가 깔려 있고 정원 나무의 녹색 잎이 바람에 한들거리고 그 속에 피어 있는 꽃은 마치 무용수가 춤을 추고 있는 것 같았다.

잠시 후 도착한 곳은 1810호, 1811호가 있는 건물 앞에 차를 세웠다. 일행은 안내에 따라 각각 호수와 방을 정하였다. 내부 시설이 잘 되어 있는 멋지고 우아한 건물이었다. 방이 3칸에 거실, 주방, 화장실, 샤워실, 정원, 풀장이 있는 멋진 시설이었다.

우리가 마음껏 쉴 수 있는 휴양지라는 생각이 들었다. 거실 뒤쪽으로는 전체가 샤시로 된 유리문이 있고, 그 너머로 풀장과 삼면이 테라스에 쉴 수 있는 소파와 수영장 벤치가 있었다.

풀장 옆으로는 보기 좋은 열대나무가 있고 그 둘레로는 금잔디와 꽃나무들이 적당하게 자리 잡고 있었다. 그 너머로 인공호수가 아름답게 보이고 잔디가 깔려 있는 언덕으로는 빈펄 리조트 건물이 줄지어 있는 모습이 한 폭의 서양화 같았다.

둘째동서는 일행 앞으로 다가서며 우리가 다낭으로 온 것은 관광을 하러온 것보다는 휴양차 왔음을 상기시키고 안내원 행사를 했다.

"지금부터는 기도도 하시고 수영도 하시고 인생설계도 하시면서 자유의 시간을 가지시기 바랍니다."

그리고 이었다.

"4박 5일 있는 동안 조식은 본관 레스토랑에서 6시에서 10시까지 하시고, 꼭 방 키를 가지고 가서 확인을 받으세요."

오후 3시에는 재래시장을 돌아보시고 내일은 오후 4시쯤 롯데마트를 방문할 것이라 했다. 마지막 날 오후에는 마사지와 호이안 투본강 투어와 도자기 공장을 돌아 옛 도시가 살아 숨 쉬는 호이안 시장 야경을 보고 공항으로 이동하게 된다고 안내를 해주었다.

형제들은 각자 자유의 시간에 들어갔다. 수영도 하고, TV도 보고, 피곤한 몸을 침대에 눕히기도 했다.

빈펄 리조트 단지 중심도로를 따라 80m 거리에 있는 끝없이 펼쳐진 밤바다를 보기도 했다. 밀려오는 은빛 파도가 부서지는 절경에 절로 입이 벌어졌다.

둘째 날도 각자 자유의 시간을 갖다가 오후 3시가 돼서야 재래시장 쇼핑에 나섰다. 택시 두 대에 나눠 타고 도착한 곳은 복잡한 시내 허름한 2층 건물 앞이었다.

쉴 새 없이 오고 가는 차와 오토바이로 복잡하기가 이를 데 없다. 길가에 앉아 장사를 하고 있는 노점상도 지나는 사람들의 시선을 끌기에 혼잡을 이룬다.

재래시장 입구에서부터 생선 냄새로 악취를 풍기고 있었다. 2층에 올라가니 각종 물건이 진열된 만물상이었다. 옷, 모자, 운동화, 각종 식품가게 등 온갖 것이 골목을 채우며 진열된 모습이 우리나라 옛 시장을 생각나게 했다. 보기에도 조금은 정돈되지 않은 시장 정경이었지만 이 나라 서민 시장과 경제를 엿볼 수 있어서 좋았다. 시장 여기저기를 돌아보고 몇 가지 필요한 물건을 사 가지고 나와 베트남 전통식당을 찾았다.

주문한 베트남 음식은 우리 입맛에도 잘 맞았다. 식사를 끝낸 일행은 식당 문을 열고 나오는 순간 깜짝 놀랐다. 시야에 들어온 거리는 온통 네온 불로 불야성을 이루고 있었다.

둘째동서는 멀리 보이는 긴 다리의 불빛을 가리켰다. 다낭에서 유명하다는 용 다리였다.

이곳을 찾는 관광객은 한 번쯤 찾아보는 유명한 명소라 했다. 긴 다리가 용의 꿈틀대는 모습을 네온 불로 표현된 연출은 아름답기도 했지만 그 웅장함이 장관이었다.

형제들은 용의 다리를 가까이 보기 위해 도보로 걸었다. 걷는 도중에 시내 중앙을 흐르는 강을 따라 걷다 보니 악취가 진동을 했다. 강 건너를 바라보니 여러 모양으로 연출해 내는 네온의 곡예로 어느새 냄새는 잊어버리고 구경하기에 바빴다. 다낭 시내의 야경은 불바다같이 타올랐다. 수시로 토해내는 표현들은 별천지에 와 있는 것 같기도 했다. 가까이에서 보는 용의 다리는 웅장하기도 했지만 신비하기까지 했다.

26일은 새벽 미명의 시간에 일출(해돋이)을 보기 위해 해변 가로 형제들이 모여들었다. 어둠이 가시기 전에 걷고 싶어지는 다낭의 밤바다였다.

수평선 멀리 밀려오는 은빛 파도의 부서지는 소리가 관광객들의 마음속 깊이 희망을 심어주는 것 같았다. 수평선 위를 솟아오르는 힘의 기운이 구름과 바다를 주황색으로 물 드리기 시작했다. 그 위를 서서히 붉게 타올라 세상의 어둠을 밝히는 태양의 장대한 모습은 아름답기보다는 장관이었다.

일행은 서로 사진을 찍어주며 좋아했다. 둘째동서는 형제들 한 사람 한 사람이 떠오르는 태양을 두 손으로 받아 올리는 모습으로 연출해 사진을 찍어 주기도 했다. 큰동서와 나는 2km 이상 모래사장을 오랜만에 걸으며 맑은 공기를 호흡하며 즐거움을 만끽했다.

하나님의 창조 능력과 광대한 모습에 절로 숙연해진다.

오늘도 자유의 시간을 갖다가 오후 4시가 돼서야 한국기업이 설립한 롯데마트를 돌아보았다. 좋은 환경과 다양한 상품이 진열되고 최고의 서비스로 운영되고 있는 모습이 우리나라 마트와 다를 바 없었다.

베트남 사람들이 가장 좋아하고 즐겨 찾는 인기 있는 마트라고 했다. 한국 사람으로 이런 소리를 들었을 때 정말로 자긍심을 느꼈다.

마지막 27일을 맞았다.

레스토랑에서 뷔페로 식사를 마치고 각자 자유시간에 들어갔다. 풀장에서 수영하거나 다낭 바다 모래사장을 걷기도 하고, TV를 보면서 시간을 보냈다.

11시 30분이 되어 각자 간단히 식사를 서둘러 끝내고 숙소를 점검한 뒤 길을 나섰다. 일행은 택시 2대를 불러 나눠 타고 시내 변두리에 있는 건물 앞에 차를 세웠다.

2층에 안마시술소 건물이었다. 마지막 날 관광에는 한국말을 할 줄 아는 베트남 가이드가 일행 앞에 나와 인사를 했다. 베트남 가이드의 간단한 안내와 곧이어 2층에 있는 안마시술소로 안내되었다.

1시간 동안 피곤을 풀어내고 다시 차에 올랐다. 가이드는 달리는 차 안에서 호이안의 투본강과 옛 도시의 시장 풍경과 야경에 관해 설명했다. 가는 도중 유럽인들의 도시로 불리는 비나힐 국립 공원을 차창 밖으로 보며 관광을 했다.

가이드는 잠시 후 보게 될 호이안 도시에 대해 자세한 설명을 해 주었다. 일행 중 한 사람이 '한국말 잘하시네요.'라고 하자 가이드는 "우리 아버지는 한국 사람입니다." 하고는 알 수 없는 웃음을 흘리다가 곧바로 "사실은 한국 사람이 아버지라는 얘기는 웃자고 한 얘기고요. 실은 제가 한국에서 직장생활을 하는 동안 말을 배웠습니다."

대화가 오고 가는 동안 차는 호이안에 도착했다. 베트남 가이드 안내에 따라 호이안 선착장으로 이동하고 곧바로 유람선에 몸을 실었다. 유람선 양쪽 긴 의자에 앉자 엔진 소리와 함께 움직이기 시작했다.

대화의 꽃을 피우는 가운데 유람선은 강물을 가르며 물결을 거슬러 오른다. 강 옆 언덕 위에는 끝없이 이어진 건물이 보였다. 시야에 들어온 건물들은 노란색 붉은색으로 되어 있는 구조가 특이했다.

왼쪽으로는 유하게 이어진 산줄기가 보이고 그 앞으로는 잡초들이 우거진 들판이 보였다. 강둑 위로 보이는 건물들은 앞면이 짧고 뒤로는 길어 보이는 똑같은 건물들이 즐비했다. 하도 이상하여 가이드에 물어보았다.

"모든 집이 가로는 짧고 세로가 긴 이유가 있습니까?"

"잘은 모르겠지만 베트남 건축법에 가로 최대 5m 세로는 자유대로 건축할 수 있어요."

라고 답변을 했다. 30분 정도 걸려 도착한 곳은 꽤 많은 배가 정착되어 있는 선착장이었다. 배를 세우고 한글과 영어로 된 세라믹이라 적힌 도자기 마을을 관광했다. 각국 관광객으로 붐볐다.

도자기 품질은 제가 볼 때는 우리나라 생활도자기에도 못 미치는 수준이었지만 마을 전체가 공동체가 되어 협동과 사랑으로 상품을 만들고 판매하는 모습은 참으로 아름답고 본받고 싶어졌다.

40분 동안 관광을 끝내고 일행은 호이안으로 돌아왔다. 골목길 안에 있는 베트남 전통 식당 앞에서 만나기로 약속을 하고, 일행은 자유 관광에 들어갔다.

여행을 떠나기 전 보았던 소책자에 실려 있는 호이안 전경 사진은 도시 뒤로는 몇 개의 아름다운 돌산이 봉우리를 이루고 그 앞으로 아름답게 자리 잡은 호이안 시내, 그 중앙을 흐르는 아름다운 강줄기 사이로 옛 시가지와 현대가 공존하는 정情이 가는 도시였다.

강을 낀 북쪽으로 형성된 골목길 시장을 보면서 베트남 특유의 모습이라 생각했다. 각자 짝을 지어 시장 길을 걷다 보니 오색등으로 장식되어 있고, 오고 가는 인파로 인산인해였다. 각종 상품으로 진열된 골목을 수놓은 가게들과 그 속을 누비는 사람들로 붐볐다.

한국 사람을 비롯해 각국 관광객이 찾는 세계 문화유산에 들어 있는 국제시장이었다. 관광하면서 느낀 것은 베트남은 불교국가라는 것을 거리 풍경이나 건물 등 불상을 통하여 알 수 있었다.

1225~1400년까지 이어졌던 쩐왕조 때 불교를 받아들이고 국교로 삼았다. 그것이 오늘날까지 불교국가로 이어진 계기가 것이다.

문득 이런 걸 생각이 들었다. 이 아름다운 도시에 등이나 불상이 아닌 십자가는 왜 없을까? 하고 말이다. 안타깝고 솟구치는 사명의식을 느끼면서 왠지 목사로서 주님 앞에 죄송함을 느낀다.

골목 시장을 여기저기 돌아보며 옛 도시와 현대가 서로 공존하는 매료에 빠져 시간 가는 줄 모르고 관광을 하다 보니 약속 시간이 다 되어 발길을 급히 돌렸다.

일행들은 벌써 나와 있었다. 우리가 오자 곧바로 식당으로 들어가 11명이 앉을 테이블을 찾아 앉았다. 옆 테이블에는 유럽인들이 대화를 나누며 식사를 기다리고 있었다.

우리도 음식을 주문하고 기다리는 동안 각자 보고 느낀 것을 말하며 한편으로는 말씀과 신앙에 대한 얘기가 오갔다. 동서와 처남 간의 신앙과 순교에 대한 대화를 나누는 동안 둘째 처남이 남몰래 해외선교를 해왔음을 알게 되었다. 그런 처남이 대견하고 자랑스러웠다.

주문한 음식은 우리 입맛에 맞아 즐거운 저녁 식사를 하였다. 밖을 내다보니 골목 시장은 어느새 어두워지고 불빛으로 환했다. 식사를 끝낸 일행이 밖으로 나오자 네온과 등으로 거리를 밝히고, 어디서 나타났는지 오고 가는 남녀 인파로 인종 시장을 이루었다.

일행도 가이드를 따라 인파 속에 끼어들어 걷기 시작했다. 인파 속에 오고 가는 알 수 없는 대화는 공허한 소리로 허공을 맴돈다.

여행객 사이를 헤치고 거리와 다리를 건너 도로 옆에 자리를 잡고 앉았다. 아직 도착을 못한 일행을 기다리는 동안 강가에서 재미로 등을 사서 소원을 적어 띄우는 형제도 있었다.

가이드의 간단한 안내와 30분 후에는 다시 이곳에서 만나기로 하고 여행에 들어갔다. 먹거리 시장, 액세서리, 옷, 민속품 등 없는 것이 없었다. 사람이 얼마나 많은지 호이안 관광이 아니라 사람 관광이었다.

각국 사람 중에는 한국 사람이 제일 많은 것 같았다. 다리 건너 시장을 첫째 동서와 관광을 하면서 물소가죽 가방을 파는 상점 앞을 지난 적이 있었다. 가죽 가방에 관심이 있던 동서는 나를 데리고 다리 건너 골목 가죽가방 상점을 찾아 나섰다. 돌아보았던 골목길을 더듬어 가며 물소가죽 가게를 찾았다. 똑같아 보이는 골목길이라 약간 헤매기는 했으나 이내 찾아냈다.

상품이 진열된 안으로 들어와 둘러보니 다 물소가죽으로 된 각종 가방이 사방으로 된 벽과 진열장에 꽉 차 있었다.

우리는 마음에 드는 서류 가방을 놓고 흥정에 들어갔다. 영어로 "하우 머치 이즈 잇"하고 가격을 물어보았다. 점원 아가씨는 말 대신에 계산기로 $150을 적어 보였다. 동서와 눈이 마주친 나는 전자계산기에다 $80으로 적었다.

여직원은 손을 흔들며 "노"하며 다시 $150을 적어 보였다. 여러 번 오고 가는 대화 속에 1,2불 정도는 깎기는 했으나 더는 흥정이 안 되었다.

여점원은 "노"하고 거절했다. 동서와 나는 작전상 "나갑시다."하고는 안쪽 진열장에서 입구 진열장으로 나왔다. 다시 다른 상품을 보다가 더 맘에 드는 가방을 발견하고 여점원에게 다가가 흥정에 들어갔다.

우리는 조금 전 보았던 가방과 별 차이가 없다고 생각하고 계속 계산기에다 $80으로 고집을 세우자 여점원은 사장과 잠깐 상의하더니 우리를 향해 "오케이"했다. 기분이 좋은 동서와 나는 영어와 한국말로 섞어서 "땡큐, 감사합니다."하고 인사를 했다. 이때 기분이 좋아진 동서는 옆 진열장에 있는 여성용 물소가죽 핸드백을 가져와 흥정에 들어갔다.

서류 가방도 대폭 할인해 미안한 마음이 들어 조금만 다운을 시켜 $100을 $70 불로 하고 서류 가방과 핸드백을 합쳐 $150에 하기로 하였다. 계산은 달러와 일부 모자라는 돈은 쓰다 남은 베트남 화폐로 계산했다.

기쁜 마음으로 오던 길을 부지런히 걸어 다리 건너에 기다리고 있는 일행 앞으로 갔다. 우리가 오자 가이드는 간단한 설명과 이곳에서 만날 약속 시간을 정하고 다시 각자 여행에 들어갔다.

다리 건너 시장과는 달리 거리에 자판을 깔고 각종 물건을 판매하고 한쪽으로는 골목시장이 공존하고 있었다. 강과 다리 사이로 펼쳐진 호이안의 야경은 말로 표현하기가 어려울 정도로 놀랍다. 수많은 사람이 골목을 누비고 상점을 들락거리는 진풍경이 네온 불빛 속에 드러났다 사라지곤 한다.

골목과 거리와 가게를 누비는 사람들의 모습이 모든 환경이 살아 움직이는 밤하늘의 수많은 별무리를 보는 것 같다. 나는 밤하늘의 은하수를 걷고 있다는 생각을 했다.

다양한 문화가 공존하고 존중받는 세상이라고들 하지만 베트남 다낭에도 호이안에도 십자가 하나 없었다. 그것이 안 보이는 것이 안타까웠다.

옛것과 현대가 어울려 각종 문화의 꽃을 피우며 빛을 발하는데 저 많은 불빛 속에 십자가 불빛 하나 보이지 않는다는 게 도저히 이해가 되지 않았다.

하루속히 베트남에 당신의 사랑과 축복이 있게 하시고 지역 문화선교를 통하여 구원받는 백성이 많아지길 마음속 깊이 기대해 본다. 여기저기 골목골목을 누비며 사람들 사이를 스쳐 다니면서 많은 것을 보고 느끼는 의미 있는 관광이었다.

어느새 만나기로 한 약속 시간이 되어 약속 장소로 돌아왔다. 모두 다 와서 기다리고 있었다. 베트남 가이드의 안내로 곧바로 다낭 국제공항으로 약 40분 정도 걸려 이동했다. 가이드는 간단한 주의와 절차를 설명하고 작별인사를 나누었다.

"그동안 수고 많이 하셨습니다. 만족하셨는지 모르겠지만 제가 심부름을 하는 동안 잘못된 점은 다 잊어 주시고 좋은 것만 생각하시기 바랍니다. 제가 할 일은 여기까지입니다. 그럼 안녕히 가십시오."

그는 이렇게 말하고 손을 흔들어 보이며 공항을 나갔다.

다시 둘째동서의 안내로 출국 준비를 끝내고 게이트를 찾아 휴게실에서 1시간 동안을 기다려야 했다. 아내와 나는 일행들 틈에 끼어 기다리는 동안 여행을 하는 중에 체험했던 일들을 곰곰이 생각해 보았다.

휴게실에 걸려 있는 시계가 11시 30분을 가리키고 탑승 시간이 되어 비행기에 올랐다. 일행들은 자리를 찾아 앉았다. 그동안 여행이 끝났다고 생각하니 피곤이 밀려왔다. 눈을 감고 사색에 잠기니 그동안 베트남 다낭의 일들이 주마등같이 스쳐간다. 그리고 이 땅에 필요한 것은 선교라는 생각이 떠나지 않았다. 그것도 지역적으로 확산되어야 할 문화선교다.

예배가 예배로의 본질적인 성격보다는 의식으로서 예배에 그친다든가 선교가 지역사회에 대한 봉사보다는 예수천당 하는 식의 공허한 구호에만 머무는 꽹과리의 울림이 되어서는 안 된다.

선교의 대상이 되는 지역사회에 대한 인식과 관심에 신경을 써야 할 때다. 우리 모두는 문화의 시대에 살아가고 있고 그중 한 가지가 문화선교의 필요성이다.

문화는 신앙인의 삶이고 생활양식이기에 그 시대의 문화가 되는 것이다. 그렇기에 예배와 선교는 그리스도의 삶이고 행위의 표현이 되며 열매가 있기에 문화와 예술이라 할 것이다.

예배를 중요시 하는 크리스천이라면 문화예술이 기독교와 관계가 없다곤 하지 못할 것이다. 하루 속히 그 문화예술선교의 중요성을 깨달았으면 한다.

베트남이야말로 처해진 환경이 문화선교가 필요한 때다. 기독교인들이 하루 속히 하나님께서 창조하실 때 말씀이 행위가 되고 보시기 좋았다고 하시는 것은 하나님 자체가 예술가이시며 이 시대에 필요한 선교 도구임을 잊지 말아야겠다.

비행기 엔지 소리가 한국을 향해 날고 기내 승객들은 모두 피곤함을 이기지 못하고 하나 둘 눈을 감는다.

나와 집사람도 어느새 곤한 잠에 취해 있었다. 한국 인천국제공항 도착 시간은 6시였다. 모든 입국 절차를 ㅁ바치고 형제들은 지하층 식당가를 찾아 아침 식사를 함께 했다. 식사 전에 내가 제안했다.

"그동안 일행을 위해 스스로 가이드가 되어 수고한 둘째동서 부부와 무사히 여행을 마치고 돌아온 형제들을 위해 감사와 기도를 첫째동서 최 목사가 하여 주면 감사하겠습니다."

최 목사의 간절한 기도가 있었다. 일행은 박수로 화답했다. 식사가 끝나고 나와 1층에 올라온 일행은 둥그런 기둥 앞에 모여 섰다. 나는 다음 여행을 위해 마음속 깊이 기도하고 이제 아쉬운 마음을 뒤로하고 손을 들어 보이며 헤어졌다.

제3부

예배극 관람기

예배극(뮤지컬) '다 이루었다'를 보고

새벽부터 내리던 단비가 멈춘 오후에 구름을 벗어난 햇빛이 석촌호수(동호·서호) 가득히 파고든다.

호수 둘레 길을 돌며 걷기 운동을 하는 장소지만 오늘은 유독 상쾌하고 평화롭다. 벤치에 앉아 빗물에 씻긴 나무들, 서로 어울려 하늘거리는 풀잎과 잔잔한 물결을 바라보고 있자니 마음이 정화된 기분이다.

나뭇잎에는 아직도 물방울이 보석이 되어 햇빛에 반짝거린다. 비가 내린 후라 엷은 물안개가 모락모락 피어오르고, 불어오는 바람은 나뭇가지를 흔든다. 진한 녹색 잎은 어느 거룩한 손길이 되어 부르고 있는 듯했다.

석촌호수 사방을 둘러보는 눈길이 벤치 앞 호수 물결에 멎었다. 비가 그치고 난 뒤의 따스한 햇살이 졸음을 불렀다. 눈이 초점을 잃고 몽롱해졌다. 물결에 부서진 강렬한 햇빛이 영화 화면같이 반사된다.

골고다 언덕 동산에 세워진 세 명의 죄인 중 한가운데 예수의 십자가를 비추는 라이트는 전신만을 클로즈업한다. 손과 발에는 로마 병정에게 못 박힌 자국이 선명하고 옆구리에는 창에 찔려 흘린 선혈이 흘러내리다 엉켜 붙어 있는 모습이 처절하다.

예수는 고통스러운 모습에서 평온한 얼굴로 하늘을 우러러 입을 연다.

"아버지여, 저들의 죄를 사하여 주시옵소서. 저들은 자기의 하는 것을 알지 못하나이다.(가쁜 숨을 몰아쉬며) 다 이루었다!"

예수는 고개를 떨어뜨리고 절명한다. 이 광경을 바라보던 대제사장과 서기관 장로들은 실망한 듯 예수 쪽을 바라보며 침을 뱉고 돌아선다. 지키고 있던 로마 병사들은 긴장을 풀고 하산하려 할 바로 그때였다.

갑자기 암흑이 되고 땅이 갈라지고 무너지는 듯한 요란한 천동번개 뇌성이 작렬하고 천지가 진동하며 태풍이 휘몰아친다. 세상이 온통 거대한 죽음의 소용돌이 속으로 사라져가는 듯한 고통스런 절박한 음악이 빠르게 흐른다.

제사장 서기관 병사들, 여인들은 갈피를 못 잡고 허우적대는 모습과 비명을 지르며 사라진다. 이때 수면 무대 쪽에서 스피커를 통하여 들려오는 갑작스런 음악소리에 깊은 생각에서 깨어났다. 체면에 걸려 있다 깨어난 사람처럼 몽롱했다. 비몽사몽간이었다.

아무리 생각해도 금방 작품을 본 것 같기도 하고 그 시대를 갔다 온 듯한 기분이 들었다. 며칠 전 친구와 함께 감상하며 너무나 많은 은혜를 받았던 예배극(뮤지컬) '다 이루었다'의 십자가에 달리신 예수님의 그 모습이었다.

죄인들을 위하여 십자가에 달리시고 점점이 떨어지는 보혈를 다 쏟으며 마지막에 '다 이루었다'는 한마디를 남기고 숨을 거두었다. 하나님께서는 오랫동안 문화예술선교와 기독교예술, 예배예술을 통한 선교와 현대 교회의 쇄신을 주장해온 나에게 살아온 세월이 헛되지 않았음을 보여주신 것 같은 생각이 들었다.

6월 4일(주일) 뜻밖에 예배극(뮤지컬) '다 이루었다' 공연 초청을 받고 고등학교 교직을 은퇴한 고향 친구와 함께 가기로 약속을 했다. 예수님의 일대기를 다룬 예배극을 통하여 아직까지 신앙이 없는 친구가 예수를 믿고 구원받을 수 있는 기회가 됐으면 했다.

잠실 롯데호텔 지하광장에서 1시 30분에 만나 민속 식당가에서 간단히 식사를 하고 안양 행 버스에 올랐다. 미리 보내준 팸플릿을 보며 이 얘기 저 얘기 하다 보니 어느새 안양역에 도착했다.

은혜와 진리교회 내 가이노스 성전 공연장까지 도착했을 때 시계는 3시를 가리키고 있었다. 공연 30분 전이라 친구와 나는 웅장한 새 성전과 주위를 돌아보고 왔을 때 입장이 시작되었다. 좌석은 예배극(뮤지컬)을 감상하기에 가장 좋은 자리가 준비되어 있었다.

성도(관객)들이 자리를 채워가기 시작했다. 조용목 목사 사모님께서 우리 옆자리로 오셨다. 본 GNTC 뮤지컬 선교극단 단장이시며 '다 이루었다'의 희곡 저자이신 사모께서 반갑게 맞아 주셨다.

오랜만에 뵙는지라 짤막한 인사와 서로의 안부를 묻고, 그동안 연습과정과 어려웠던 사연들을 주고받았다. 나는 잠시 이런 생각을 해 보았다. 사모님이야말로 이 시대의 기독교문화 예술선교를 이끌어갈 사명자라는 생각이 들었다.

기다리는 동안 객석은 성도(관객)들로 만원을 이루었다. 지금부터 쓰는 글은 예배극(뮤지컬) 전막 내용을 보면서 순서 없이 은혜가 된 것을 기록한 것이다.

시작을 알리는 음악이 흐르고, 잠시 후 전막의 내용을 암시하는 음악으로 바뀌고 고조되면서 막이 서서히 오르고 조명 빛을 발한다. 유대 베들레헴에 태어나신 아기 예수 탄생으로 동방박사 세 사람이 찾아와 황금과 유향과 몰약을 예물로 드리고 경배하는 장면으로 예배극은 시작되었다.

성도들은 조용히 숨을 죽였다. 웅장한 무대와 배우들의 연기 그 시절의 의상, 음악, 효과, 조명에 압도되어 앞으로 전개될 내용이 기대되었다. 예수님은 목수의 아들로 어린 시절을 갈릴리에서 성장하셨다.

예루살렘과 온 유대와 요단강 사방에서 세례 요한에게 모여들어 자기의 죄를 자복하고 세례를 받는다. 예수께서도 갈릴리로부터 요단강에 이르러 요한에게 세례 받기를 청하자

"당신이 나에게 세례를 주어야 할진대 당신이 내게 오시나이까?"

예수께서 대답하여 이르시되

"이제 허락하라 우리가 이와 같이 하여 모든 의를 이루는 것이

합당하니라"

하시니 이에 요한이 허락하는지라. 예수께서는 세례를 받으시고 곧 물에서 올라오실 새 하늘이 열리고 하나님의 성령이 비둘기같이 내려 자기 위에 임하심을 보시더니 하늘로부터

"이는 내 사랑하는 아들이요 내 기뻐하는 자라."

세례를 받으신 예수님은 세상 사람들을 향하여 "회개하라 천국이 가까웠느니라"라 외치며 말씀을 선포하셨다.

무대는 바뀌어 갈릴리 해변이 나오고 거기를 지나가시던 예수님은 시몬과 그 형제 안드레가 바다에 그물을 던지는 것을 보시게 된다. 밤이 맞도록 바다에서 고기를 잡기 위해 그물을 던졌지만 고기는 한 마리도 잡지 못하였다. 그때 예수께서 다가서며 배 오른편으로 그물을 던지라고 명하였다.

순종하여 그렇게 하였더니 그물이 찢어질 정도로 많은 물고기가 잡혔다. 놀라서 예수님을 기이히 여기고 있을 때 "나를 따라오너라"하시는 말씀에 순종하였다. 그들 눈에는 하나님이 아니고서는 이런 기적을 보일 수 없다고 생각했기 때문이다.

무대 위 세트에는 고깃배와 뒤로는 갈릴리 바다가 보이고 어촌에 필요한 소품들과 배우들의 연기가 어울려 실감을 더했다. 이렇게 시몬과 그 형제 안드레를 제자로 삼고 더 나가다가 그물을 깁는 세배대의 아들 야고보와 그 형제 요한을 부르시고 제자를 삼았다.

예수님께서는 그 외에도 빌립, 바돌로매, 마태, 야고보, 다대

오, 시몬, 가룟 유다 등 12명을 제자로 삼으셨다. 예배극 '다 이루었다'가 진행될수록 고요한 성전 안은 정적을 깨고 은혜가 된 성도들의 '주님 아멘'하는 애절한 소리가 여기저기서 흘러 나왔다.

이 모든 장면을 무대를 통하여 배우들의 재현된 연기로 볼 수 있다는 게 행운같이 생각되었다. 예수님의 사역을 재현한 표현으로 회당에서 가르치시고 가는 곳마다 천국복음을 전파하시었다.

백성 중 병든 자와 약한 자를 고치셨다.

배역마다 배우들의 개성이 살아있는 연기로 성도들의 가슴을 파고들었다. 소문이 온 누리에 퍼져 눈먼 자, 각종 병에 고통당하는 자, 귀신들린 자, 간질병환자, 중풍병자를 고칠 때마다 성도들은 숨죽이고 흐느끼는 울음소리와 아멘, 주님을 부르는 소리가 여기저기서 터져 나왔다. 이 모두가 섬세한 연출이 돋보이고 전문연기자도 아닌 교회 성도들의 단합된 개성 있는 연기가 어쩌면 물 흐르듯 자연스러울 수가 있을까. 때로는 격동적이고 감동적인 연기를 해낼 수 있을까 생각했다. 연출자의 능력이 돋보이는 배우들의 무대 위 동작선과 대사 처리, 음악, 효과, 무대 세트, 조명이 잘 어울렸다.

성전 안은 울음바다였다. 자기도 모르게 가슴을 치며 '아멘' 소리가 성전 안을 채웠다. 성도(관객)들은 성령의 강한 임재로 은혜가 충만해 갔다. 예수님께서 예루살렘에 입성하실 때도 구름떼같이 추종자들이 종려나무가지를 흔들며 열광하던 호산나 소리는 성도들의 마음을 흔들었다.

열두 제자 중 가룟 유다가 예수님을 배신하여 은 30냥에 예수님을 파실 것을 아시고 제자들과 마지막 만찬 장면은 인간의 비애의 눈물을 짓게 했다.

아름답고 잘 세워진 무대 세트, 겟세마네 동산에서의 십자가를 지시기 전 기도하심은 성도들의 두 손을 움켜쥐게 만들었다. 산에서 내려오신 예수님께서는 대제사장과 장로들에게 파송된 로마 병사에게 잡혀 결박당한 채 빌라도 앞에 조롱과 혹독한 신문을 받으셨다.

비웃음과 조롱, 병사들의 휘두르는 채찍에 피가 튄다. 고통에 몸부림치는 예수의 모습은 처참한 모습에 성도들은 마음이 찢어지는 듯했다. 로마인들은 예수가 죄가 없다고 하는데 동족인 유태인과 유대교의 제사장들은 시기하여 죽여야 한다고 고함을 친다.

입에 거품을 물고 무슨 철천지원수를 대하듯 광분하는 장면을 잘 보여준 연합되고 개성 있는 연기가 참으로 좋았다. 군중들은

'예수를 죽여라!'

'안 된다 예수를 석방하라!'

'예수는 죄가 없다. 그는 구세주다!'

'개수작마라, 예수는 죽어야 한다!'

아우성이었다. 빌라도 재판에서는 서로 다른 인물의 성격이 잘 드러난 연기가 옛 재판을 보는 듯했다. 빌라도의 근엄하고 위협적이면서도 대제사장 장로들 앞에서는 어쩔 수 없이 갈등하며 고뇌하는 연기는 가슴을 찡하게 때렸다. 그 속에서 어쩔 수 없이 본인

의 의사와는 상관없이 대다수가 원하는 대로 예수를 십자가에 매어 달도록 판결을 내리는 빌라도 총독의 개성과 갈등이 엇갈리는 연기는 성도들의 마음을 울렸다.

빌라도는 백부장과 십부장의 호위를 받으며 무거운 걸음으로 퇴장한다. 판결이 내려지자 조명이 바뀌며 천지가 진동하고 충격적인 사운드가 급하게 흐른다. 무대는 칠흑같이 어두움에 휩싸이고 무서운 결과를 예고하듯이 서곡이 진중하게 공포감을 준다. 수많은 혼령들의 아우성과 같은 남녀의 기성들이 세상을 온통 긁어 찢어대고 있다. 연출자의 세심한 연출력과 능력이 엿보이는 장면이다.

예수께서 십자가를 지고 병사들에게 채찍을 맞으며 객석 통로를 이용해 등장하는 장면도 성도(관객)들의 마음을 사로잡는다. 무대 위로 오른 예수님은 로마 병사들에 의해 십자가에 못 박히시고 골고다 언덕을 올라 동산 위 십자가에 달리신 예수의 처절한 모습이다.

라이트는 예수님 전신만 클로즈업한다. 밀려오는 고통을 참으시는 못 박힌 예수님의 손과 발, 창에 찔린 옆구리 상처가 선명하다. 흘리신 보혈은 몸 군데군데를 적시고 있다.

보혈을 다 흘리신 예수님께서는 하늘을 우러러보며 입을 연다. "아버지시여 부디 저들의 죄를 사하여 주시옵소서. 저들은 자기의 아는 것을 알지 못하나이다.(숨을 몰아쉬며) 다 이루었다!"

마지막 말씀을 남기고 운명하신다. 성도들은 주위는 잊은 채 주님을 부르며 가슴을 치고 슬피 흐느끼는 울음소리가 귓전을 파고든다.

조명은 꺼져 암흑이 되고 천둥이 치고 번개와 뇌성이 하늘을 가르며 세찬 바람이 몰아친다. 공포스럽고 무서운 음악이 최고조가 되고 병사들, 제사장, 서기관, 여인들이 비명을 지르며 도망치는 등 아우성이다.

이 장면에서 이런 생각을 해 보았다. 무대가 암전되고 롱핀에 의해 목사님이 등장하셔서 5분 정도 십자가 사랑에 대한 설교와 다음 장면에서 보실 부활과 승천하심을 얘기하시고 퇴장하면 어떨까 하는.

중세시대 초연된 예배극도 제사장이 오늘날 내레이션과 같은 방식의 말씀을 전했던 것을 볼 수 있다.

시간이 잠시 흐른 뒤 아수라장은 점점 사라지고 고요 속에 무대가 밝아지면 십자가도 예수도 아무도 없는 가운데 베드로만 홀로 보인다. 세 번씩이나 주님을 부인했던 것을 회개하며 이 죄인을 버리지 마시고 용서해 달라고 간절히 기도한다.

아리마태 사람 요셉이 예수의 시신을 가져다가 새 돌무덤에 넣어 큰 돌을 굴려 무덤을 덮었다. 대제사장과 바리새인들은 예수가 부활할 것을 염려하여 파수꾼을 시켜 무덤을 지키게 한다. 3일이 되는 안식일 첫날 예수께서 부활하시어 제자들과 500여 명 앞에 나타나 보이셨다. 무대 위에는 어느새 운무가 깔리기 시작한다. 아름다움에 신비롭고 그윽한 노래가 흐른다. 날개를 단 천사들이 등장하여 환희의 춤을 추기 시작한다.

"베드로야 베드로야."

모두 놀라 사방을 들러 보는 중에 천사들이 옹위하는 무대 중앙으로 홀연히 예수님께서 모습을 드러내신다.

베드로 : 주여 제가 주 앞에 있나이다.

예수 : 너는 아직도 나를 사랑하느냐?

베드로 : 주여 제가 주를 사랑하는 것은 주께서 아시나이다.

마리아 : (예수를 바라보며) 오~주여!

베드로 : 주님!

여인 : 주님!

예수 : 하늘과 땅의 모든 권세를 내게 주셨으니 그러므로 너희는 가서 모든 족속으로 제자를 삼아 아버지와 아들과 성령의 이름으로 세례를 주고 내가 너희에게 분부한 모든 것을 가르쳐 지키게 하라 볼지어다. 내가 세상 끝날까지 너희와 항상 함께 있으리라.

베드로, 마리아, 여인들 등 제자들이 '오 주님이시여' 두 손을 모아 간절한 마음으로 흐르는 눈물을 훔친다. 예수님은 동산 언덕 위로 올라 관중 앞으로 선다. 장엄하고 신비스런 음악이 흐르다가 더욱 고조되며 온 천지에 울려 퍼지는 가운데 예수님은 승천하시기 시작한다. 예수님 발아래는 스모그가 깔려 운무가 되어 신비감을 더해 준다. 제자들과 일부 관중들이 예수님을 우러러보고 그 속으로 천사들의 춤사위가 무대를 수놓고 밝은 빛이 객석을 눈부

시게 쏟아 내면서 그 빛 저편으로 예수님은 점점 사라져 간다. 이 장면을 보면서 이런 생각을 해본다.

'승천 마지막 장면에서 제자들과 군중들 사이를 누비며 천사들이 나와 춤을 추다 밝은 조명이 객석을 눈부시게 쏟아내며 예수님이 승천하여 높이 오르실 때 스톱모션 되고 목사님이 나오셔서 축도로 끝내면 어떨까'하는 생각을 해 보았다.

성도들의 박수 소리와 아멘 주님하고 입에서 입으로 흘러나오는가 하면 한편으로는 기쁨의 눈물을 흘리기에 바쁘다. 우레와 같은 박수가 끝날 줄을 모른다.

이 순간 먼 옛날로 거슬러 중세시대의 예배극이 끝난 텅빈 어느 성전에 앉아있는 기분이 든다. 그 당시 초연되었던 예수님의 일대기를 다룬 예배극 '수난의 십자가와 예수부활 사건' 공연은 많은 사람들이 모여들었다. 그러나 교회지도자들은 사람들의 집결이 사회의 악이 들어오고 우상숭배의 원천이 될 수 있다고 생각하여 교회에서 받아들이지 않았다.

성전에서 공연을 못하게 되자 야외 공터와 시장에서 공연을 하게 되었다. 사람들은 차고 넘치고 은혜를 받아 결신자로 열매를 맺는 것을 보았다. 그때서야 교회 지도자들은 자기들의 판단이 잘못됨을 알고 성전 안으로 다시 받아들이게 되었다.

문화와 예술이 도구가 되어 예배에 참여함으로 예배극으로 불리게 되었다. 예배극은 시간이 흐름에 따라 기적극, 신비극, 도덕극으로 불려 지기도 했다. 다루는 소재는 그리스도의 삶과 십자가의 사랑과 부활에 대한 내용이었다. 그때의 연출자와 작가, 배우들은 최초의 문화 선교사라 말할 수 있을 것이다.

나는 예배극(뮤지컬) '다 이루었다'를 보고 나서 느낀 감정은 참으로 멋지고 은혜가 넘치는 훌륭한 작품이라 말하고 싶다.

희곡을 손수 쓰시고 선교극단을 운영하시는 김양숙 사모야말로 하나님께서 필요로 하시는 이 시대의 문화선교사라 말하고 싶다. 짜임새 있는 내용 전개와 갈등, 감정, 고뇌, 스릴과 사랑이 있으면서 폭발적인 2개의 클라이맥스를 두고 있다. 한번은 우리 죄인들을 위하여 십자가에서 절명하시는 모습에 울고 또 하나는 승천하시므로 소망이 되어 기쁨과 환희의 박수를 치며 희망을 준 작품이다.

김양숙 사모님의 능력과 문화선교사 단체 운영에 찬사를 보내고 싶다. 연출자는 극본을 기초로 하여 연극을 지도하며 무대 위에 공연화 하는 사람이다. 좋은 작품을 만들기 위해서 유능한 연출자가 필요하다. 작품을 평가하는 예리한 통찰력이 있어야 하고, 작품을 보는 지적 능력이 있어야 한다. 거기에 산 경험으로 연출자의 판단능력이 있어야 한다.

예배극 '다 이루었다'는 작고 큰 감정, 개성, 갈등, 사랑, 슬픔, 긴박감, 클라이맥스를 잘 살린 멋지고 훌륭한 작품이었다고 평하고 싶다. 연기자들 역시 멋지고 아름다운 동작과 대사로 감동적인 은혜를 주었다.

예를 하나 들면 옛날 시골 비포장 길이었을 때 소가 끄는 달구

지가 평평한 길에서는 작은 소리가 나고 돌이 많은 길을 갈 때는 덜컹대고, 길이 파인 곳을 지날 때는 삐걱 덜컹댔다. 한 작품에 여러 배우들이 단합된 공동체를 이루어 배역에 따라 개성이 살아 있는 동작과 대사가 필요한 것이다.

거기에 음악의 효과는 더 큰 맛을 느끼게 한다. 전문적으로 연기를 하는 사람들도 아닐진대 모든 면에 물이 흐르듯이 잘 소화하여 성도들의 마음을 은혜로 넘치게 하여 너무 고마웠다.

이 작품 성공를 위해서 조용목 목사님을 비롯해 장로님들과 전 교인들이 기도로 만드신 것을 알 수 있었다. 전국 각 교회 목사님들 장로와 성도가 이번 예배극을 다 보았으면 하는 마음이 간절하다.

우리 모두는 험난한 시대에 살고 있다. 지금 우리나라를 비롯해서 전 세계는 환란과 재앙이 곳곳에서 일어나는 것을 본다. 주님이 오실 날이 가까이 왔음을 깨닫고 기도로 준비해야 할 것이다. 이럴 때 김양숙 사모의 작품 '다 이루었다'가 경각심이 되어 각자의 믿음을 돌아보기 바란다.

한국의 교회는 하나님께 감사와 찬양을 드리는 예배(수직적 만남)가 되어야 할 것이다. 세상을 향해 복음을 전하는 선교(수평적 만남)로 그리스도를 머리로 한 공동체적 삶을 성령 안에서 역동적으로 엮어가야 할 것이다.

오늘날의 교회는 이 같은 두 가지 요소를 기능적으로 수용하고 행하지 못하는데 문제가 있다. 즉 예배가 예배로서의 본래적인 성격보다는 의식으로서의 예배에 그쳐 버린다든가 선교가 지역 사회에 대한 봉사보다는 예수천당 하는 식의 공허한 구호에만 머무는 울리는 꽹과리가 되어서는 안 된다는 것이다.

우리는 선교의 대상인 지역 사회에 대한 관심과 인식을 새롭게 해야 한다. 문화의 시대에 그 중 한 가지가 문화예술선교다. 문화는 신앙인의 삶이고 생활양식이기에 그 시대의 문화가 되는 것이다.

예배와 선교는 그리스도인의 삶이고 행위의 표현이기에 연극 예술이라 말할 수 있다. 예술로 선교를 감당하는 사명자는 복음을 바탕에 두고 삶에 본질이 그리스도 주권 하에 있음을 알리는 것이다. 그 기독인의 삶을 재현해 보이려는 행위의 표현으로 이를 예술선교라 한다.

그러나 안타까운 것은 예술선교, 선교예술을 한다면서 하나님은 뒤로하고 자신의 작품이나 본인이 주목받기를 원하는 경우가 많은 것을 본다. 이것은 너무나 잘못된 것이다. 오로지 주님이 주인공이 되고 예술가나 작품은 도구로만 사용되어야 하는 것을 잊어서는 안 된다. 내가 국내외적으로 많은 성극과 선교극을 보았지만 이번 무대에 올려진 예배극(뮤지컬) '다 이루었다' 작품은 그 중 당연 최고의 걸작이라고 하겠다. 생명이 흐르는 거대한 강줄기와 같았다.

예배극 「다 이루었다」가 성황리에 공연하게 됨을 축하드리며 더 좋은 작품으로 복음선교에 큰 열매가 되기를 바란다.

예배극

뮤지컬 「알파와 오메가」를 보고

한 사람의 생명이 이 땅 위에 있기까지에는 우리의 부모가 알지 못했고, 우리가 알지 못하는 이면에는 분명히 생명의 동기가 있었다.

다시 말해 인간의 힘을 초월한 그 어떤 절대의 가치인 원인이 있는 것이다. 우주와 자연을 총합하여 자존自存하시고 불변不變하시며, 유일하고 영원하신 분, 또한 인간이 상승하려는 이상理想의 교차로에 계시고 생명을 주관하시며 인류 역사를 배후에서 감독하시는 분, 바로 창조주 하나님이 계신다.

사람이 세상을 살다 보면 아주 절박한 일에 부딪힐 때 제일 먼저 찾는 분이 바로 전지전능하신 하나님이다.

예를 들면 한 척의 배가 망망대해를 항해하다가 방향을 잃고 파도에 이리 밀리고 저리 밀리고 암초에 부딪쳐 전복 직전에 직면했다고 가정할 때 배 안에 있는 사람 그 모두가 무슨 말을 제일 먼저 하겠는가? 엄마 아빠를 부르거나 애인이나 친구를 부르기에 앞서 인간의 힘을 초월한 절대의 힘을 요구할 것이며, 촌분도 쉼

없이 연속적으로 하나님을 찾는다는 사실이다.

우리의 생명을 주신 이도, 거두어 가실 이도 주인 되시는 하나님이시다. 이제 유한한 우리의 육신적인 생애를 어떻게 마음속에 모시고, 어떻게 살 것인가 하는 것이다.

잠시 빌려 받은 생명을 어떻게 주님의 원하시는 삶으로 살아가느냐 하는 것이 각자의 개인사個人史에서 가장 소중한 문제이자 숙제이다.

독일 심리학자이자 시인 니체는 신神도 죽고 아버지도 죽었다고 슬픈 곡조로 갈파했다. 아마도 이것은 타락해 가는 세상을 보면서 안타까워하는 말일 것이다.

우리는 이상을 갖되 허황되지 않은 현실을 살아야 한다. 그 현실에 깊이 빠지지 않는 가운데 이상과 현실의 조화를 이루는 실천적인 신앙인이 되어 모든 사람에게 생의 자양분을 안겨주는 믿음 생활을 해야 한다.

인간의 시작과 끝, 처음과 나중의 중요성과 삶의 길을 인도하고 있는 예배극(뮤지컬) 「알파와 오메가」에서 잘 말해 주고 있다.

헬라어 알파벳 첫 자와 끝 문자로 처음과 끝을 의미하는 말이다.

성경에서는 하나님과 예수 그리스도는 본질적으로 같은 분이며 창조자이고 구원자이시다. 다시 말하면 처음이 되시고 마지막이 되시는 분이시다.

또한 우리를 주관하시고 예언과 심판, 성취의 의미를 담고 있는 사랑의 하나님을 뜻한다. 뮤지컬을 보고 감동과 은혜를 받는 중요한 장면과 인상 깊었던 연출과 연기에 대해 기록해 두고자 한다.

이번에 보여준 뮤지컬 내용은 어떻게 살아야 하는가를 보여주는 작품이었다. 무대를 마음껏 활용하며 물이 흐르듯 배우들의 자연스러운 연기와 관객(성도)들이 함께하고 성령께서 강하게 역사하시는 은혜로운 공연이었다.

사랑과 배신, 액션, 눈물의 연기가 살아 있는 극적인 무대였고, 무대와 효과, 조명이 어우러져 아름다운 신비감을 주었다.

선교극단 단장이시며 본 작품의 희곡을 쓰시고 총지휘를 하신 김양숙(조용목 목사 사모)사모께서 반갑게 맞아 주시고 자리를 안내해 주셨다.

김양숙 사모야말로 이 시대가 요구하는 사명자이며 문화선교사다. 예배와 선교는 기독교인의 삶을 말하고 그 시대의 문화를 말한다. 거기에서 이루어지는 행위와 표현은 곧 문화예술이다.

김양숙 선교사는 문화예술선교에 뜻을 가지고 오늘을 위해 노력해 오셨다. 한국 목회를 대표하며 대형 목회를 하시는 조용목 목사의 내조와 교회의 크고 작은 일을 안팎으로 감당하시면서도 문화예술선교에 최선을 다하셨다.

김양숙 선교사와 대화를 나누는 사이 객석 성도들은 순식간에 만석이 되었다. 공연장은 기대감으로 적막이 흘렀다. 서서히 전율이 흐르는 음악이 깔리고 막이 오르며 무대는 암전이 된다. 여기저기서 '주여~ 아멘' 소리가 그치지 않았다.

조명이 밝아지며 시야에 들어오는 무대는 짜임새 있고 웅장했다. 그리고 아름다웠다. 연출에서 어려움 중의 하나가 바로 무대 장치인데 매우 성공적인 설계였다. 설계 여하에 따라서 작품을 성공으로 이끌 수 있느냐 없느냐 하는 판가름이 나기도 한다.

하나님께서 창조하신 에덴동산 무대 세트는 시대적인 공감 교류에 조화하기에 충분했다. 무대 중앙에는 선악 나무와 생명나무가 어우러져 아름답기도 했지만 먹음직스럽기도 했다.

양옆으로는 여러 종류의 나무가 싱그럽고 아름답게 자리 잡고 아래쪽에 흐드러진 각종 꽃은 에덴동산을 연상케 했다. 게다가 노래와 안무가 특수 조명 효과로 신비감을 더해 주었다.

리프트 위에는 나무로 제작된 방주를 설치하며 앞으로 전개될 내용에 기대감을 주었다. 완성된 무대 좌우에는 제2의 영상 막을 설치하여 6일간의 천지창조를 기존 무대와 동영상을 사용함이 연출가의 세밀함이 돋보였다.

무대가 어두워지고 본격적으로 연극이 시작되었다. 성경에 기록된 대로 땅이 혼돈하고 흑암이 깊음 위에 있음을 웅장한 무대와 영상으로 시작된다.

불안하고 이글거리다 무언가 튀어 나올 듯한 장엄한 음악, 음률과 동영상 위에 조명이 청중을 사로잡았다. 이어 음악이 서서히 줄어들면서 수면에 위에 신인 운행하는 형상을 보여주다가 다시 은은한 음악이 깔렸다. 그러다가 돌연 극열한 음악으로 바뀐다.

"태초에 하나님이 천지를 창조하시니라 땅이 혼돈하고 공허하며 흑암이 깊음 위에 있고 하나님의 신은 수면에 운행하시니라."

말씀이 끝나고 배경음악이 안정되고 평화롭게 관객의 마음을 사로잡았다.

"빛이 있으라."

하나님의 음성이 에코로 울려 퍼지고 동시에 무대가 밝아지며 내레이션이 이어진다.

"그 빛이 하나님 보시기 좋았더라 하나님이 빛과 어두움을 나누사 빛을 낮이라 칭하시고 어두움을 밤이라 칭하시니라 저녁이 되며 아침이 되니 이는 첫째 날이니라."

이렇게 시작된 창조는 둘째 날에 궁창, 바다, 육지를 만드시고, 셋째 날 육지에 번성하는 식물을 만드셨다.

넷째 날은 낮과 밤의 별들(해, 달, 별)을 지으셨으며 다섯째 날에는 바다와 육지, 공중의 생물들을 창조하셨다. 여섯째 날은 들짐승과 사람을 창조하셨다.

하나님의 형상대로 흙을 빚어 처음으로 남자를 만드시고 홀로 독처하는 것이 딱하여 남자의 왼쪽 갈비뼈를 떼어서 여자를 창조하여 부부가 되게 하셨다.

남자의 이름을 아담이라 하고 여자의 이름을 하와라 하셨다.

하나님의 형상대로 창조하셨다는 것은 그분의 인격을 닮은 영적 존재가 됨을 말하는 것이다. 성서에는 "땅을 정복하라 생물을 다스리라 이것들은 모두 너를 따를 것이지만 너는 나를 따르지 않으면 안 될 것이니라."

이것은 하나님이 인간에 대한 사명을 분명히 한 것이다.

다시 말해 본 예배극에서는 인간 본래의 사명을 분명히 가르쳐 주고 있다. 그날도 하와는 말할 수 없이 아름다운 동산을 거닐고 있었다.

꽃이 피고 새들이 지저귀고 숲속에는 포도, 사과 등 그밖에 여러 가지 향기로운 과일들이 달려 있었다. 그리고 각종 짐승들이 뛰놀고 무대에 설치된 에덴동산은 밝은 조명이 강하게 비추어 아름다움을 더했다.

사방에서 시냇물 소리, 지저귀는 새 소리가 은은히 깔리는 가운데 아담이 등장하며 밝은 모습으로 노래를 부르고 짐승들은 곡에 맞추어 춤을 덩실덩실 춤을 춘다.

"내가 모든 동물들에 이름을 지어 주리라."

멘트가 끝나자 각종 동물들이 한 마리씩 아담에게 다가선다.

"매우 튼튼한 근육과 강한 힘을 가지고 있구나. 너를 호랑이라 칭하리라."

밝고 경쾌한 음악과 함께 아담과 짐승들의 연기와 사자, 기린, 코끼리, 곰, 코알라, 원숭이, 사슴 등 많은 동물의 이름을 붙여준다.

경쾌한 음악과 효과음이 조화를 이루는 중에 무대는 더욱 아름답고 신비감을 준다. 아담이 하와와 유연한 동작과 다정한 대화로 에덴동산의 아름다움을 더욱 품위 있고 화려하게 꾸민다.

동물들과 함께 어우러진 연기는 참으로 놀라운 명품 연기였다.

넓은 무대를 자유자재로 채워가며 자연스럽게 쏟아내는 연기는 참으로 훌륭했다. 이렇게 에덴동산은 아담과 하와와 각종 동물 속에 평화가 넘친다.

이때 갑자기 음악과 조명이 바뀌면서 사악한 사탄이 동산으로 등장한다. 옛적 권력과 금은보화로 단장하고 행복했던 시절을 그리며 후회스러운 독백과 괴상하고 음흉한 노래로 악한 심정을 드러내며 등장한다.

노련한 연기와 독특한 액션과 음흉한 웃음소리가 관객을 공포의 도가니로 빠뜨린다.

악마는 하나님의 사랑을 독차지하고 있는 아담과 하와를 시기하여 비웃으며 유혹한다. 하나님이 지으신 동물 중에 뱀이 가장 간교하다.

어느 날 에덴을 거니는 하와에게 이상한 음성이 들렸다. 돌아보니 뱀이 다가와 혀를 날름거리며 간교한 소리를 했다.

"하나님이 너희 보고 중앙에 있는 과일을 따먹으면 죽는다고 했지? 그건 거짓말이야. 따먹어도 결코 죽지 않아. 그것을 먹으면 눈이 밝아져서 하나님과 같이 되는 거야. 그런 때문에 금하신 거야."

이렇게 사탄은 달콤한 소리로 설득하며 먹으라고 했다. 하와는 특수 분장과 의상을 한 뱀의 말을 듣고 그 나무를 다시 본즉 먹음직도 하고 지혜롭게 될 것 같아 그 과일을 따먹고 자기와 함께 있는 아담에게도 주어 그도 같이 먹었다.

실과를 먹고 나자 두 사람은 눈이 밝아져 자기들이 벗을 줄을 알고 무화과 나뭇잎을 엮어 허리에 감았다.

하나님 말씀을 어긴 아담과 하와는 본래의 사랑과 평화를 잃고 진노의 심판과 저주를 받고 에덴동산에서 쫓겨난다.

위험을 알리는 경고 음률 효로 관객들의 기대감을 갖기에 충분했다. 아담과 하와의 숙달된 사랑 연기는 매우 좋았다.

연극은 점점 무르익어 은혜가 넘치는 막과 장에서는 관객성도들의 아낌없는 박수가 터져 나왔다.

"주여~ 아멘! 아멘!"

여기저기서 아멘 소리가 극장 안을 흔들었다. 사탄의 유혹과 하나님의 진노와 심판이 숨가쁘게 진행된다.

관객의 가슴을 파고드는 은혜와 분노의 감정은 모두가 주먹을 불끈 쥐기에 충분했다.

이어서 연극은 카인과 아벨의 이야기로 넘어갔다. 모두가 아는 이야기라 굳이 설명할 필요가 없지만 아벨은 양을 기르고 카인은 농사를 지었다는 것만은 언급해 둔다.

카인은 추수한 농산물을 제물로 하나님께 드리고 아벨은 양 중에서 가장 살찐 첫 양의 새끼를 골라 하나님께 드렸다.

그런데 하나님은 카인의 제사는 받지 않고 아벨의 제사만 받으셨다. 화가 난 카인은 고개를 숙이고 얼굴을 붉혔다. 그러자 하나님께서는 "왜 화를 내고 고개를 들지 못하느냐. 선한 일을 했으면 고개를 들어야 하거늘 선한 일을 아니 했으니 죄가 문 앞에 기다리느니라. 죄의 소원은 네게 있으니 너는 죄를 다스릴지니라."

라고 하셨다. 카인은 칭찬 듣는 아벨을 시기하고 그를 불러내어 돌로 살해하고 말았다. 이것이 인류 최초의 살인사건이다.

무대에서의 연기자의 대조와 숨 가쁘게 전개된 동작선과 대사를 통해 관객에게 주는 감정은 분개와 은혜로 마음을 사로잡았다.

무대는 전환하여 노와의 집 뜰에서 온 가족이 제단을 쌓는다. 앞에는 제단이 있고, 그 위에는 양이 제물로 올려 있다. 위쪽 우리에는 양들이 보인다.

무대가 밝아지며 노아 가족들이 발을 놀리며 안무와 노래로 하나님께 영광을 돌린다. 노아는 하늘을 향하여

"메시야를 고대하며 이 제물을 드리나이다."

이때 하늘에서 불이 내려와 제물을 태우고 연기가 하늘로 올라간다. 사람이 땅 위에 번성하면서 사람의 죄악이 온 세상에 퍼지고 방탕한 모습을 한탄하시며 창조하신 사람들은 물론 가축과 새들까지도 지상에서 쓸어버리기로 하셨다.

그러나 노아만은 하나님의 은혜를 입은 의인이었다. 노아와 그의 처 사이에는 세 명의 아들이 셈과 함과 야벳이 있다. 하나님은 노아에게 최후의 심판이 올 것을 예언하고 방주를 지을 것을 명하셨다.

방주의 크기는 이러하다. 길이 300규빗(13.7미터), 폭 50규빗(22.8미터), 높이 30규빗(13.7미터)이다.

방주의 문을 옆으로 내고 상·중·하 3층으로 하되 나무는 잣나무로 하고 송진을 녹여서 물이 새지 않도록 바르게 했다. 노아는 세상 사람들에게 심판이 올 것을 알리려고 설득하며 전했지만 소용없었다. 오히려 노아와 식구들을 미쳤다고 조롱하며 싸움을 걸어왔다.

이런 대조의 장면이 한 무대에서 이루어지는 모습은 참으로 인상 깊었다. 그들은 우상을 섬기며 보란 듯이 음란과 술로 방탕해갔다.

믿음이 좋은 노아와 그 가족과 세상 사람들 간의 대조를 이루며 무대를 공포감으로 만들고 각자의 성격을 잘 드러냈다.

무대 위에서는 노아와 자식들은 한동안 배를 건조하고 집과 가족이 가진 패물을 다 팔아 배를 만드는 비용으로 충당했다. 자부들이 아끼는 패물을 내놓으며 갈등을 느끼는 장면이 실감 있고 좋았다. 어려운 여건 속에서도 건조된 방주 안에 명한 대로 전 가족과 가축을 각종 종류에 따라 암수 한 쌍씩 짝을 지어 태웠다.

마지막으로 노아는 사람들을 향해

"여러분이여! 하나님의 무서운 홍수 심판이 곧 임할 것입니다. 어서 회개하고 방주로 들어오십시오."

그러나 세상 사람들은 비웃었다.

"미친 소리 하지 마시오. 호호호."

하나님 말씀대로 지상에는 큰비가 내리기 시작했다. 그때서야 사람들은 방주 문을 두드리며 살려 달라고 아우성이었다.

비는 40일 낮, 40일 밤 동안 계속 내렸고 홍수는 150일 계속되었다. 방주에 들어간 노아의 여덟 식구와 가축들 이외에는 모두 멸망하고 말았다.

그 장면의 세트와 음향효과의 조합도 대단했다. 한정된 무대 위에서 이 광대한 장면을 연출하기는 매우 어려운 것이다. 이렇게 실감 나는 장면을 연출한 것은 오로지 노련한 연출자와 연기자, 스텝들의 피눈물 나는 노력의 결과일 것이다.

무대와 객석을 누비는 천둥 번개가 하늘을 가르고 천지가 진동하며 억수같이 쏟아지는 장대비는 무대 위를 덮는다. 거대한 죽음의 소용돌이 속으로 사라지듯 한 공포감을 주는 절박한 음악이 빠르게 흐른다. 객석 관객(성도)은 흥분되어 주먹을 불끈 쥔다.

주여~ 소리와 박수 소리가 극장 안을 가득 채운다. 물이 차오르고 파도가 쳐 거품을 내며 철석이고 그 속에서 노아의 가족을 조롱하던 세상 사람들이 허우적거리며 살려 달라고 비명을 지른다. 방주는 더 높이 떠오르고 세상 사람들은 모두 수장된다.

영상에는 산봉우리가 다 잠기고 방주만 떠 있다. 조명이 꺼지고 푸른 조명이 무대를 덮는다. 천둥 번개가 끝나고 높이 올랐던 방주는 서서히 내려앉는다.

방주 안에서는 동물들의 소리와 가족들의 대화 소리가 흘러나온다. 노아와 아내는 걱정스럽게 대화를 이어간다.

노아 : 하나님을 저버린 인간들은 이렇게 멸망하고 말았도다.
　　　야벳은 우리 식구가 나가 생활하려면 며칠이나 걸리겠

느냐?

야벳 : 우리 가족이 방주에서 생활한지도 벌써 일 년이 지났습니다. 세 번째로 날려 보낸 비둘기가 돌아오지 않는 것을 보면 땅이 다 마른 것 같습니다. 그러나 하나님께서 방주에서 나가라는 말씀이 없으니 기다려 보시지요.

이때 동물들의 소리가 들리고 배경음악이 흐르며 그 위에 하나님의 음성이 에코로 메아리친다.

"노아!"

"주여! 제가 여기 있나이다."

"너는 네 아내와 네 아들들과 네 자부들로 더불어 방주에서 나오고 너와 함께한 모든 혈육 있는 생물 곧 새와 육축과 땅에 기는 모든 것을 다 이끌어내라. 이것들이 땅에서 생육하고 땅에서 번성하리라. 무릇 살아있는 동물은 너희의 식물이 되리라. 채소도 내가 너희에게 주노라. 그러나 고기는 그 생명이 되는 피째 먹지 말 것이니라."

"주 여호와 하나님이여, 저희가 그리 하겠나이다."

방주 문이 열리고 동물들이 쏟아져 나온다. 모두가 활기찬 동작과 건강한 모습으로 퇴장한다.

노아의 가족들은 제일 먼저 돌 제단을 쌓고 번제를 드린다. 하나님의 은혜에 감사하며 주님 뜻을 지키며 살아갈 것을 다짐하는 노래가 이어지고 대속의 언약을 믿으며 다짐하는 찬양으로 영광을 드린다.

하늘에서는 불이 내려와 제물을 태우고 연기가 하늘로 오른다. 이어서 조명이 바뀌며 근엄한 하나님 음성이 에코가 되어 울려 퍼진다.

"내가 너희와 언약을 세우리니 다시는 모든 생물을 홍수로 멸하지 아니할 것이라. 땅이 침몰할 홍수가 다시 있지 아니하리라. 내가 너와 네 아들들에게 복을 주노니, 생육하고 번성하여 땅에 충만하라. 내가 나와 너희와 및 너희와 함께하는 모든 생물 사이에 영세까지 세우는 언약의 증거는 이것이라. 내가 내 무지개를 구름 속에 두었나니 이것이 나와 세상에 언약의 증표니라."

말씀이 끝나자마자 무대를 가로질러 화려한 일곱 색의 무지개가 뜬다. 노아의 가족은 무지개를 바라보며

"하나님 감사합니다."

관객(성도)들은 일부 일어서고 앉은 자리에서 '아멘'을 외치며 박수로 화답한다. 그 위에 깔리는 음성

"방주에서 나온 노아의 세 아들 셈과 함과 야벳으로 인하여 백성이 온 땅에 퍼지니라."

음악이 고조되고 조명이 꺼지면서 서서히 예배극(뮤지컬) 「알파와 오메가」의 대단원의 막이 내린다.

연극은 인간의 감정과 사상을 행위로 표현하는 예술이자 기술이다. 기독교 연극은 타종교와 마찬가지로 의식에서 시작되었다.

역사적으로 볼 때 기독교 극(예배극)이 시작한 것은 중세 이후다.

뮤지컬 알파와 오메가는 근래에 보기 드문 정통 예배극이었다. 작품을 보고 나니 참으로 좋은 걸작품을 보았다는데 기분이 날아 갈 것만 같다.

TV 탤런트이며 연극배우인 한인수 장로도 오랜만에 인상적인 연극을 보았다고 찬사를 보냈다.

연출자와 연기자들한테 대성공이라고 말하고 싶다. 내용 전개 는 물론 인물 성격을 잘 드러내고, 동작과 대사에서 대조를 이루 며 친밀하고 서먹한 불균형에서 절정을 이루는 연출이 돋보였다.

특수 영상, 세트, 음향, 효과, 조명을 통한 사실적이며 상징적 장면을 연출해 관객들의 마음을 사로잡았다. 진정한 예배극 연기 자였다고 말하고 싶다.

물이 흐르듯이 자연스러운 연기와 액션으로 관객과 함께한 것 이 인상적이다. 어디에서 공연을 하더라도 손색이 없는 예배극이 었다. 한인수 장로와 나는 더 큰 무대에서 공연을 올려 더 많은 사람이 은혜를 받았으면 좋겠다는 말을 주고받았다.

동작선 대사 무대에서 위치까지 자유자재로 장악하며 위기와 공포 속에 메시지를 담아내는 연기자들이 자랑스러웠다. 연기에 서 어렵다는 노역이나 웃음을 토해내는 절도 있는 독백, 모두가 관객들을 사로잡기에 부족함이 없었다.

특수 분장과 의상을 입고 동물 연기를 한 연기자들과 아역 배 우들 연기도 인상적이었다.

후원해 주시고 기도로 밀어주시는 조용목(은혜와 진리교회 담임목사) 목사는 사) 한국기독교문화예술원 총재를 지내셨으며 문화예술선교에 개척자이자 선구자이다.

「알파와 오메가」의 희곡 작가이신 김양숙(GNTC MUSICAL 단장) 선교사야말로 이 시대 기독교 문화의 증언자일 뿐만 아니라 미래를 열어갈 개척자이시다.

이 시대의 황폐한 정신적 사막 지대를 풍성한 옥토로 바꾸는 영혼의 구령 사업에 없어서는 안 될 진정한 문화선교사다.

이 예배극(뮤지컬)을 감상한 많은 사람들이 자유의지와 정의를 살려 믿음으로 구원받는 성도가 되시기를 바란다.

오! 주 예수여! 오시옵소서.